"十三五"高职高专跨境电商专业系列规划教材

跨境网络营销

◎ 徐娟娟 郑苏娟 主编 ◎ 黄莎莉 刘永举 副主编

Cross-border Network Marketing

電子工業出版社
Publishing House of Electronics Industry
北京 · BEIJING

图书在版编目（CIP）数据

跨境网络营销 / 徐娟娟，郑苏娟主编. —北京：电子工业出版社，2019.9
ISBN 978-7-121-36439-6

Ⅰ. ①跨… Ⅱ. ①徐… ②郑… Ⅲ. ①电子商务－网络营销－高等学校－教材 Ⅳ. ①F713.365.2

中国版本图书馆 CIP 数据核字（2019）第 083147 号

策划编辑：刘淑丽
责任编辑：杨振英
印　　刷：北京捷迅佳彩印刷有限公司
装　　订：北京捷迅佳彩印刷有限公司
出版发行：电子工业出版社
　　　　　北京市海淀区万寿路 173 信箱　　邮编 100036
开　　本：787×1092　1/16　印张：18.25　字数：433 千字
版　　次：2019 年 9 月第 1 版
印　　次：2021 年 1 月第 3 次印刷
定　　价：52.00 元

凡所购买电子工业出版社图书有缺损问题，请向购买书店调换。若书店售缺，请与本社发行部联系，联系及邮购电话：（010）88254888，88258888。
质量投诉请发邮件至 zlts@phei.com.cn，盗版侵权举报请发邮件至 dbqq@phei. com.cn。
本书咨询联系方式：（010）88254199，sjb@phei.com.cn。

“十三五”高职高专跨境电商专业系列规划教材
建设委员会

前言

21 世纪的第二个十年，世界经济发生了很大的变化，互联网渗透到我们生活的方方面面，而我们原来传统的国际贸易也需要适应时代和环境的变化，向跨境网络经济转变。因此，我们的教学也需要与时俱进，向跨境网络经济转型。

为了能够培养更加符合企业需求的跨境电商类专业人才，编者所在的高校与企业进行了深度的校企合作，从人才培养到课程教学都与企业紧密结合。同时，教师也深入企业进行锻炼，掌握跨境电商企业最前沿的操作技能，以满足跨境电商类专业的教学需求。

结合跨境电商的发展趋势，课程团队根据现在跨境网络的发展形式对跨境网络营销课程进行开发，结合现有的主流跨境电商平台，如阿里巴巴国际站、敦煌网、速卖通、亚马逊、Wish、eBay 等平台，分析当前主流跨境市场环境情况，了解当前主流平台特征，学习主流平台站内站外的推广方式，从而提升跨境电商人才的市场开拓能力。

根据跨境电商平台的操作情况，再结合营销的相关理论知识，编者将本教材框架分为导论和四个学习情景。导论让学生对最初的营销概念和营销理念有了一定的了解，在此基础上学习平台运营的基础知识，再结合不同主流平台掌握站内推广方式，最后学习各种站外推广方式，形成完整的跨境网络营销体系。通过本课程内容的学习，提升对跨境网络营销知识的了解和掌握。同时，理论内容和实践相结合，让学生通过一个完整跨境网络营销体系的学习，不仅能够掌握当前跨境网络平台的相关营销技能的操作，而且能够开阔视野，洞察全球跨境网络市场的变化，以获取更多跨境网络市场的商机。

本教材的编写获得了社会各界的支持。导论和情景一由嘉兴职业技术学院的徐娟娟老师完成，情景二由浙江东方职业技术学院财经学院的黄莎莉老师完成，情景三由杭州万向职业技术学院的郑苏娟老师完成，情景四由海外网络营销专家、北京中清研信息技术研究院有限公司跨境电商事业部总监刘永举老师完成。同时，本书也获得了浙江英卡顿网络科技有限公司祝万青总经理、嘉兴市拓美进出口有限公司吴荣林总经理、嘉兴市澳杰进出口有限公司邓秀峰总经理以及瑞安市洁妮贸易有限公司、杭州隆辉网络科技有限公司、嘉兴市澳杰联盟外贸学院（企业联盟）等相关企业一线工作人员的支持，使本书更加具有可操作性。另外，在本书编写过程中我们也获得了嘉兴职业技术学院外语与贸易学院陆金英院长、王艳副院长、曾虹老师、罗俊老师的大力帮助，在此深表感谢！

本教材属于系列教材，参与该系列教材编写的院校有嘉兴职业技术学院、杭州万向职业技术学院、嘉兴南洋职业技术学院、浙江东方职业技术学院、广东科贸职业学院、河南经贸职业学院、浙江经济职业技术学院、威海职业学院、河北能源职业技术学院、安徽国际商务职业学院、漳州科技学院、天津商务职业学院。

跨境电商处在高速发展阶段，跨境网络营销形式变化万千，我们只能以本教材抛砖引玉，引发大家思考更多新的跨境网络推广方式。本书难免有很多不足之处，希望各位专家、学者、同人和读者多多批评指正，以便后期不断完善，争取给大家带来更多的帮助！再次感谢！

目录

导　论

学习目标

知识目标

- 掌握跨境网络营销的基本概念。
- 了解跨境网络营销的基本理论和阶段。
- 掌握营销观念的发展阶段。

能力目标

- 能够运用跨境网络营销的基本知识分析案例。
- 能够运用营销观念进行企业诊断。

素质目标

- 能够洞察跨境电商市场的发展趋势。
- 拥有开拓跨境电商市场的思维。
- 能够很好地进行团队合作以进行跨境市场开拓。

项目背景

深圳市智意科技有限公司专注于扫地机器人领域近 10 年，2016 年公司旗下 ILIFE 品牌以自主品牌商身份转型跨境电商，进驻亚马逊平台。在一年多的时间里，公司团队从 3 人发展到 100 多人，成功闯入了亚马逊美国站“扫地机器人”类目前三，收获了 2016 年亚马逊“全球开店”颁发的“亚马逊最佳新生品牌奖”。

智意作为 OEM/ODM 厂商，深耕产品，优质产品成了 ILIFE 的核心竞争力，但转型所涉及的跨境品牌营销推广和客户服务经验则成为短板。对此，智意选择通过亚马逊“全球开店”进入亚马逊全球站点，将亚马逊作为开拓跨境电商的主战场。

针对扫地机器人市场，智意分析了亚马逊站点的市场情况。亚马逊海外站点上的扫地机器人定价普遍在 300 美元以上，最高甚至达到 700~800 美元，而 150~200 美元价格区间的产品几乎空白，因此智意将 ILIFE 已沉淀 5 年的最稳定机型 V3s 投入了美国市场。V3s 产品本身定位明确，性价比较高，智意又在亚马逊点击付费推广和页面优化上下了很多功夫，于是顺利进入了亚马逊“扫地机器人”类目前五名，而后又在亚马逊几次秒杀活动中稳固并提升了排名，在该类目中长期处于前三名。

在销售过程中，智意为了提升消费者体验，不断地对产品进行优化升级。例如，针对美国家庭面积普遍较大，智意改进了 ILIFE 产品的垃圾存储箱；针对越障需求，智意也相应提升了万向轮的磁性。智意相关负责人黎洋表示：“产品品质的稳定性和对消费者需求的关注至关重要，只有关注消费者反馈，才能避免闭门造车，才能不断加强产品的稳定性和实用性。”

传统制造企业向电商转型，已成为一种不可阻挡的趋势。在转型跨境电商的过程中，只有根据互联网需求进行生产和打造自主品牌，实现从研发到售后、从生产端到消费端的全程掌控，才能使公司更快成长起来。

请结合智意科技有限公司的案例，分析什么是跨境网络营销，该公司的营销理念及运用的营销理论是什么，以及该公司采用了哪些跨境网络营销推广方式。

任务实施

步骤一：分析跨境网络营销的含义

跨境网络营销是在原来市场营销和国际市场营销的基础上，结合网络手段形成的新型营销方式。它符合当下的网络化趋势，同时顺应了经济全球化的发展。跨境网络营销是在互联网经济全球化的基础之上，借助于互联网更高效地满足不同国际市场消费者的需求和欲望，从而实现外贸企业进行跨境网络推广的一种手段。深圳智意科技有限公司顺势而为，根据当下流行的跨境电商进行转型，将传统外贸转型为跨境电商，同时将 OEM/ODM 代工转型为自主品牌推广，获得了巨大的成功。

步骤二：分析该公司的营销理念及运用的营销理论

深圳智意科技有限公司结合当前的市场情况，分析客户需求，结合消费者体验，不断对产品进行优化升级。这些产品的改进均是建立在满足客户需求的基础上的，因此该公司主要是采用市场营销理念进行产品推广。同时结合“4C”营销理论考虑消费者对成本以及产品便利性的需求，强化了以消费者需求为中心的营销理念。

步骤三：分析该公司采用的营销推广方式

结合深圳智意科技有限公司的案例，我们可以看出，该公司主要使用了以下推广方式。

（1）平台活动：在其产品定位明确、性价比较高的情况下，且在页面优化比较适合美国消费者需求的前提下，通过付费推广、秒杀活动等提高产品的销量和知名度，提升店铺在亚马逊的排名，且长期处于前三名。

（2）体验式营销：针对消费者的反馈，不断提升消费者的满意度，对产品进行持续的优化升级，加强产品的稳定性和实用性。

知识铺垫

一、跨境网络营销的基本概念

（一）市场营销

市场营销是企业在市场宣传推广过程中进行的非常复杂的综合性活动，它贯穿于企业经营管理的全过程，是企业运营非常重要的组成部分。关于市场营销的定义，比较流行的是美国市场营销协会和营销大师菲利普·科特勒的定义。

美国市场营销协会对于市场营销的定义是：它是一项有组织的活动，包括创造、沟通和交付消费者价值和管理消费者关系的一系列过程，从而使利益相关者和企业都从中受益。

菲利普·科特勒认为：市场营销是个人或组织通过生产和制造并同别人或其他组织交换产品或服务以满足需求和欲望的一种社会和管理过程。

市场营销是针对市场上的产品价值来进行推广，通过了解以下几个概念，可以更好地理解市场营销的内涵。

1. 需要

需要是指人们某种不足或短缺的感觉。它是促使人们产生购买行为的原始动机，是市场营销活动的源泉。人类的需要是丰富而复杂的，主要包括：生存需要，如食品、服装、房屋、温暖、药品、安全等；社会需要，如归属感、影响力、情感、社交等；个人需要，如知识、自尊、自我实现等。这些需要不是由企业营销活动创造出来的，而是客观存在于人类本身的生理需求和社会地位状况之中的。

2. 欲望

欲望是指建立在不同的社会经济、文化和个性等基础之上的需要。需要对人类整体而言，具有共性，如“寒思衣，饿思食”。欲望对消费者个体而言，具有独特性。个人的需要因其所处的社会经济文化和性格等不同而异，这种有差异的需要就是欲望。欲望和需要是有差别的。例如，人们买牙膏，从表面上看是对牙膏的欲望，但实质是洁齿、防龋、止血的需要。如果某一生产者生产出一种新品牌牙膏，售价更低，洁齿、防龋、止血的功能更强，消费者将产生对新品牌牙膏的欲望，但实际需要仍然相同。生产者常常只是关注消费者表现出来的对产品的欲望，而忽略了掩盖在欲望下面的实质性需要。

3. 需求

需求是以购买能力为基础的欲望。小轿车作为一种便捷的交通工具，人人都需要。但对没有购买能力的人来说，小轿车的需要只是一种欲望，只有对具有足够支付能力的人来说才是需求。在市场经济条件下，人类需求表现为市场需求，因此，并非所有的人类需要都能转化为需求，也并非所有的人类欲望都能得到实现，购买能力是问题的关键。因此，需求是对于有能力购买并且愿意购买的某个具体产品的欲望。人类的欲望无限，而购买能力有限。当价格一定时，消费者选择购买具有最大满足效用的产品，购买效益的高低决定着市场需求的实现程度，市场需求是企业营销活动的中心。市场需求处在经常变化之中。消费者收入和价格是影响市场需求变化的两个最基本因素。一般而言，需求同收入成正方向变化，同价格成反方向变化。价格一定，当消费者收入增加时，购买力就增加，市场需求也会增加，同时选择性加强，反之亦然。收入一定，当价格上升时，市场需求减少；当价格下降时，则市场需求增加。

4. 产品

产品是指用来满足消费者的需求和欲望的物体。产品包括有形与无形的、可触摸与不可触摸的。有形产品是为消费者提供服务的载体。无形产品或服务是通过其他载体，如人、地、活动、组织和观念等来提供的。当我们感到疲劳时，可以到音乐厅欣赏歌星唱歌（人），可以到公园去游玩（地），可以到室外散步（活动），可以参加俱乐部活动（组织），或者接受一种新的意识（观念）。

5. 价值

价值是凝结在商品中的无差别的一般人类劳动。它是商品的基本要素之一。具有不同使用价值的商品之所以能按一定的比例相互交换，是因为它们之间存在着某种共同的可以比较的东西。这种抽象劳动凝结在商品中，就形成了商品的价值。而商品的价值是由生产该商品的社会必要劳动时间决定的。

6. 使用价值

使用价值是交换价值的物质基础，和价值一起，构成了商品二重性。商品的使用价值与价值是统一的，价值的存在要以使用价值的存在为前提，使用价值是价值的物质承担者。任何物品要想成为商品都必须具有可供人类使用的价值，即使用价值。使用价值是由具体劳动创造的，并且具有质的不可比较性。例如，不能说面包比汽水的使用价值大，它们都有使用价值。面包可以充饥，汽水可以解渴。你饥饿时需要面包，此时你会觉得面包的使用价值大；但当你口渴时，你又会觉得汽水的使用价值大。所以，不同商品的使用价值无法比较。

（二）国际市场营销

国际市场营销是企业通过计划、定价、促销和引导、创造产品和价值并在国际市场上进行交换，以满足各国消费者的需要和获取利润的活动。国际市场营销是市场营销的一种延伸，国际市场主要服务于境外的消费者或用户。国际市场比国内市场更加复杂，国外消费者的需求比国内消费者更加多样化，国际市场消费者要求产品更优质化、高档化和自动化。

（三）网络营销

网络营销是建立在互联网基础之上，借助于互联网更高效地满足消费者的需求和欲望，从而实现企业营销目标的一种手段。它包括互联网传播媒体、未来的信息高速公路、数字电视网和电子货币支付等。网络营销贯穿于企业经营的整个过程，包括市场调查、客户分析、产品开发、生产流程、销售策略、售后服务和反馈改进等环节。

（四）跨境网络营销

跨境网络营销是在互联网经济全球化的基础之上，借助于互联网更高效地满足不同国际市场消费者的需求和欲望，从而实现外贸企业进行营销推广的一种手段。跨境网络营销是随着跨境电商的发展而产生的，它是结合网络营销和国际市场营销等方面的知识，研究不同市场消费者的网络购买行为，制定企业营销策略的过程。

二、跨境网络营销的基本理论

（一）“4P”的内涵与应用

1960 年，美国密歇根大学教授杰罗姆·麦卡锡提出了“4P”营销理论。他认为企业进行营销的目的就是通过制定一系列策略，使消费者能够更好地了解产品从而形成购买的过程。

在市场营销组合中，“4P”分别是产品（Product）、定价（Price）、渠道（Place）、促销（Promotion）。产品的组合，主要包括产品的实体、服务、品牌、包装。它是指企业提供给目标市场的货物服务的集合，包括产品的效用、质量、外观、式样、品牌、包装和规格，还包括服务和保证等因素。定价的组合，主要包括基本价格、折扣价格、付款时间、借贷条件等。它是指企业出售产品所追求的经济回报。渠道通常称为分销的组合，主要包括分销渠道、储存设施、运输设施、存货控制。它代表企业为使其产品进入和达到目标市场所组织、实施的各种活动，包括途径、环节、场所、仓储和运输等。促销组合是指企业利用各种信息载体与目标市场进行沟通的传播活动，包括广告、人员推销、营业推广与公共关系等。以上“4P”（产品、价格、渠道、促销）是市场营销过程中可以控制的因素，也是企业进行市场营销活动的主要手段，对它们的具体运用，形成了企业的市场营销战略。

企业要满足消费者，实现经营目标，不能只是孤立地考虑某一因素和手段，必须从目标市场需求和市场营销环境的特点出发，根据企业的资源和优势，综合运用各种市场营销手段形成统一的、配套的市场营销战略，使之发挥整体效应，争取最佳效果。

“4P”组合具有如下几个特点。

（1）可控性。构成市场营销组合的各种手段是企业可以调节、控制和运用的因素，如企业能够根据目标市场情况自主决定生产什么产品，制定什么价格，选择什么销售渠道，采用什么促销方式。

（2）动态性。市场营销组合不是固定不变的静态组合，而是变化无穷的动态组合。企业受到内部条件、外部环境变化的影响，必须能动地做出相应的反应。

（3）整体性。市场营销组合的各种手段及组成因素不是简单地相加或拼凑的集合，而应成为一个有机的整体，在统一目标指导下，彼此配合，相互补充，求得大于局部功能之和的整体效应。

（二）“4C”的内涵与应用

虽然“4P”理论持续了近半个世纪，但到20世纪90年代，消费者个性日益突出，而“4P”理论所站的角度是企业，它过多地考虑了企业生产什么产品、制定何种价格才能够获得期望利润的过程，而忽略了消费者作为购买者的利益特征。因此，1990年，美国学者劳特朋教授提出了以客户为导向的新型营销思路——“4C”营销理论。

“4C”的基本原则是以消费者为中心进行企业营销活动，它是将企业的营销活动在进行规划设计的过程中由“4P”向“4C”进行转变：从研发产品到如何实现消费者（Consumer）需求的满足；从制定价格到综合权衡消费者购买所愿意支付的成本（Cost）；从设计渠道销售产品到如何实现消费者购买的便利性（Convenience）；从设定促销方案向消费者传递信息到实现与消费者的双向交流和沟通（Communication）。

企业所有部门为服务于消费者利益而共同工作时，其结果就是整合营销。其意义就是强调各种要素之间的关联性，要求它们成为统一的有机体。具体地讲，整合营销更要求各种营销要素的作用力方向统一，形成合力，共同为企业的营销目标服务。“4C”强化了以消费者需求为中心的营销组合，主要指以下几个方面。

（1）消费者（Consumer）。它主要是指消费者的需要和欲望。企业要把消费者放在第一位，强调挖掘潜在消费者比开发产品更重要，满足消费者的需求和欲望比产品功能更重要，不能仅仅卖企业想制造的产品，而是要提供消费者确实想买的产品。

（2）成本（Cost）。它主要是指消费者获得满足的成本或消费者满足自己的需要和欲望所付出的成本价格。这里的营销价格因素延伸为生产经营过程的全部成本，包括：企业的生产成本即生产适合消费者需要的产品成本；消费者购物成本，不仅指购物的货币支出，还有时间耗费、体力和精力耗费以及风险承担。新的定价模式要求：消费者支持的价格扣除适当的利润则为成本上限。因此，企业要想在消费者支持的价格限度内增加利润就必须降低成本。

（3）便利（Convenience）。它主要是指购买的方便性。比之传统的营销渠道，新的观念更重视服务环节，在销售过程中强调为消费者提供便利，让消费者既购买到商品也获得了便利。企业要深入了解不同的消费者有哪些不同的购买方式和偏好，把便利原则贯穿于营销活动的全过程。做好售前服务，及时向消费者提供关于产品的性能、质量、价格、使用方法和效果的准确信息。售后应重视信息反馈和追踪调查，及时处理和答复消费者意见，对有问题的商品主动退换，对使用故障积极提供维修方便，大件商品甚至终身保修。

（4）沟通（Communication）。它主要是指与消费者沟通。企业可以尝试多种营销策划与营销组合，如果未能收到理想的效果，说明企业与产品尚未完全被消费者接受。这时不能依靠加强单向劝导消费者，要着眼于加强双向沟通，增进相互的理解，实现真正的适销对路，以培养忠诚的消费者。

（三）“4S”的内涵与应用

随着服务在市场中地位的加重，营销理论又有了新的发展，从“4C”理论向“4S”理论迈进。“4S”理论强调从消费者需求出发，打破企业传统的推销模式，建立起一种全新的“消费者感受第一”的营销理念。它要求企业对产品、服务、品牌进行定期定量的测评与改进，以服务品质最优化来实现消费者满意度最大化，进而提升消费者忠诚度，同时强化企业抵御市场风险的能力。

“4S”理论主要是指满意（Satisfaction）、服务（Service）、速度（Speed）、诚意（Sincerity）。具体含义如下。

（1）满意（Satisfaction）。满意是指消费者满意，强调企业以消费者需求为导向，以消费者满意为中心，企业要站在消费者立场上考虑和解决问题，要把消费者的需要和满意放在一切考虑因素之首，要以消费者的满意度作为衡量企业营销成功与否的重要指标。

（2）服务（Service）。服务是指对消费者随时以笑脸相迎。好的服务是企业重要的竞争优势。企业可以通过精通业务的工作人员、对消费者亲切友善的态度、对每一位消费者的重视、用最好的方式服务消费者、真正用心地对消费者需求进行分析、为消费者营造最温馨的服务环境等体现企业的服务质量。

（3）速度（Speed）。速度是指不让消费者久等，能迅速地接待办理。工作的高效能够极大地提升消费者的满意度。速度的提升可以通过精炼的业务员、先进的仪器、科学的管理方式让消费者感受到企业整体服务的高效。

（4）诚意（Sincerity）。诚意是指以具体化的微笑与快速行动来服务客人。通过以满意、真诚、高效的服务来体现企业真正为消费者着想的诚意，提升客户忠诚度。

总之，“4S”要求企业营销人员实行“温馨热情”的用户管理策略，用体贴入微的服务来感动消费者，向消费者提供“售前服务”敬献诚心，“现场服务”表示爱心，“事后服务”以送谢心。

（四）“4R”的内涵与应用

“4R”营销理论是由美国学者唐·舒尔茨在“4C”营销理论的基础上提出的新营销理论。“4R”分别指代关联（Relevance）、反应（Reaction）、关系（Relationship）和回报（Reward）。该营销理论认为，随着市场的发展，企业需要从更高层次上以更有效的方式在企业与消费者之间建立起有别于传统的新型主动性关系。

（1）关联（Relevance）。它主要是指企业要紧密联系消费者。企业必须通过某些有效的方式在业务、需求等方面与消费者建立关联，形成一种互助、互求、互需的关系，把消费者与企业联系在一起，减少消费者的流失，以此来提高消费者的忠诚度，赢得长期而稳定的市场。

（2）反应（Reaction）。它主要是指企业要提高对市场的反应速度。多数企业倾向于说给消费者听，却往往忽略了倾听的重要性。在相互渗透、相互影响的市场中，对企业来说，最现实的问题不在于如何制订、实施计划和控制，而在于如何及时地倾听消费者的希望、渴望和需求，并及时做出反应来满足消费者的需求，这样才利于市场的发展。

（3）关系（Relationship）。它主要是指企业要重视与消费者的互动关系。与消费者建立长期而稳固的关系已成为抢占市场的关键。营销人员应把交易转变成一种责任，建立起和消费者的互动关系。

（4）回报（Reward）。它主要是指企业获取的回报是营销的源泉。营销目标必须注重产出，注重企业在营销活动中获得的回报。而企业要满足消费者需求，为消费者提供价值，不能做无用的工作，这样企业才能够获得丰厚的回报。营销的最终价值在于其是否给企业带来短期或长期的收入。

"4R"营销理论以竞争为导向，在新的层次上提出了营销新思路。根据市场日趋激烈的竞争形势，"4R"营销理论着眼于企业与消费者建立互动与双赢的关系，不仅要积极地满足消费者的需求，而且要主动地创造需求，通过关联、关系、反应等形式建立与消费者的关系，把企业与消费者联系在一起，形成企业独特的竞争优势。"4R"营销理论真正体现并落实了关系营销的思想，它提出了如何建立关系、长期拥有消费者、保证长期利益的具体操作方式，这是关系营销史上的一个很大的进步。

（五）"4V"的内涵与应用

21 世纪以来，高科技产业迅速崛起，高科技企业、新技术产品与服务不断涌现，互联网、移动通信工具、发达的交通工具和先进的信息技术使整个世界焕然一新，原来那种企业和消费者之间信息不对称的状态得到了改善。沟通的渠道也开始多元化，越来越多的跨国公司开始在全球范围进行资源整合。在这种背景下，"4V"营销理论应运而生。"4V"分别指代差异化（Variation）、功能化（Versatility）、附加价值（Value）、共鸣（Vibration）。

（1）差异化（Variation）。企业只有提供差异化的产品或服务，才能在强手如林的同行业竞争中立于不败之地。差异化是企业凭借自身的技术优势和管理优势，生产出性能上、质量上优于市场上现有水平的产品，或者在销售方面，通过有特色的宣传活动、灵活的推销手段、周到的售后服务，在消费者心目中树立不同一般的良好形象。差异化所追求的"差异"是产品的"不完全替代性"，即在产品功能、质量、服务、营销等方面，本企业为消费者所提供的是部分对手不可替代的。差异化一般分为产品差异化、市场差异化和形象差异化三个方面。

（2）功能化（Versatility）。一个企业的产品在消费者中的定位有三个层次：一是核心功能，它是产品之所以存在的理由，主要由产品的基本功能构成，如手表是用来计时的、手机是用于移动通话的。二是延伸功能，即功能向纵深方向发展，如手机的储存功能、与电脑联通的上网功能、移动股市行情反映功能，甚至于启动家庭智能电器等功能。它以"单功能—多功能—全功能"的方向向前发展。三是附加功能，如美学功能等。消费者根据自己的习惯与承受能力选择具有相应功能的产品。

（3）附加价值（Value）。它由技术附加、营销或服务附加和企业文化与品牌附加三部分所构成。从当代发展趋势来分析，围绕产品物耗和社会必要劳动时间的活劳动消耗在价值构成中的比重将逐步下降；而高技术附加价值、品牌或企业文化附加价值与营销附加价值在价值构成中的比重却显著而且将进一步上升。21世纪，竞争优势已明显地保持在产品的第三个层次——附加功能，即更强调产品的高附加价值。因而，当代营销新理念的重心在“附加价值化”。

（4）共鸣（Vibration）。共鸣是企业持续占领市场并保持竞争力的价值创新，它们给消费者带来的“效用最大化”，以及由此所带来的企业的“利润极大化”。它强调的是将企业的创新能力与消费者所珍视的价值联系起来，通过为消费者提供价值创新使其获得最大限度的满足。消费者是追求“效用最大化”者，“效用最大化”要求企业必须从价值层次的角度为消费者提供具有最大价值创新的产品和服务，使其能够更多地体验到产品和服务的实际价值效用。只有实现企业经营活动中各个构成要素的价值创新，才能最终实现消费者的“效用最大化”，而当消费者能稳定地得到这种“效用最大化”的满足之后，将不可避免地成为该企业的终身消费者，形成了企业与消费者之间的共鸣。

首先，“4V”营销理论强调企业要实施差异化营销：一方面使自己与竞争对手区别开来，树立自己的独特形象；另一方面使消费者相互区别，满足消费者个性化的需求。其次，“4V”营销理论要求产品或服务有更大的柔性，能够针对消费者的具体需求进行组合。最后，“4V”营销理论更加重视产品或服务中的无形要素，即通过品牌、文化等满足消费者的情感需求。

（六）“4I”的内涵与应用

“4I”理论即“整合营销”理论，产生和流行于20世纪90年代，是由美国西北大学市场营销学教授唐·舒尔茨提出的。整合营销就是根据企业的目标设计战略，并支配企业各种资源以达到战略目标。网络整合营销作为“整合营销”的分支应用理论，是近年才兴起的。“4I”理论主要是从“以传者为中心”到“以受众为中心”的传播模式的战略转移，倡导更加明确的消费者导向理念。

网络整合营销“4I”理论主要包括趣味原则（Interesting）、利益原则（Interests）、互动原则（Interaction）、个性原则（Individuality）。

（1）趣味原则（Interesting）。互联网的本质是娱乐属性的，好的网络营销首先要能够吸引消费者，而不是生硬问题的阐述。因此，网络营销推广的过程也是将产品或服务用消费者感兴趣的方式进行传播的过程。

（2）利益原则（Interests）。商务活动本身就是以营利为目的的，企业或消费者都是根据自己的利益需求开展活动的。他们可以从网络推广的过程中获取信息或资讯、功能或服务、心理满足或荣誉、实际物质或金钱利益等，只有让企业和消费者都有利可图，网络营销才会持续不断地发展。

（3）互动原则（Interaction）。网络媒体区别于传统媒体的另一个重要的特征是其互动性。数字媒体技术的进步，已经允许我们以极低的成本与极大的便捷性，让互动在营销平台上大展拳脚。而消费者完全可以参与到网络营销的互动与创造中来。消费者亲自参与互动与创造的营销过程，会在大脑皮层中刻下更深的品牌印记。把消费者作为一个主体，发起其与品牌之间的平等互动交流，可以为营销带来独特的竞争优势。同时，未来的品牌将是半成品，另一半由消费者体验、参与来确定。因此充分利用网络特性与消费者交流，才能扬长避短，让网络营销的功能发挥至极致。

（4）个性原则（Individuality）。在传统营销环境中，要做到“个性化营销”成本非常高，且很难推广。但在网络媒体中，网络互动的特征让这一切变得简单、成本低廉，可以细分出一小类人，甚至一个人，从而让一对一行销都成为可能。而专属性、个性化又能够让消费者产生“焦点关注”的满足感。个性化营销更能投消费者所好，更容易引发互动与购买行动。

三、跨境网络营销阶段

（一）跨境电商 1.0 阶段（1999—2003 年）

跨境电商 1.0 阶段的主要商业模式是网上展示、线下交易的外贸信息服务模式。跨境电商 1.0 阶段，第三方平台的主要功能是为企业信息以及产品提供网络展示平台，并不涉及任何交易环节。

此阶段的盈利模式主要是向进行信息展示的企业收取会员费（如年服务费）。在跨境电商 1.0 阶段的发展过程中，也逐渐衍生出了竞价推广、咨询服务等为供应商提供的信息流增值服务。

在跨境电商 1.0 阶段中，阿里巴巴国际站、环球资源网为典型的代表平台。阿里巴巴成立于 1999 年，以网络信息服务为主、线下交易为辅，是中国最大的外贸信息黄页平台之一。环球资源网于 1971 年成立，其前身为 Asian Source，是亚洲较早的贸易市场资讯提供商。在此期间，还出现了中国制造网、韩国 EC21 网、Kellysearch 等大量以供需信息交易为主的跨境电商平台。跨境电商 1.0 阶段虽然通过互联网解决了中国贸易信息面向世界买家的难题，但是依然无法完成在线交易，对于外贸电商产业链的整合仅完成了信息流整合环节。

（二）跨境电商 2.0 阶段（2004—2012 年）

2004 年，跨境电商 2.0 阶段来临。这个阶段，跨境电商平台开始摆脱纯信息黄页的展示行为，将线下交易、支付、物流等流程实现电子化，逐步实现在线交易。相比第一阶段，跨境电商 2.0 更能体现电子商务的本质，借助于电子商务平台，通过服务、资源整合有效打通了上下游供应链。它包括 B2B（平台对企业小额交易）平台模式与 B2C（平台对消费者）平台模式两种，且 B2B 平台模式为跨境电商 2.0 阶段的主流模式，通过直接对接中小企业商户实现产业链的进一步缩短，提升产品销售利润空间。

在跨境电商 2.0 阶段，第三方平台实现了营收的多元化，同时实现后向收费模式，将以“会员收费”为主改为以收取“交易佣金”为主，即按成交效果来收取百分点佣金。同时，还通过平台上的营销推广、支付服务、物流服务等获得增值收益。特别是在 2011 年后，国家开始重视，各种支持政策出现，各个地区政府的扶持力度加强，同时竞争也越来越激烈了，传统行业开始转型进入，成为线下供应商、物流商或服务商。

（三）跨境电商 3.0 阶段（2013 年至今）

2013 年是跨境电商的重要转型年，跨境电商全产业链发生了巨大的变化。随着跨境电商的转型，跨境电商 3.0“大时代”随之到来。

跨境电商 3.0 阶段具有大型工厂上线、B 类买家成规模、中大额订单比例提升、大型服务商加入和移动用户量爆发这五个特征。与此同时，服务全面升级，平台承载能力更强，全产业链服务在线化也成为其重要特征。在跨境电商 3.0 阶段，用户群体由草根创业向工厂、外贸公司转变。平台销售产品由网商、二手货源向一手货源转变。

跨境电商 3.0 阶段的主要卖家群体正处于从传统外贸业务向跨境电商业务艰难转型期，生产模式由大生产线向柔性制造转变，对代运营和产业链配套服务需求较高。此外，跨境电商 3.0 阶段的主要平台模式也由 C2C、B2C 向 B2B、M2B 模式转变，批发商买家的中大额交易成为平台的主要订单。

跨境电商行业能够快速发展到 3.0 阶段，主要得益于以下几个方面。

（1）中央及各地方政府的高度重视。在中央及各地方政府大力推动的同时，跨境电商行业的规范和优惠政策也相继出台。如《关于跨境贸易电子商务进出境货物、物品有关监管事宜的公告》（海关总署公司 2014 年第 56 号）等多项跨境电商相关政策的出台，在规范跨境电商行业市场的同时，也让企业开展跨境电商业务得到了保障。

（2）海外市场 B2B 在线采购已占据半壁江山。Forrester Research 估计，到 2021 年，美国 B2B 电商市场销售额将达到 1.2 万亿美元，占整个 B2B 市场总销售额的 13%以上。2013 年，美国 B2B 在线交易额达 5 590 亿美元，是 B2C 交易额的 2.5 倍。在采购方面，59%的采购商以在线采购为主，27%的采购商月平均在线采购 5 000 美元，50%的供货商努力让买家从线下转移到线上，以提升利润和竞争力。最新研究显示，全球 B2B 在线交易总量预计到 2020 年将是 B2C 的两倍，达到 6.7 万亿美元的规模。国际权威咨询机构 Frost&Sullivan 的报告显示，到 2020 年，全球 B2B 在线销售额将占据制造业交易总量的 27%，而中国和美国将成为该市场的领导者。其中，美国市场的贡献额将高达 12 亿美元。随着阿里巴巴和亚马逊等电子商务门户影响力日益扩大，B2B 线上关系也从“一对多”向“多对多”转变。目前 B2B 的发展趋势不再是一家公司为其供应商搭建平台，而是做一个更大的电子商务平台，任何人都可以通过它整合电子采购过程、加快货物购买速度。

（3）移动电商的快速发展也成就了跨境电商 3.0 阶段的快速到来。2013 年，智能手机用户占全球人口的 22%，首次超过 PC 用户，智能手机用量达 14 亿台。同时，据公开的统计数据，2013 年圣诞购物季使用移动端进行购物的用户占比达 50%。美国比价网站 PriceGrabber 的调查显示，2013 年感恩节购物季，40%的消费者在进商场前进行网上比价，50%的消费者在商场使用智能手机进行网上比价。2017 年 PayPal 和 Ipsos 联合发布的《第三届全球跨境贸易报告》显示，在调查了来自 32 个国家（地区）的 28 000 多名国内和跨境网购消费者的消费习惯后发现，在 2016 年，有 68%的亚太地区跨境消费者都曾使用过智能手机进行海淘，37%的跨境购物都是通过以智能手机为主的移动设备实现的。

一方面，移动电商的快速发展得益于大屏智能手机和 WiFi 网络环境的改善，这使消费者的移动购物体验获得较大提升，移动购物习惯逐渐形成。另一方面，电商企业在移动端的积极推广和价格战促销等活动进一步促进了移动购物市场交易规模的大幅增长，2016 年已超过 7 362.4 亿元。方便、快捷的移动跨境电商也为传统规模的外贸企业带来了新的商机。

四、营销观念的发展阶段

营销观念是企业营销活动的指导思想，是有效实现市场营销功能的基本条件。营销观念贯穿于营销活动的全过程，并制约着企业的营销目标和原则，是实现营销目标的基本策略和手段。市场营销管理观念正确与否，直接关系到企业营销活动的质量及成效。无论从历史还是现实来看，企业和其他组织主要在以下五种观念的指导下从事营销活动。

（一）生产导向型——生产观念

生产观念产生于 19 世纪末 20 世纪初。这是因为当时的社会生产力水平还比较低，商品供不应求，市场经济呈卖方市场状态。它主要表现为企业生产什么产品，市场上就销售什么产品。在这种营销观念指导下，企业的经营重点是努力提高生产效率，增加产量，降低成本，生产让消费者买得到和买得起的产品。

生产观念也称“生产中心论”。生产观念是指导企业营销活动最古老的观念。曾经是美国汽车大王的亨利·福特为了千方百计地增加 T 型车的产量，采取流水线的作业方式，以提升生产效率，至于消费者对汽车款式、颜色等的主观偏好，他则全然不顾，车的颜色一律是黑色。这就是典型的只关心生产而不关心市场的生产观念。

（二）产品导向型——产品观念

在该观念指导下的企业认为，消费者最喜欢质量好、性能佳、有特色的产品，只要质量好，消费者自然会上门，消费者也愿意为高质量付出更高的价钱。“酒香不怕巷子深”“皇帝女儿不愁嫁”，就是这种指导思想的生动写照。概括为一句话就是“只要产品好，不怕卖不掉”。

（三）推销导向型——推销观念

第二次世界大战后，资本主义工业化大发展，使社会产品日益增多，市场上许多产品开始供过于求。企业为了在竞争中立于不败之地，纷纷重视推销工作，如组建推销组织、培训推销人员、研究推销术、大力进行广告宣传等，以诱导消费者购买产品。这种营销观念是“我们会做什么，就努力去推销什么”。由生产观念、产品观念转变为推销观念，是企业经营指导思想上的一大变化。但这种变化没有摆脱“以生产为中心”“以产定销”的范畴。前者强调生产产品，后者强调推销产品。不同的是前两种观念是等消费者上门，而推销观念是加强对产品的宣传和推介。

（四）营销导向型——营销观念

在该观念指导下的企业认为，实现企业目标的关键是切实掌握目标消费者的需求和愿望，并以消费者需求为中心集中企业的一切资源和力量，设计、生产适销对路的产品，安排适当的市场营销组合，采取比竞争者更有效的策略，满足消费者的需求，获取利润。

营销观念（狭义）与推销观念的根本不同是：推销观念以现有产品为中心，以推销和销售促进为手段，刺激销售，从而达到扩大销售、获取利润的目的；营销观念是以企业的目标消费者及其需求为中心，并且以集中企业的一切资源和力量、适当安排市场营销组合为手段，从而达到满足目标消费者的需求、扩大销售、实现企业目标的目的。

营销观念把推销观念的逻辑彻底颠倒过来了，不是生产什么就卖什么，而是首先发现和了解消费者的需求，消费者需要什么就生产什么、销售什么。消费者需求在整个市场营销中始终处于中心地位。它是一种以消费者的需求和欲望为导向的经营哲学，是企业经营思想的一次重大飞跃。

（五）社会营销导向型——社会营销观念

当前，企业社会形象以及企业利益与社会利益、消费者利益的冲突等问题越来越引起政府、公众及社会舆论的关注。环境污染、价格大战、畸形消费等不良现象，导致了对“理性消费”“回归俭朴”等的呼吁。相应地，绿色营销、大市场营销等一系列新的营销观念，也为越来越多的企业所接受。企业开始从营销观念向社会营销观念转变。

案例解析

当代外贸企业的网络化进程不断加快。王某是一家外贸服装公司的老总，他的公司之前一直是以参展为主进行传统外贸业务。但近年来，随着跨境电商的发展，企业的订单量越来越少，且产品价格持续走低，于是王某决定转型跨境网络市场。王某决定将该跨境网络业务分配给小张所带的外贸业务部门，直接由他负责，而小张所在的部门之前一直进行传统外贸业务。王某要求小张带领部门学习跨境网络推广的相关知识，了解跨境电商市场，并在学习后向他汇报。

任务一：了解当前跨境电商的发展形势

进入21世纪，世界经济形势发生了巨大的变化，同时我们的商业形势也有了很大的改变，全球经济进入互联网经济时代，外贸形势也向跨境电商方向转变。所谓跨境电商，指的是分属不同国家的交易主体，通过电子商务手段将传统出口贸易中的展示、洽谈和成交环节电子化，并通过跨境物流或异地仓储送达商品、完成交易的一种国际商业活动。从业务模式来看，跨境电商可分为跨境零售（B2C及C2C）和一般跨境贸易（B2B）。从货物流向来看，可分为跨境进口和跨境出口。

近年来，跨境电商成为外贸发展新趋势，大力发展跨境电商不仅有利于我国主动应对全球贸易新格局，也有利于改变长期以来我国传统贸易在国际分工中处于中低端的不利局面，构建全球化的自主销售终端，为我国从贸易大国向贸易强国转变提供了契机。借助跨境电商，传统企业可以解决三个问题：市场问题、利润问题、价值问题，从而摆脱市场不能自主、供应链低端以及附加值低等本质问题，大大提升企业的市场竞争力。

我国政府近年来对跨境电商的扶持力度不断加大，颁布了一系列相关政策，为跨境电商的未来发展提供了充足的内在动力。

任务二：分析当前公司可以使用的跨境电商模式

（1）跨境 B2C 模式。跨境 B2C 是指分属不同关境的企业直接面向消费个人开展在线销售和服务，通过电商平台达成交易，进行支付结算，并通过跨境物流送达商品、完成交易的一种国际商业活动。

（2）跨境 B2B 模式。跨境 B2B 是指分属不同关境的企业通过电商平台达成交易，进行支付结算，并通过跨境物流送达商品、完成交易的一种国际商业活动。跨境 B2B 一般纳入海关一般贸易统计。

（3）第三方平台综合服务贸易。企业除了可以通过自身电商平台进行跨境电商业务，还可以通过第三方服务平台进行跨境电商交易。第三方综合服务平台给予企业店铺推广、售后服务以及仓储物流系统等方面的服务支持。当前比较著名的 B2B 第三方平台有阿里巴巴国际站、环球资源网，B2C 第三方平台有亚马逊、速卖通、eBay、Wish 等。

任务三：对开拓跨境电商市场做初步的策划

作为传统外贸企业，想要转型，要考虑好应该通过哪种商业模式进入跨境电商行业。当前，可以应用的电商模式很多，但是各有利弊，因此首先应该慎重考虑各种电商模式的优缺点，如是开展跨境 B2B 还是跨境 B2C，是自建平台还是选择第三方服务平台。作为传统外贸的服装行业，可以选择 B2B 阿里巴巴国际站走批发路线，但这种转型还是以一般贸易居多。另外，也可以选择 B2C 跨境电商平台，但是作为一家以加工订单为主的传统外贸企业，没有知名的品牌，也不了解国外终端市场，贸然做 B2C 也不是最明智的选择。那么企业可以根据现在跨境电商的形势，选择 B2B 跨境电商和 B2C 跨境电商相结合的模式。

首先，试水跨境 B2B 模式，可以通过阿里巴巴国际站或环球资源网站开展网上批发业务，开拓跨境市场。

其次，可以根据自己的产品特征，注册品牌，并了解消费者特征，进行明确的市场定位，开拓某个企业相对熟悉的国家的市场。此时可以选择速卖通或者亚马逊等 B2C 第三方平台进行市场开拓。

最后，在完成最基础的一些平台产品上传、维护工作之后，可以通过搜索引擎营销、社交网络营销等方式进行站外引流，提升品牌知名度，提高产品销量。

习题演练

一、单选题

1．凝结在商品中的无差别的一般人类劳动是指（　　）。

A．使用价值　　B．价值

C．劳动价值　　D．经济价值

2．需求是以（　　）为基础的欲望。

A．经济　　B．价值

C．购买力　　D．使用价值

3．跨境电商 1.0 阶段的主要商业模式是（　　）模式。

A．信息提供　　B．全流程交易

C．线上线下一体化　　D．网上展示、线下交易

4．“生产中心论”是指营销观念中的（　　）。

A．产品观念　　B．生产观念

C．推销观念　　D．营销观念

5．营销理念中从以企业为中心向以消费者为中心转变的观念是（　　）。

A．产品观念　　B．生产观念

C．推销观念　　D．营销观念

二、填空题

1．“4P”理论主要指的是（　　）、（　　）、（　　）、（　　）。

2．“4C”理论主要指的是（　　）、（　　）、（　　）、（　　）。

3．“4S”理论主要指的是（　　）、（　　）、（　　）、（　　）。

4．“4R”理论主要指的是（　　）、（　　）、（　　）、（　　）。

5．“4V”理论主要指的是（　　）、（　　）、（　　）、（　　）。

6．“4I”理论主要指的是（　　）、（　　）、（　　）、（　　）。

三、简答题

1．请分析市场营销、国际市场营销、网络营销和跨境网络营销的含义和区别。

2．针对主流跨境网络营销方式，选择其一寻找案例并分析点评。

实践操作

分析当下各种跨境电商模式的营销理念

跨境电商近年来发展迅速，各个企业根据其实际情况所选择的模式也有所不同，以下是当下比较流行的跨境电商模式。

【模式一】“自营+招商”模式。该模式下，企业可以发挥最大的内在优势，在内在优势缺乏或比较弱的方面采取外来招商以弥补自身不足。苏宁选择该模式，结合了其自身的现状：在传统电商方面发挥它供应链、资金链的内在优势，同时通过全球招商来弥补国际商用资源上的不足。苏宁进军跨境电商，也是继天猫、亚马逊之后该市场迎来的又一位强有力的竞争对手。

【模式二】“直营+保税区”模式。“直营”模式就是跨境电商企业直接参与采购、物流、仓储等海外商品的买卖流程。对物流监控、在线支付也都有自己的一套体系。目前，河南保税物流区已为聚美优品建设上万平方米的自理仓。保税物流这种模式的开启大大缩短了消费者从下单到接货的时间，加之海外直发服务的便捷性，使聚美优品的海外购购买周期由常规“海淘商品”的 15 天压缩到 3 天，甚至更短，并保证物流信息全程可跟踪。

【模式三】“保税进口+海外直邮”模式。通过和自贸区的合作，天猫在各地保税物流中心建立了跨境物流仓。它在宁波、上海、重庆、杭州、郑州、广州 6 个城市试点跨境电商贸易保税区、产业园签约跨境合作，全面铺设跨境网点。这不仅帮其规避了基本法律风险，同时获得了法律保障，缩短了消费者从下单到接货的时间，提高了海外直发服务的便捷性。中国跨境电商网监测显示，2014 年“双十一”期间，天猫国际一半以上的国际商品都是以保税模式到达国内消费者手中的，这是跨境电商领域的一次重要尝试。

【模式四】“自营而非纯平台”模式。2012 年年底，京东上线了英文版，直接面向海外买家出售商品。2014 年年初，京东宣布进行国际化提升，采用自营而非纯平台的方式，京东海外购是京东海淘业务的主要方向。京东控制所有的产品品质，确保发出的包裹能够得到消费者的信赖。京东初期可能依赖品牌的海外经销商拿货，后期会尽量和国外品牌商直接合作，提升企业竞争力。

【模式五】“自营跨境 B2C 平台”模式。亚马逊在上海自贸区设立仓库，以自贸模式（保税备货）将商品销往中国。海外电商在中国的保税区内自建仓库的模式，可以极大地改善跨境网购的速度体验，备受电商企业期待。

据中国跨境电商网了解，1 号店通过上海自贸区的保税进口模式或海外直邮模式入境，可以提前将海外商品进口至上海自贸区备货。除此之外，1 号店的战略投资方沃尔玛在国际市场的零售和采购资源整合优势将提升“1 号海购”的竞争优势。

2015 年 1 月 9 日，顺丰主导的跨境 B2C 电商网站“顺丰海淘”正式上线，提供的产品涉及美国、德国、荷兰、澳大利亚、新西兰、日本、韩国等海淘热门国家。“顺丰海淘”提供商品详情页汉化、人民币支付、中文客服团队支持等服务，提供一键下单等流畅体验。目前上线的商品锁定在母婴、食品、生活用品等品类。货物可在 5 个工作日左右送达。

【模式六】“海外商品闪购+直购保税”模式。2014 年 9 月，唯品会的“全球特卖”频道亮相网站首页，同时开通首个正规海外快件进口的“全球特卖”业务。唯品会“全球特卖”全程采用海关管理模式中级别最高的“三单对接”标准。“三单对接”实现了将消费者下单信息自动生成用于海关核查备案的订单、运单及支付单，并实时同步给电商平台供货方、物流转运方、信用支付系统三方，形成四位一体的闭合全链条管理体系。

【模式七】“直销、直购、直邮”的“三直”模式。“洋码头”是一家面向中国消费者的跨境电商第三方交易平台。该平台上的卖家可以分为两类，C2C 的个人买手模式和 M2C 的商户模式。它帮助国外的零售产业跟中国消费者对接，即海外零售商直销给中国消费者，中国消费者直购，中间的物流是直邮，这就是所谓的“直销、直购、直邮”的“三直”模式。

【模式八】“导购返利平台”模式。55 海淘网是针对我国消费者进行海外网购的返利网站，其返利商家主要是美国、英国、德国等的 B2C、C2C 网站，如亚马逊、eBay 等，返利比例在 2%~10%不等，商品覆盖母婴、美妆、服饰、食品等综合品类。

【模式九】“垂直型自营跨境 B2C 平台”模式。垂直型自营跨境 B2C 平台是指平台在选择自营品类时会集中于某个特定的领域，如服装、化妆品、母婴等。蜜芽宝贝主导的“母婴品牌限时特卖”，是指每天在网站推荐热门的进口母婴品牌，以低于市场价的折扣力度，在 72 小时内限量出售，致力于打开跨境电商业务。中国母婴电商网监测数据显示，目前蜜芽宝贝用户已经超过百万。

中国电子商务研究中心研究发现，蜜芽宝贝的供应链分为四种模式：①从品牌方的国内总代理的采购体系采购；②从国外直接订货采购，经过各口岸走一般贸易形式；③从国外订货，走宁波和广州的跨境电商试点模式；④其海外公司从国外订货，以直邮的模式报关入境。

【模式十】“跨境 C2C 平台”模式。全球购是淘宝网奢侈品牌的时尚中心，于 2007 年成立。全球购致力于帮助会员实现“足不出户，淘遍全球”的目标。全球购期望通过严格审核每一位卖家，精挑细选每一件商品，为淘宝网的高端用户提供服务。

“美国购物网”专注于代购美国本土品牌商品，涵盖服饰、箱包、运动鞋、保健品、化妆品、名表首饰、户外装备、家居母婴用品、家庭影院等。该网站批发零售兼顾，主打直邮代购。代购的商品均由美国分公司采用统一的物流配送——纽约全一快递，由美国发货直接寄至客户手中，无须经过国内转运。

思考并回答：

1. 讨论并阐述其中一个企业的做法。
2. 分析各种模式所采用的营销观念是什么。
3. 对各种模式的优劣进行点评和分析。

情景一

跨境网络市场分析

子情景一 跨境网络市场环境分析

学习目标

知识目标

- 掌握跨境网络市场的宏观环境因素。
- 掌握跨境网络营销的竞争对手分析。
- 掌握跨境网络营销的环境分析方法。

能力目标

- 能够运用跨境网络环境因素进行市场分析。
- 能够对市场竞争情况进行分析。
- 能够运用环境分析方法进行市场策略分析。

素质目标

- 具有洞察不同目标市场商机的思维。
- 培养良好的团队协作精神。

项目背景

近日，雨果网接到一户外用品卖家爆料称，其货于 2 个月前抵达巴西海关，时至今日产品还没有任何关于妥投的信息更新。该卖家表示："别的国家海关对 2 千克以下的小包裹基本都是免税的，且通常情况下普货是基本不查直接放行的。而这次被巴西海关扣押的货物，买家已经提出纠纷申诉，如果海关还无法及时清关，可能的结果是钱货两失。我不但要给买家退款，被扣押的包裹也无法退回。"

根据经验，巴西海关清关同时 2 个月之久不足为奇，更有卖家爆料说他在巴西的进口清关时长居然高达 3 个月，且无法得知被扣押留置的真正原因，只是系统信息一直停留在海关出入境。除了航空小包裹，通往巴西的包裹基本都会被严格地抽检、查验，严重时被扣押缴费，并且需要提供收件详细的 VAT 登记号。

然而，巴西海关清关的操作均属正规的流程，卖家货物被扣与商品货值大小并无太大关系，正常情况下，品牌玩具产品在无意外情况下清关需要 1.5 个月。国内卖家传言的清关难通常是商品触碰了雷区。如果国内发往巴西海关的一整个货柜中包含了不同卖家的货件，只要有一个卖家的货件“亮红灯”——属于违禁品之列，那么这整个货柜都将被集体扣押。

一旦货件遭遇扣押，被留置扣押的产品如果是列入违禁品的基本回天乏力，而属于同批货柜其他产品“爆红灯”的情况的，及时通过邮件的方式提交审核则有可能予以追回。

请分析巴西的电商环境与海关政策。如果想进入巴西市场，需要考虑哪些问题？

任务实施

步骤一：分析巴西的电商环境

5 年前，在跨境电商刚开始崛起的时候，巴西就像市场上的黑马，令人侧目。它有 2.1 亿人口，超六成使用互联网，超五成使用智能手机访问互联网，互联网的发展也同时促进了巴西电子商务的发展。

巴西的线上购物只占其零售总额的 4%，电子商务市场潜力巨大。根据市场研究公司 Ebit 的数据，巴西电子商务的交易额 2017 年约 500 亿雷亚尔（153.6 亿美元），比 2016 年高出 12%。Mercado Libre 作为拉美最大的电商平台，在巴西占有 50%以上的市场。其他跨境购物平台如速卖通、eBay、Wish 均在巴西占有一席之地，亚马逊巴西站也已经开放了电子产品市场。

随着本地电商平台和跨境电商平台的发展，巴西的购物方式也在悄然改变。过去，巴西的各大商场中总会挤满熙熙攘攘的人群。如今，店铺成交量却出现了明显下滑。22%的互联网用户有通过外国网站买东西的习惯。他们选择海淘的主要原因就是价格，以及能够买到难以进入巴西市场的商品。近 5 年来，巴西对中国商品的态度有了显著的改善，觉得在跨境平台上购买的中国商品的质量超乎意料。巴西消费者普遍认为，中国商品在价格上更有优势，设计也更现代化。

步骤二：分析巴西的海关政策

在 2016 年之前，巴西市场在速卖通平台上排在前三。然而在 2016 年之后，巴西市场已退出前五，很多跨境卖家也关闭了巴西市场。这是为什么呢？主要原因体现在以下几个方面。

（1）巴西清关非常难，查验率高。发往巴西的大包、快递，有 30%卡在清关上，连消费者的面都没见到，就被退回中国。原因可能多种：资料不全，缺少证书，没有税号，或者超过个人的购买数量等。此外，有很多反倾销产品被巴西限制入境。

巴西海关规定：①所有通过快递方式寄到巴西的包裹，收件人在巴西当地的 VAT 号码必须填写在运单（第九栏 Special Delivery Instructions 处）和商业发票上。当地的 VAT 号码分为 CNPJ（公司-××.×××.×××/××××-××）和 CPF（人- ×××.×××.×××/××）两种类型。如果快件发出时没有按上述要求在发票和运单上注明 VAT 号码，所有寄给当地私人的物品，同样的货物数量不能超过 3 件，否则海关将拒绝清关并直接安排货件退回发货地（退件前不会有任何通知），所产生的一切运费均由发货人承担。②巴西海关对进口包裹进行 100%的查验。

（2）巴西的关税极高。寄往巴西的包裹不论价值和重量多少，当地海关都要征收关税。巴西为保护本国的工业生产，对国外进口的货物采取了征税贸易保护政策。凡是在巴西有生产企业的产品，都会被征收很高的关税。每个巴西人每年的境外购物免税额只有 50 美元，因此几乎所有巴西消费者购买产品都需要缴关税。有卖家表示，他们通过 UPS 往巴西发货，关税额基本是“货值+快递费”的 100%~200%。有的买家表示自己买了价值 60 美元的产品，却支付了 120 美元的关税。有些卖家认为，只要调低申报价值就能平安无事。但巴西海关除了查看卖家的申报价值外，还会依照该产品在本国的平均售价考量卖家是否存在低报的嫌疑。如果他们觉得货值不符，则需要购买方提供境外消费的证据，并提供网址。他们核对无误，并按照网址上的价格收缴关税后，买方才可以带走购买的商品。

步骤三：分析进军巴西市场需要考虑的问题

想要进军巴西市场，除清关问题以外，还要考虑以下几个方面的问题。

（1）物流。物流方面最大的问题就是从国内发货的时间太长，通常需要 30~60 天，有些地方甚至需要 90 天。物流时间长给购物带来了不良体验。

（2）退货率高。有因为海关被卡，直接退回的；也有因为关税太高，消费者弃货的；还有因时间太久，消费者不想要了的。各种各样的原因导致了极高的退货率。这给跨境电商企业增加了额外的成本，使得他们对巴西市场又爱又恨。

因此，如果选择进军巴西市场，首先要了解巴西市场的产品需求，并熟悉巴西的海关政策，对物流和退货率等问题也要考虑清楚，这样才能够在蓝海市场中获取丰厚的利润。

知识铺垫

一、跨境电商现状与平台分析

（一）全球跨境电商发展现状

近年来，网络购物席卷全球，英国、日本、德国的电商普及率在成年人中已达到近 70%，而新兴市场中，巴西和中国也快速增长。Statista 的市场数据显示，美国不仅在电商总收入方面居于领先地位，也是网络购物消费水平最高的国家之一。2017 年，美国人均网络购物花费约 2 164 美元，是日本的近两倍。阿里研究院预计，2020 年美国的跨境电商贸易占比有望达到 38%，跨境电商增速达 33%，高于我国电子商务 24%的增速。

近年来，使用移动设备参与网络购物的消费者越来越多。全球移动购物研究表明，2018 年，亚太地区 54%的网络用户与北美地区 30%的网络用户通过移动设备购买产品，主要使用智能手机和平板电脑。因此，后期移动端的消费将会不断取代 PC 端，并成为主流。

（二）跨境电商平台分析

目前，我国企业进行跨境电商操作多是通过电子商务平台进行的。通过跨境电商平台进行销售，可以集中平台力量进行引流与推广，使企业产品和服务非常快速地让海外用户搜索到并进行购买消费。目前，我国的跨境电商平台模式主要是第三方电商平台模式，主要有阿里巴巴国际站、环球资源网、速卖通、敦煌网、亚马逊、易唐网、贝通网、eBay、Wish 等平台。第三方平台主要为跨境企业提供信息和服务，其盈利模式就是在交易价格的基础上增加一定比例的佣金作为收益。第三方跨境电商平台比较稳定，具有完善的物流体系、支付平台，实力比较雄厚，有更多的资金进行推广。对于中小企业来说，多选择第三方平台开展跨境业务。第三方跨境电商平台作为运营中心，结合规模效应，获取更多流量服务于卖家，可以为跨境电商企业提供更完善的服务。但随着平台功能和服务的进一步完善，各个平台的规则更新较快。跨境电商企业若通过第三方跨境电商平台进行跨境销售，首先应该熟悉跨境平台的规则，在熟悉平台规则的基础上，最大化地利用平台进行市场开拓。

二、跨境电商宏观环境分析

随着传统外贸渠道的疲软，以及互联网在全球的快速发展，跨境电商发展迅速，将有可能成为对外贸易的主流模式，激发我国外贸经济的转型升级。针对跨境电商市场，企业要了解目标市场国的各种环境因素，主要包括以下几个方面。

（一）人口环境

构成市场的三要素是购买者、购买欲望和购买力，其中，购买力同经济因素有关，而购买者则同人口因素有关。人口环境包括不同城市、地区和国家的人口规模、人口增长率、人口结构、种族组合、教育水平、家庭状况、地区特征等。世界各主要地区的人口分布不平衡，亚洲地区人口约占世界人口的一半，而欧洲地区的人口最密集。例如，俄罗斯总人口为 1.5 亿左右，全球排名第十。其重工业和轻工业严重失衡，重工业约占工业总产值的 80%。这一经济结构造成俄罗斯的日常消费品长期缺乏，严重依赖国外进口，而日常消费品非常适合通过跨境电商平台销售，因此，俄罗斯是很多跨境企业竞相争夺的目标市场。

1. 人口规模及增长率

人口规模即总人口的多少，从某种意义上讲，市场规模是由人口总量所决定的，一个国家的市场规模与人口数量是成正比的。在收入及其他因素不变的情况下，一个国家的人口总数越大，这个国家的市场规模就越大，跨境电商企业就越容易在这些国家发现市场机会，企业进入该国市场经营就越有利。统计一个国家或地区的人口总数，就可以大致了解它的市场容量。跨国公司目前都非常重视中国市场，首先它们看重的就是中国近 14 亿的庞大人口数量，市场潜力巨大。例如，2017 年速卖通销售前五的国家主要是俄罗斯、西班牙、美国、巴西、英国，这些国家的人口规模相对来说都比较大。

人口数量并不是一个静态不变的指标。人口增长率是预测市场潜力的一个重要指标。如果一个国家的人口增长很快，它对食品、服装、家电产品、住房等消费品的需求会迅速增加。如印度、巴西、南非和我国作为人口增长率较高的国家，合称“金砖四国”，同时是跨境电商重点发展的市场。

2. 人口结构

人口结构会影响一个国家或地区的消费水平、需求结构和需求心理，从而对企业的跨境电商活动产生一定的影响。

人口结构主要包括性别结构、年龄结构、家庭结构、民族结构、城乡结构和受教育的水平等。性别不同，不仅在需求上存在较大差别，而且在购买力与购买行为上也存在很大的差别。例如，女性多操持家务，大多数家庭生活用品由女性采购，儿童用品也大多数由女性购买。而男性则多为住房、汽车、家电等大件物品的主要购买者。作为经营日常消费品为主的跨境电商平台，其女性用户占比较高，在俄罗斯市场该比重达 60%。跨境电商市场由于需要使用网络，因此买家较年轻，一般年龄在 20~40 岁，且其购买产品的种类丰富，而其中以服饰和鞋类最受欢迎。例如，Wish 平台的市场定位为手机 App 端的年轻群体，销售的产品主要为时尚流行的电子产品和娱乐产品。

民族结构主要影响了各个地区的文化，不同的民族文化对于营销有着非常重要的影响。全世界现有 17 000 多个民族，每个民族的文化、宗教信仰、崇尚爱好、图腾禁忌和生活习惯等都有其独特之处。例如，俄罗斯共有民族 193 个，其中俄罗斯族人口占 77%；91%的人口信仰东正教，5%的人口信仰伊斯兰教。其中，东正教的宗教产品和节日用品在俄罗斯销售量较大。城乡结构在世界上表现为两个变动趋势：农村人口减少，城市人口增加。特别是在发展中国家，这种城市化进程速度很快。城市化是市场吸引力的一个重要标志。城市人口的增加，使消费和分销结构发生了很大的变化。例如，在俄罗斯的莫斯科和圣彼得堡地区居住了俄罗斯 70%的人口，这些地区网络和交通都比较发达，利于跨境电商的发展，而其他地区则比较落后。受教育程度高的消费者，往往因从事良好职业而有较高的购买力，他们对于新产品的鉴别能力和接受能力较强，购买时理性程度较高。例如，巴西跨境消费人群基本属于白领阶层，年龄在 25~36 岁，大学学历以上，月收入在 5 000~10 000 元人民币，消费个性鲜明，喜欢购买夸张的配饰、新潮的服饰等。

（二）经济环境

经济环境包括本国、目标市场国和国际的各种经济环境因素。主要包括：经济形势，经济发展规模、速度、水平，经济制度、体制，国际经济组织、国际经济活动的状况，国际经济地位、经济发展阶段、经济结构类型、国家或地区的产业布局和城市（城镇）化程度，以及水利、能源、交通、通信等基础设施状况，消费者收入水平、消费水平、消费方式和消费结构，消费倾向和储蓄倾向，消费者储蓄和信贷状况，货币供应量、币值、外汇储备量、汇率、物价水平、通货膨胀率，外贸和国际收支状况等。一个国家或地区的经济发展规模和水平通常以 GDP（或 GNP）和人均 GDP（或人均 GNP）的统计指标来反映，经济发展速度则通常由这些指标的年增长率来反映。

1. 经济收入

分析一国市场规模时，除了分析人口因素，还需要衡量其收入状况。一国收入状况如何，影响并决定着该国的购买力大小与消费水平高低。

从宏观来说，衡量一国总体收入水平的指标主要有国民收入、国民生产总值、国内生产总值等。

（1）国民收入（National Income，NI）是指按生产要素报酬计算的国民收入。

（2）国民生产总值（Gross National Product，GNP）是指一个国家或一个地区的常住居民在一定时期所拥有的生产要素所生产的全部最终产品（包括商品和服务）的市场价值。

（3）国内生产总值（Gross Domestic Product，GDP）是指经济社会（一国或一地区）在一定时期内运用生产要素所生产的全部最终产品（包括物品和劳务）的市场价值。

GDP 包括所有的有形和无形的产品，如教育、卫生、旅游、家政服务等都包含在内，它是指最终产品的价值增值过程。只有进入市场流通活动的产品与劳务才能计入 GDP，它计算的是流量而不是存量，且是本期生产的而不是销售的。同时，要注意 GDP 是一个“市场价值”的概念，取决于当时物价水平的高低。

GNP 和 GDP 两者的区别在于：国内生产总值是一个地域概念，而国民生产总值是一个国民概念。衡量一国收入水平最常用的指标是国民生产总值，衡量一国消费者购买力高低的指标是人均国民收入。

从微观来说，衡量一国居民收入水平的指标主要有人均国民收入、人均国民生产总值、人均国内生产总值等。但具体到某一消费者而言，其收入可以划分为可支配收入、可任意支配收入等指标。个人可支配收入可用于消费和储蓄，是影响消费品支出的决定性因素，而个人可任意支配收入是影响高档消费品、奢侈品支出变化的最活跃的因素。

消费者收入是指消费者个人从各种来源所得到的货币收入，通常包括个人的工资、奖金、其他劳动收入、退休金、助学金、红利、馈赠、出租收入等。消费者收入是消费资料购买力的主要构成部分，也是社会购买力的重要组成部分。

消费者收入分为货币收入和实际收入。物价下跌，则实际收入上升。此外，不同时期、不同地区、不同阶层消费者的收入水平不同。关于消费者收入的几个相关概念如下。

（1）个人收入（Personal Income，PI）是指个人从各种途径所获得的收入的总和，包括工资、租金收入、股利股息及社会福利等所收取得来的收入。

（2）个人可支配收入，即个人收入中扣除各种税款（所得税等）和非税性负担（如工会费、养老保险、医疗保险等）后的余额。它是消费者个人可以用于消费或储蓄的部分，形成实际的购买力。

（3）个人可任意支配收入，即个人可支配收入中减去用于维持个人与家庭生存所必需的费用（如水电、食物、衣服、住房等）和其他固定支出（如学费等）后剩余的部分。这部分收入是消费者可任意支配的，因而是消费需求中最活跃的因素，也是企业开展营销活动所要考虑的主要对象。

（4）居民消费价格指数（Consumer Price Index，CPI）主要反映消费者支付商品和劳务的价格变化情况，也是一种度量通货膨胀的工具，以百分比表示。

俄罗斯劳动保障部统计显示，2018 年俄罗斯电商产值为 180.2 亿美元，网购人数达到 5 000 万，其中有 56%的俄罗斯民众通过跨境电商购买国外商品。可见，俄罗斯网络用户的消费能力非常强大。

2. 消费支出

消费方式包括个人消费和公共（集体）消费、家庭消费和社会化消费等。随着消费者收入的提高，公共消费和社会化消费的比重都会增加。

消费倾向是消费与收入之比。边际消费倾向则是消费增量与收入增量之比。它同社会心理有密切关系，因而各国不甚相同。它在短期内往往会随着收入的增加而递减，对消费有很大影响。

消费者收入的变化会引起消费支出模式即消费结构的变化。德国统计学家恩格尔在 19 世纪中叶发现，随着消费者收入水平的逐步提高，生活必需的食物支出在消费总支出中所占的比例（称为“恩格尔系数”）会逐步下降，这就是著名的“恩格尔定律”。恩格尔系数=用于食物的支出/家庭消费支出总额×100%。

消费者信贷状况也是影响消费者购买力和消费支出的重要因素。适度的负债消费和超前消费的规模既取决于一国金融业的发展程度和个人信用的完善程度，也取决于社会的消费观念。

2017 年“双十一”大促，俄罗斯市场的中国网购零售商销售总量增长了 25 倍，这取决于俄罗斯近年来的经济发展及其消费者的超前消费观念。因此，俄罗斯是我国跨境电商企业的主要目标市场国。

3. 国家或地区经济特征

（1）基础设施。基础设施是指为经济提供服务的公共设施，其中包括能源供给、交通运输、通信设施、金融机构、市场调研及咨询机构的情况等。一个国家的基础设施越好，越有利于投资效益，在这个国家开展营销活动就会更顺利一些，市场的吸引力也就越大。基础设施是分析国际经济环境的重要因素。巴西从 2010 年之后加大电商基础设施的发展，才有了 2013 年巴西经济的迅速发展，同时促进了跨境电商的发展。

（2）城市化。城市化是当前各国经济发展的趋势。衡量一个国家城市化水平的三个标志为：①城市人口增加，②城市用地规模扩大，③城市人口在总人口中的比重上升。城市居民与乡村居民生活方式和消费观念存在差异，二者往往在消费行为上也有所不同。跨境电商人员必须注意到这种城乡差别，以便制定正确的营销策略。例如，俄罗斯 70%的人口都在莫斯科和圣彼得堡，这有利于跨境电商在某些地区集中发展。

（三）自然环境

从企业市场营销的角度来看，自然环境主要是指影响目标市场消费者群需求特征与购买行为的气候、地貌、资源、生态等因素。这些因素分为两部分：一部分是自然因素对跨境电商的影响；另一部分是生态环境及其变化对跨境电商的影响。

1. 气候因素

气候条件主要是指一国的气温高低、干湿度等气候特征。处在不同气候条件下的人们，对某些产品的需求存在较大甚至是完全不同的需求，气候的超常变化也改变着人们的消费需求。一般来说，在寒冷的地区，御寒产品需求量大；而在炎热的地区，则需要大量的降温产品。例如，俄罗斯的冬天很冷，人在室外需要大量的保暖用品，因此帽子、围巾、手套是必备品，女性还特别热衷于购买动物皮毛制作的外套，因此，跨境卖家在选择产品时可以考虑相应的产品。

2. 地貌因素

一国的地貌特征主要包括平原、丘陵、山脉、江河、湖泊、森林、沙漠等地貌的差异，使得人们对生产工具、交通工具的需求存在很大不同。例如，西班牙气候温和，日照时间长，地形多山，因此西班牙人酷爱户外活动，对足球、登山及自行车等运动情有独钟。

（四）政治法律环境

进行跨境市场推广，首先要了解目标国的政治法律制度，必须在其允许的政治法律环境下进行市场开拓。政治环境，主要了解目标市场国的政党情况、政治制度、目前政府对市场所持有的跨境电商政策；法律环境，主要掌握目标市场国的法律制度、国际惯例和公约，同时还有相应的行业规则等。跨境电商企业只有在目标市场国政治法律许可的范围内进行商务活动，才能够得到长远的发展。自 2014 年以来，非洲在线购物者的数量每年增长 18%，高于全球 12%的平均增长率。2018 年 12 月 10 日，首届非洲电商峰会在肯尼亚首都内罗毕开幕。会议主题是“在数字时代为非洲经济赋能”，旨在探索非洲大陆快速的数字化经济带来的商机。正是由于这些非洲国家正确的政策和法规指引，才能够让非洲电商经济快速发展。同时，2018 年英国人均网购消费 3 625 英镑，主要原因也是政府监管、行业自律和消费者权益保障意识较强三方面合力形成的良好网络购物环境和安全保障助力英国网购蓬勃发展。例如，英国网络零售商协会负责颁发安全网购资格给合规成员企业；英国交易标准协会则对网购商店进行安全与信用认证，对合格的网店颁发信用章以便消费者甄别。

（五）社会文化环境

社会文化环境是指一个社会的民族特征、知识、信仰、艺术、道德、语言、风俗习惯和教育水平等的总和。一般社会文化主要是指精神文化，即人们对客观物质世界的一种主观认识，或者说是人们对客观的无差别的物质世界赋予的有差别的、主观的、意识形态的内涵。

1. 社会文化特征

每个消费者都生活在一定的社会文化之中，其消费需求与消费行为也必然带有其所在社会的文化烙印。一般来讲，社会文化主要具有以下特征。

（1）后天习得性。文化不是遗传而得的，而是通过后天学习得以传承的。人们的饮食、观念、习俗等都是后天习得的，如我们的中餐文化和西餐文化的不同。当然，文化的传承并不是机械简单的传递，它是一个交流融合的过程。

（2）强制规范性。文化的功能是建立行为模式、执行标准，以及人与人、人与环境之间关系的处理方式，从而定义了哪些是可以接受的行为，哪些是不可以接受的行为。一般情况下，文化规范分为直接文化强制和间接文化强制。直接文化强制指的是消费者如不遵守该文化习惯，就会受到大家的嘲讽、排挤与孤立。而间接文化强制是当消费者不遵守该文化就无法满足他的生存需求从而迫使他必须进行改变的一种文化强制。

（3）动态适应性。一般来说，民族文化是要不断与当下的自然与社会环境相适应的，一个民族的非适应性文化习俗会被逐渐淘汰，而适应性的文化习俗则可能长期持续下去。例如，在很多国家，由于中国人的增多，开始注重中秋节、春节等中国传统节日的庆祝，而同时我国也开始过圣诞节、感恩节等国外节日，这都是不断地适应当下全球文化融合的节奏的结果。

（4）发展变迁性。文化既然是人适应自然与社会环境的一种手段，那么当客观环境发生变化时，文化则根据环境的改变而改变。一般来说，文化变迁的主要原因包括：发现和发明、社会革命和制度变革、文化借用或传播，以及文化移入，如消费者通过线上网购的消费方式成为现在的主流。

2. 社会文化差异

社会文化差异是指不同国家、地区、种族、民族、宗教团体等社会人群拥有不同的语言文字、价值观念、行为方式等方面的差异。一般情况下，文化差异是由人们对相同的客观物质世界所赋予的不同理解所造成的。不同的文化环境下，人们对相同的客观事物有着不同的表达方式、喜恶情感。例如，中国人觉得“点头 Yes，摇头 No”，而这个理解在印度人那里就是相反的，这就是文化差异。文化在进化和发展的过程中，往往受到多个方面的影响，从而造成文化差异，主要表现在以下几个方面。

（1）自然地理因素。自然地理环境是造成文化差异最重要的因素。山川、河流、沙漠等天然屏障阻碍了不同民族间的文化传播和交流，客观上为不同民族个性文化的独立发展创造了机会。

（2）文化因素。在文化自身的发展过程中，文化价值观念和文化传统是不同民族文化经过长期的演变而形成的，它们是不同民族文化的主要标志，也是文化差异再创造的重要原因。

（3）民族中心主义。每个民族普遍存在民族优越感。每个民族总是习惯于按自己的文化眼光去理解和评判其他民族的文化，并且总是把自己的文化理解为优秀的、文明的。这种民族中心主义妨碍了民族之间正常文化传播和交流，并扩大了文化差异。

企业在不同市场进行推广的过程中，在遇到具体问题时，就会不由自主地用自己的价值体系作为理解和处理这种状况的尺度和标准，这叫作自我参考原则。但企业应当用文化适应的方法进行国际市场开拓，企业要适应目标市场的社会文化特点，在实施营销决策的过程中只有不违反当地的文化传统，生活习俗，不触犯当地的宗教禁忌，才能比竞争对手更好地满足国际市场的需求。

3. 影响跨境电商的社会文化环境因素

（1）语言。语言是人们沟通思想的主要工具，也是一种文化区别于其他文化最明显的标志。企业在同国外市场打交道时，常会因为语言障碍而影响与当地人的思想交流。故掌握世界上使用较广的几种主要语言，对于开拓不同目标国市场非常重要。西班牙 SoloStocks 公司除了扎根西班牙本土，还覆盖了其他 12 个国家。它通过建立分站的方式，在每个国家都有当地语言的单独网页，在西班牙是西班牙语的网页，在法国是法语的网页，在巴西是葡萄牙语的网页，以使得在 SoloStocks 上卖的所有的产品都是用户所在国的语言，从而方便那些潜在的消费者去购买产品。除了掌握语言之外，了解语言文字的差异和语言国的文化背景也在跨境网络推广中有非常重要的地位。影响语言沟通的因素主要有口头语、书面语、体态语、语境文化和语言翻译。兰亭集势在开拓国际市场时主要是采用本土化政策，通过与本土公司合作的方式来运营。同时，它还根据各地习惯的不同，设定一些模板，以正确应对语言文化上的差异。

（2）观念与态度。观念是一种社会文化环境里，人们对人或事物的看待方法、思维导向、评价标准和崇尚的风气。文化影响着观念，观念影响着态度，态度影响着行为。对跨境网络推广影响较大的观念有美学观念、价值观念、时间观念、消费观念、变革观念、礼俗与禁忌等。其中，价值观念决定了人们的是非观、善恶观和主次观，在很大程度上决定着人们的行为。不同国家、不同民族和宗教信仰的人，在价值观念上往往有很明显的差异。例如，对一件新产品各国消费者的接受态度不同，美国人好奇，认为新东西有价值，对宣传广告有信任感，总想试一试；德国人比较保守，不轻易尝试新事物；而法国人不轻易相信广告上的东西，更多依赖自己的感觉。俄罗斯人认为，三八妇女节可以是情人节，也可以是母亲节，更可以是儿童节。因此，在三八妇女节里，男女老少都能对号入座，都不会坐冷板凳。同时，俄罗斯人也把三八妇女节理解成“开春节”，寓意是春天的开始。

（3）社会组织。社会组织是指人与人相互联系的方式，它决定着人们的社会角色与关系。一般可分为亲属关系和社会群体两大类。

亲属关系中最基本的单位是家庭，家庭主要有核心家庭和扩展家庭。研究家庭结构是因为许多产品是以家庭为单位来购买的，如商品房、家电产品等。同时，研究家庭结构还应了解谁是购买决策人。此外，丈夫、妻子或孩子往往对不同产品的购买拥有不同的影响力。eBayCBT 最新数据显示，在美国，2018 年父亲节预计总支出将达到 155 亿美元，预计每单花费平均 134.75 美元，且有 34%的消费者将在网上完成购物，创下该调查 15 年来的历史新高。

社会群体主要是指家庭以外的社会组织形式，包括年龄群体、性别群体和共同利益群体。年轻人与年长者由于在价值观念、生活方式等方面的显著差异而分属不同的子市场；男性与女性生理、心理上的差异也决定了其对许多产品的不同需求；此外，妇女的社会地位也影响着其对购买决策的影响。至于共同利益群体，如消费者协会、行业协会、劳工组织、政党等在现代社会的消费潮流中也常扮演着举足轻重的角色。2017 年是“网红”营销高速增长年。根据市场调研，71%的消费者会在社交平台的推荐下做购买的决定，而不是被广告影响；70%的 YouTube 青少年用户表示相对于传统的明星，他们更相信“网红”的建议。

（4）教育。一个国家的教育水平与经济发展水平往往是一致的。一般而言，发达国家教育水平较高，消费者对产品的档次要求较高，对新产品的鉴别能力也较高；而经济发展水平较低的国家，教育水平也较低，情况则正好相反。跃境电商企业需从用户的角度去优化其体验。用户体验是一个非常主观的问题，每个人都有自己的偏好，而受教育水平会影响用户体验。受教育水平越高，对产品摸索得越透彻，用户的体验度也就越高。

（5）宗教。宗教信仰直接影响着人们的生活态度、价值观念、风俗习惯和消费行为。不同的宗教信仰对同一事物有着不同的态度，会导致人们不同的需求和消费模式。世界上有三大宗教：基督教、佛教和伊斯兰教。基督教又分为天主教、东正教和新教三个教派。各教都有其流行的主要地区。基督教（新教）主要流行于北欧、北美和澳大利亚，如美国是最典型的基督教（新教）国家；而西欧很多国家和南美则流行天主教，英国、法国是老牌的天主教国家；中东地区和印度尼西亚属于伊斯兰教的范围；亚洲很多地区盛行佛教。

（6）风俗习惯。风俗习惯是长期形成的、一个社会的大多数人共同遵守的行为规范，它涉及社会生活的各个方面。世界上不同国家、不同民族的风俗习惯千差万别，甚至同一个国家不同地区也有不同的风俗习惯。例如，中国人喜欢菊花，有赏菊的爱好，但是欧洲人常在葬礼上摆放菊花；美国人认为绿色表示安详，而英国人对绿色十分反感。因此在出口英国的产品包装上不要选择绿色，而且英国人忌讳大象图案和用人像做商品装潢。

（六）科学技术环境

科学技术是社会生产力中最活跃的因素，它影响着人类社会的历史进程和社会生活的方方面面，对企业经营活动的影响更是显而易见的。新技术催生了许多新兴行业和产品供市场选择，并且不断提高着产品的性能，以满足人们日益增长的需求；技术进步也为跨境网络推广提供了更为丰厚的物质基础与先进的技术条件。跨境网络推广对于科学技术及网络的发展要求较高，这些变化无疑会对跨境网络市场产生深远的影响。例如，巴西政府大力支持电子商务的发展，努力建设电子商务基础设施，其互联网用户目前已超过 1 亿，占人口总数的一半以上，而具有网购习惯的人口已达到 5 100 万，移动用户数量更是增长迅速，这些均得益于巴西良好的科学技术环境。

三、跨境电商微观环境分析

微观环境是由企业及其周围的活动者组成的，直接影响着企业为客户服务的能力，它包括企业内部环境、供应者、营销中介、客户或用户、竞争者等因素。竞争对手是微观环境中最主要的组成部分，竞争对手分析主要包括以下四个方面。

1. 愿望竞争者

愿望竞争者是指将所有满足消费者的不同需求、争取同一消费者购买力的企业视为竞争对手。例如，消费者购买力有限，他在网上浏览购物的时候，可能想买一件衣服、一台电脑或者一张床，那么提供衣服、电脑、床的企业之间就在这一部分市场上形成了竞争关系，是愿望竞争者。

2. 一般竞争者

一般竞争者是指能够满足消费者某种特定愿望的各种途径和方法。例如，消费者可以通过上网看视频、打游戏、观看各种资讯等方式来进行业余时间的休闲，这些消费品都可以满足消费者打发业余时间这一愿望，那么提供各种服务的企业就在这一市场上形成了竞争关系，互为平行竞争者，称为一般竞争者。

3. 形式竞争者

形式竞争者是指能够满足消费者的某种愿望的各种产品的型号。形式竞争者一般提供种类相同，但质量、型号、包装等有所不同的产品。例如，对于想玩游戏的消费者来说，有各种各样的游戏，如联机游戏、单机游戏等都可以满足游戏爱好者的需求，提供各种各样游戏产品的企业相互之间是形式竞争者。

4. 品牌竞争者

品牌竞争者是指能够满足消费者某种愿望的同类产品的其他品牌。该部分消费者所购产品的需求层次、需求爱好大致相同，企业品牌知名度相当，售价也差别不大。例如，消费者要通过网络购买耳机产品，如在速卖通上想以 20 美元左右购买耳机，则有 Andoer Digital、Wavefun ipx7、Mpow 等各种品牌的耳机，这些产品供应商在市场上属于品牌竞争者。

四、跨境网络环境分析方法——SWOT 分析

SWOT 分析是用来确定企业自身的竞争优势、劣势、机会和威胁，从而将公司的战略

与公司内部资源、外部环境有机地结合起来的一种科学的分析方法。SWOT 是英文 Strengths（优势）、Weaknesses（劣势）、Opportunities（机会）和 Threats（威胁）的缩写。SWOT 分析被广泛地应用于不同的领域、行业、项目的机会决策。这里我们把该方法作为企业宏观环境评估的分析方法加以运用。通过 SWOT 分析，可以明确市场机会和企业自身条件的关系，找出在这些机会和威胁面前的竞争优势和劣势。

运用 SWOT 分析时，可以遵照如下步骤。

第一步：列出尽可能详细的与项目相关的要点

SWOT 分析，首先将企业某个业务项目的优势、劣势、机会、威胁单项逐一列举，然后进行优势和劣势、机会和威胁的比较分析。优势和劣势分析，主要是着眼于企业自身的实力及其与竞争对手的比较，机会和威胁分析，则将注意力放在外部环境的变化及对企业的可能影响上。可以用简单的 SWOT 分析模表（见表 1-1）将企业的优势、劣势、机会、威胁进行梳理，并与主要竞争对手做简要比较。

表 1-1　SWOT 分析模表

	本企业	竞争对手
优势		
劣势		
机会		
威胁		

表 1-1 浅显易懂，但填写被分析的项目时要遵循如下原则。

（1）优势。要客观分析本企业在哪方面做得好，而竞争对手在哪些方面做得更好，然后实事求是地填写进去；再分析本企业的哪方面优势相对于竞争对手突出一些。

（2）劣势。分析本企业哪些方面做得不如竞争对手，重点是：自己的客户经常投诉的方面；本企业目前不如竞争对手好的服务或产品；本企业不能提供的销售服务；公司销售队伍存在的问题等。

（3）机会。找出本企业没有被发掘的优势，这些就是公司机会的一部分。评估未来可能出现的潜在机会。寻找本企业现在能做而竞争对手还没有做的领域。

（4）威胁。主要分析本企业内外有没有可能冲击企业业务的因素，包括可能的竞争对手、服务项目等：企业内部是否在财务、发展、人员等方面存在问题；而在企业外部，竞争对手是否越来越强大，以及对本企业的一些机会是否会变成威胁等。

第二步：对 SWOT 分析结果进行评价并做出决策

从整体上看，SWOT 可以分为两部分：第一部分为“SW”，主要用来分析内部环境；第二部分为“OT”，主要用来分析外部环境。利用这种方法可以从中找出对自己有利的、值得发扬的因素，以及对自己不利的、要避开的东西，发现存在的问题，找出解决办法，并明确以后的发展方向。根据这个分析，可以将问题按轻重缓急分类，明确哪些是急需解决的问题，哪些是可以拖后一点儿的事情；哪些属于战略目标上的障碍，哪些属于战术上的问题，并将这些研究对象列举出来，依照矩阵形式排列。然后用系统分析的思想，把各种因素相互匹配起来加以分析，从中得出一系列相应的结论，而结论通常带有一定的决策性，有利于领导者和管理者做出较正确的决策和规划。图 1-1 为 SWOT 分析的矩阵式战略决策思路。

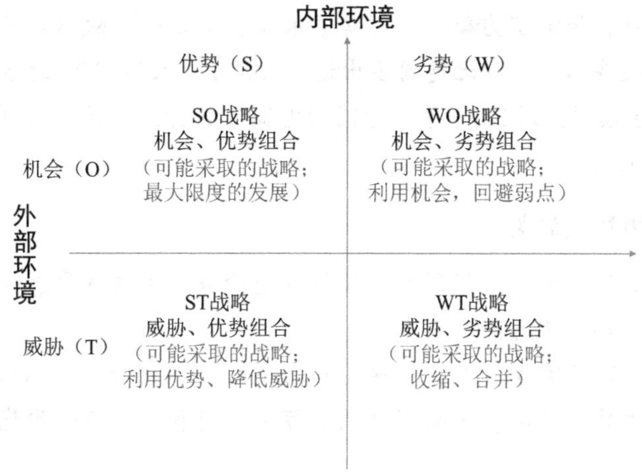

图 1-1　SWOT 分析的矩阵式战略决策思路

第三步：对 SWOT 项目定期重新评估，随时做必要的修改

在做 SWOT 分析的同时，有必要跟踪并仔细观察公司所处的市场环境的发展，因为经常会产生一些变化使原先的 SWOT 分析结论与决策变得不恰当。有时巨大的商机会出现在突然变化的商业环境中。例如，某一非常大的竞争对手、客户或供应商突然倒闭、迁址或与其他客户合并而导致的环境变化，可能为你的公司带来巨大的收益机会。所以应该定期重新评估，随时做必要的修改，确保分析和可比成分的准确和新颖性。对享有的数据和资料进行充分的分析是 SWOT 取得实效的关键所在。另外，进行重大决策时，仅仅运用 SWOT 分析也是不够的，还要考虑到其他方法的综合运用，尤其要对变化的市场和竞争环境有比较清醒的认识。

案例解析

进军欧洲市场的有利“跳板”
——德国，相关电商市场分析都备齐了！

国家：德国

人口：8 000 万

互联网普及率：83%

网购人口比例：81%

人均每年网购消费：726 美元

不久前，德国税务局审查了大约 100 家在德国销售产品的中国卖家的商品和账户，这一系列的突击审查引起不小的波澜。那么，目前德国电商市场的概况到底如何呢？

1. 电商市场潜力大

欧洲基础设施完善，人均收入水平高，是中国卖家跨境出海的优质选择，而德国作为欧洲第三大电商市场，经济实力雄厚，对卖家来说，更是进军欧洲市场非常有利的跳板。德国是欧洲最大的经济体，人口比英国多出近 2 000 万，人均 GDP 近 5 万美元。德国电商研究所 IFH Cologne 预测，到 2020 年，德国的电商零售行业价值将达到 733 亿欧元，电商将占总零售额的近 15%。

2. 消费者购物特点显著

据了解，德国制造业发达，德国人不轻信物美价廉，对质量要求较高，也愿意为此买单，利润率较美国、英国市场高出不少。

①购物率高。电商解决方案提供商 B2C Europe 的研究显示，70%的德国消费者每个月至少在网上买过一件实体产品，是欧洲网购最频繁的消费者，其网购花费也比邻国消费者高 10%。

②退货率高。另有研究显示，德国是退货率最高的国家之一，退货率高达 50%，这不是因为德国人很难取悦，而是由于消费者权利保护的监管条例严格，同时受消费者行为影响。德国很多人倾向于购买多个颜色和尺码，收到产品试用之后，退掉不想要的产品。（注：因此，有一个本地退货地址是非常重要的，这不仅能增加你的潜在客户，而且能帮助你控制退货的成本。德国也有专门提供这种服务的服务商，使用服务商可以降低自己设立仓库的成本。）

③爱比价。众所周知，德国人爱比价。他们会在不同的电商网站对比一款产品的价格，以确保达成最合适的交易。因此，如果卖家的产品和价格信息不太容易查看到或者没有竞争力，可能就与这些网购者错失“良缘”了。

④爱简约、性格严谨。通过宝马等德国车系品牌的风格不难看出，德国人偏爱简约而有质量的东西。德国人被公认有着严谨的性格，德国消费者购买前会做足攻略、多方对比。

3. 德国热销品类推介

德国电商渗透率较高的是消费电子产品和时尚产品，德国人从国外购买最多的产品是服装、书籍、CDs、DVDs 和视频游戏，这些产品的平均价值都不太高，但销量越大。同时，德国是汽车制造强国，汽配市场也不容忽视。在德国汽车市场 542 亿美元的总销售额中，零配件约占 2/3，预计到 2025 年汽配电商份额将达到 20%。

4. 德国电商消费平台集中

亚马逊、Otto 和 Zalando 主导了德国电商零售行业。这三家公司合计占了德国前 100 家电子商务公司总销售额的 44%。德国热门的电商平台除了排名前三的亚马逊德国站、Otto、Zalando 外，最大的比价购物网站 Idealo 也是德国网购者经常光顾的，其 42%的平均转化率能够为独立站网商有效提高销量。

5. 亚马逊在德国市场占比不断上涨

在过去三年中，德国在亚马逊全球市场中的比重不断上涨，成为继美国之后亚马逊的第二大市场。亚马逊每年在德国的销售额达到了 120 亿美元，其中包括 AWS 的服务销售额。目前，亚马逊在德国电商市场占据了很大的优势。德国电商市场规模达 660 亿美元，其中亚马逊占了 13%，德国本土零售商 Otto 占 3.8%，Zalando 占 1.7%。因此，进军德国市场亚马逊平台不容忽视。

6. 最常见的在线支付方式

PayPal 虽然在德国得到了广泛使用，但在德国最常见的在线支付方式还是 invoice，即收到卖家发来的付款通知后，消费者再按照上面的金额和账号付款。据悉，德国有 58%的网购者是先下单后付款。此外，有 34%的德国人习惯于使用信用卡支付，包括 MasterCard、VISA 和 American Express。德国人对于在网上贴个人信息等行为始终保持着很高的警惕性，通常他们不会选择创建线上账户或用信用卡进行支付，移动支付的推广在德国也面临着很大阻力。有经验的卖家会知道德国人更愿意使用未结清发票（open invoice）的付款方式，即消费者收到产品及其随带发票后，将应付款项转到卖家的银行账户里。

7. 最喜爱的物流方式

90%的德国人喜欢送货到家，因此配送方式及时间对他们来说是至关重要的一点。83%的消费者表示，他们会根据卖家的物流评价来决定是否购买一样商品。而且，55%的消费者认为标准的送货时间（3~5 天）应该是免邮费的。德国当地主要的物流供应商包括 Deutsche Post（德国邮政）、DHL、DPD 等。从德国到主要的欧盟国家一般 2~7 天就可以送达，德国当地货物派送一般是 1~3 天。

习题演练

一、单选题

1. 不属于世界宗教的为（　　）。

A. 道教　　B. 佛教　　C. 伊斯兰教　　D. 基督教

2. GDP 指的是（　　）。

A. 国民经济　　B. 国民生产总值　　C. 国内生产总值　　D. 国民收入

3. 针对企业在进行跨境营销过程中所出现的自我参照原则问题，我们可以采用（　　）方法解决。

A. 本土化原则　　B. 文化适应原则　　C. 普适原则　　D. 差异化原则

4. 国外客户在选择不同平台进行跨境购物时，如速卖通、亚马逊、eBay、Wish 等属于（　　）竞争类型。

A. 愿望　　B. 一般　　C. 产品形式　　D. 品牌

5. 跨境电商平台以收取商家佣金以及增值服务佣金作为主要盈利模式的属于(　　)。

A. 在线交易平台　　B. 自营平台

C. 第三方开放平台　　D. 信息服务平台

二、填空题

1. 四种竞争对手的类型为（　　）、（　　）、（　　）、（　　）。

2. 社会文化差异产生的原因主要表现在（　　）、（　　）、（　　）、（　　）。

3. 文化特征主要表现在（　　）、（　　）、（　　）、（　　）。

4. 影响语言沟通的因素主要有（　　）、（　　）、（　　）、（　　）、（　　）。

5. SWOT 分析中包括的四个要素为（　　）、（　　）、（　　）、（　　）。

三、简答题

1. 针对不同国家的社会文化差异，我们在进行跨境市场开拓时，应该如何避免文化差异造成的市场问题？

2. 在俄罗斯市场推广儿童产品时，我们需要注意和分析哪些市场环境？

实践操作

亚马逊品牌备案政策解读

2017 年最新亚马逊品牌保护规定终于在一片质疑声中出炉，本文将带你解读最新的亚马逊品牌备案（Brand Registry）政策。

一、亚马逊品牌备案新政的 3 个棘手问题

亚马逊品牌备案在停止了近 2 个月后终于重新开放了，然而几乎所有卖家都被以下 3 个问题弄蒙了。

棘手问题 1：商标需要注册完成（Registered 状态）后才能申请亚马逊品牌保护。

按照调整前的规定，商标只要是拿到回执就可以提交品牌保护，也就是从申请商标到向亚马逊递交品牌保护申请的时间是在 1 个星期左右。然而如果要是等到商标注册成功后才能申请亚马逊品牌备案的话，递交美国商标的卖家可能要等上至少 8 个月。

棘手问题 2：商标必须是文字（Text 或 Characteristic）类型，不能是图片（Drawing

或 Figurative）类型。

针对商品注册，许多国家的商标大都是带图案的，单独文字商标注册的人非常少。同时，我们也看到亚马逊品牌备案申请的页面允许提供品牌 logo 的图案，所以该品牌备案新政是存在争议的。

棘手问题 3：以前成功注册的亚马逊品牌备案卖家，如果不符合新的品牌备案政策，也可能被取消品牌卖家资格。

二、品牌备案新政其他值得注意的问题

除了以上问题外，亚马逊对于品牌保护又做了一系列新的规范和细化，这些内容包括以下几个方面。

最新规范 1：旧的亚马逊品牌备案政策接受几乎全球任何国家的商标申请品牌备案，而新的政策仅接受亚马逊市场所在的国家或地区注册的商标，这包括美国、加拿大、墨西哥、英国、德国、法国、西班牙、意大利、欧盟、日本、印度。

最新规范 2：旧的亚马逊品牌备案系统，只允许一个卖家注册一个品牌。然而，亚马逊最新品牌备案政策鼓励一个卖家注册更多商标（如 10 个以上）。

最新规范 3：旧的亚马逊品牌备案系统，只要求提供自己的网站，然而新的亚马逊品牌备案系统却要求在提供自己网站的同时，提供自己的社交网站主页，如 Facebook、Twitter、Instagram 等。

最新规范 4：旧的亚马逊品牌备案系统，并不需要提供品牌在前台的展示形式，而新的品牌备案系统允许提供一个品牌更多的展示形式。

最新规范 5：旧的亚马逊品牌备案系统，不需要提供太多品牌故事的说明，而新的品牌备案系统把品牌故事变成了必填项。

思考并回答：

1. 对比亚马逊的品牌备案政策发生了哪些改变？
2. 指出亚马逊品牌政策和速卖通品牌政策的区别。
3. 针对新政策发生改变，给出一些建议。

子情景二 跨境网络数据调研分析

学习目标

知识目标

- 掌握跨境网络的市场数据分析要素。
- 掌握跨境网络的竞争对手数据分析要素。
- 掌握跨境网络的店铺经营数据分析要素。

能力目标

- 能够运用市场数据进行分析。
- 能够对竞争对手的数据进行分析。
- 能够运用店铺经营数据进行分析。

素质目标

- 具有对网络数据的敏感度。
- 具有对市场调研数据的逻辑分析能力。
- 能够通过数据了解市场发展趋势。

项目背景

杭州椰华有限公司是一家通过国内外展会来拓展外贸业务的外贸公司，自 2008 年全球金融危机后，公司业务逐年下滑。2016 年公司决定通过跨境电商平台来拓展椰子油产品，经过一年多的运营，业务有所提升，但仍离预期较远，公司管理层决定进一步查找原因。

公司决定进行一系列的产品和数据分析，找到真正的原因，了解产品的市场需求。

任务实施

步骤一：对椰子油产品进行评估

通过对国外分享设计网站 Pinterest 的研究发现，一个关于椰子油 30 种用法的 pin（被分享的图片的称呼）获得了 934 个转发和 105 个喜欢。从这一点来看，椰子油可能是个受欢迎的产品，但这只是在 Pinterest 上。我们还可以通过 Google Trends（谷歌趋势）进行验证。通过 Google Trends 数据分析，从 2011 年开始，椰子油的搜索量大幅增长。

MakeupAlley（一个护肤护发产品评论网站）上关于椰子油的评分也证明了它的人气：拥有 834 条评论，平均评分 4.5 星，并且 90%的人表示愿意回购。通过亚马逊网站了解椰子油的出售情况：售价大概在 12.95 美元，获得的五星好评是 1 976 个，属于星级卖家。这些信息充分说明有很多人对椰子油感兴趣，那么他们想购买椰子油时会通过什么方式搜索该产品呢?

步骤二：对关键词进行评估

通过谷歌 Keyword Planner Tool（关键词搜索工具）可以了解 Coconut Oil（椰子油）的具体表现，如每月的搜索量、有多少竞争对手对 Coconut Oil 进行竞价，以及有哪些相关的搜索词。使用这个工具，需要有一个 Google Adwords 账户（注册免费）。注册完毕后，登录账户，选择顶部菜单中的 Tools（工具），然后选择 Keyword Planner，点击新页面中的“Search for new keyword and ad group ideas”。在空白方框中，输入产品信息，如“Coconut Oil”，注意信息的选择，特别是目标受众范围；点击“Get ideas”，出现默认广告组信息，再点击“Keyword ideas”，了解关键词信息，最后结果将会出现三列信息。

第一列是输入的关键词以及相关搜索；第二列是在指定的地理区域中各个搜索词的每月搜索量；第三列是每个关键词的竞争级别。

根据搜索结果，可以得知以下三个信息：

（1）椰子油确实有很多用途，可以用于护发、护肤、烹饪等。

（2）主要搜索词“Coconut Oil”有很高的搜索量，在美国和加拿大每月搜索达 246 000 次。但这个词的竞争度很高，这意味着已经有很多人在网上购买这个关键词，并投入广告，因此难以与其进行有效竞争。

（3）有许多其他搜索词，搜索量很高但竞争较小，这是一个机遇。

搜索结果还表明，有许多相关关键词中都包含“Hair”一词，尝试着搜索“Coconut Oil + Hair”会发现“Coconut Oil”+“Hair”相关词汇搜索量相当可观，竞争度从低到中等，特别是“Coconut Oil for Hair”（护发椰子油）搜索量极高。

步骤三：确定主要目标市场和人群

通过前面的信息可以看出，椰子油这个产品的需求量比较大，并且搜索量相当可观，那么搜索这些信息和产品的人到底是谁？生活在哪个区域呢？毕竟，有些产品和趋势的发展发生在特定的区域，需要确保那些寻找和搜索产品的人生活在企业能够出售并配送产品的区域。这时需要重新通过 Google Trends 进行搜索，了解以下问题：

（1）哪些国家的人们正在搜索这些产品？

（2）哪些城市“Coconut Oil”+“Hair”的搜索量最高？

步骤四：了解在谷歌排名较高的内容类型

为了了解“Coconut Oil for Hair”的竞争情况，在谷歌中搜索“Coconut Oil for Hair”。从谷歌的搜索结果中可以看出，“Coconut Oil for Hair”搜索结果前十都是同类产品，似乎没有某个人或公司在这个搜索词中占据主导地位。而且搜索“Coconut Oil”其他相关关键词时，也发现了类似的情况。

这意味着，如果企业想竞争这一关键词，比较容易在谷歌中获得较高排名。

综上分析，护发椰子油或类似产品是有一定的市场的。此时，为了更好地了解相关利基市场，回到最初 Pinterest 的 pin 看看椰子油的 30 种使用方法，着重查看其中与“Hair”相关的要点。可以发现，椰子油有 4 种与头发相关的功能：捋顺毛糙鬈发、护发、深层修复，以及去掉头发上的口香糖，这些都是不错的产品卖点。借助这一方式，企业可以挖掘自身产品的卖点。

步骤五：对竞争对手进行评估

从上述分析来看，市场上主要有 3 种椰子油产品相互竞争。

第一种是纯椰子油，据研究，它在滋润和修复头发方面做得很好，在网上和店里都很容易买到。

第二种是 DIY 配方椰子油，在网上可以买到。配方中除了含有最基本的椰子油，还有一些其他成分来提高产品效用或改变它的质地。

第三种是商业椰子油护发产品。这些产品是由各类企业生产的，添加了独特成分，让用户感觉用了这个产品会更好。

根据评估分析，整个市场需求基本得到满足。但是，值得注意的是，商业椰子油护发产品市场似乎没有任何一个产品或品牌主导，这就是企业商机所在。因此，企业可以针对捋顺毛糙鬈发、护发、深层修复，以及去掉头发上的口香糖等功能开发产品卖点，进行跨境电商平台销售。同时，还可以利用社交媒体来进行了解。它不仅有助于了解与产品相关的卖点，还能帮企业发现潜在客户喜爱的关键词，有助于创建产品广告或编写产品描述。

知识铺垫

一、市场数据分析

随着互联网的发展，数据对于商业的发展越来越重要。跨境电商企业可以有效地利用数据来优化店铺的管理与运营方案，卖家可以通过各种工具的使用，获取想要的数据，优化产品结构以及营销策略。不同平台对于市场数据的分析所有的方法不同，但内容和结果都是相似的，主要可以分为以下几类。

（一）宏观数据分析

对于跨境电商卖家来说，不能将目光只局限于店铺数据，应该懂得借助各种宏观市场行情监控网站的数据了解市场。一般对于跨境电商来说，可以对宏观数据进行分析的主要是谷歌公司的 Google Trends、Google Adwords、Google Analytics 和 Google News，它们都是监控宏观市场数据比较好的工具。最常用的数据分析工具是 Google Trends 和 Google News。

1. Google Trends

Google Trends，即市场趋势分析工具。它通过对用户搜索进行分析，收集热门搜索数据（事件、关键词）并归类，然后总结出全球或目标区域目前热门的事件或热门的搜索。在谷歌搜索栏输入“trends”，出来的第一个结果就是 Google Trends。Google Trends 有两个功能，一是查看关键词在谷歌的搜索次数及变化趋势，二是查看网站流量。

Google Trends 首页有国家切换的选项栏，可根据需要切换至熟悉的国家。语言也可切换成常用的语言。Google Trends 主页分为三块：左栏、中间栏和右栏。右栏可以看到热门关键搜索词的情况，它显示的是某个事件在某个区域的具体搜索热度情况，在它下方，是这个事件在这个区域内不同时间搜索热度的对比。而左栏和中间栏起到的作用则是及时抓取热门的事件，从而与目标行业或产品找到一个契合点，帮助企业进行站外热点营销。这种趋势性流量和实时热点流量对企业进行推广有非常重要的作用。例如，生产女性相关产品的企业，可以根据热门搜索中的女明星事件做一些站外营销主题策划。

2. Google News

除了利用 Google Trends 分析宏观趋势，跨境电商企业还可以通过 Google News 及时了解国内外信息和流行趋势。同时，还可以获取关键词的搜索结果，然后通过对比同类产品不同子类目商品的搜索数量，来分析产品情况。Google News 是一个由计算机生成的资讯网站。它汇集了全球的新闻资源，并将相似的报道组合在一起，根据读者的个人喜好进行显示。Google News 为报道提供了多篇文章的链接，因此可以先确定感兴趣的主题，然后再选择要阅读的报道的具体发布者网页。点击感兴趣的标题，然后就可以直接进入发布该报道的网站。Google News 的主要功能有：

（1）个性化资讯。通过此功能，企业可以获得行业量身定制的资讯。也可以根据喜爱的搜索内容创建新栏目，并对 Google News 39 个地区版本中的现有标准栏目进行混合搭配，从而实现 Google News 主页的个性化。同时可以登录 Google News，将这些设置保存在自己的谷歌账户中，以便在所有计算机上访问自己的个性化资讯主页。同时，“推荐报道”栏目也将出现在个性化资讯主页上。

（2）快讯。对于所关注的话题，企业可以通过注册选择每周、每天或即时接收电子邮件快讯。通过快讯搜索结果，企业可以及时获取当前社会热点，了解发展趋势，获取更多企业商机。

（3）联合供稿。企业可以根据需求在联合供稿阅读器中订阅 RSS 或 Atom 联合供稿，接收 Google News 不同栏目的更新或 Google News 搜索结果。通过更新或搜索结果，找到企业感兴趣的新闻并加以利用。

（二）行业情报分析

跨境电商企业在了解宏观大数据之后，就需要针对自己所在的行业进行分析。一般情况下，可以查看行业流量、成交量、竞争程度以及蓝海市场等几个关键指标来了解该行业的发展状况。以速卖通后台数据分析为例，主要可以从行业数据和行业趋势两个方面进行行业情报分析，其主要指标有如下几个。

（1）行业情报：通过行业流量、成交情况以及竞争度等来了解某一行业的整体情况。通过分析行业流量可以了解整个行业的发展趋势、消费热度；分析成交情况可以了解消费者的需求来源；根据竞争度可以掌握整个行业的竞争情况。行业情报是分析整个行业情况的基础。

（2）搜索词分析：通过对热度词、飙升词以及零少结果等选项进行搜索词分析。通过热度词、飙升词可以掌握在某一行业中当下哪些词属于主流搜索词，哪些词属于流行搜索词；而零少结果则针对一些偏词进行分析，便于寻找小众市场。

（3）选品专家：选品专家包括三个板块，即“热搜”“热销”“潮流趋势”。卖家可以根据与买家热搜属性相符的类似商品或者与网站热销商品属性相符的近似商品进行选品。潮流趋势是速卖通平台利用站内外大数据分析出的，如服装、服饰、鞋包、珠宝手表等类目的热卖趋势。速卖通平台首页也有流行趋势，卖家可利用速卖通平台整合的潮流趋势进行选品。通过选品专家，可以了解行业产品趋势，发现爆品及潜力品，为企业后期的推广做铺垫。

（4）成交分析：成交分析功能由两部分组成，即成交概况和波动分析。

成交概况根据店铺支付成功的金额情况，按照最近 30 天以内支付成功的金额在同行同城中的比例进行排名。成交概况的构成：支付金额=访客数×浏览—支付转化率×客单价。如果想要提升店铺的支付金额，可以通过提升访客数、浏览—支付转化率、客单价来达到目的。

波动分析需要在有一定订单量的基础上才能进行。建议最近 30 天支付订单在 30 笔以上时进行波动分析，否则分析结果受单个买家、订单的影响很大，且分析结果的可靠性不高。而且，只有在波动超过一定范围时，才需要分析波动原因。通过成交概况和波动分析，可以了解哪些产品成交量较高、流量较高，以便后期进行产品优化。

（5）商品分析：商品分析的核心之处在于维护和优化包括曝光量、浏览量、点击率、下单转化率等在内的核心指标。这些指标可以为后期产品的优化做参考。

（6）实时风暴：通过实时流量、实时交易等指标来即时关注企业的交易和流量情况，即时调整产品策略，提升企业整体交易额。实时风暴可以让卖家掌握产品曝光量和浏览量的峰值数据，从而在最优时间段发布和更新产品，以提升发布效果。

企业可以根据相关指标了解某个行业的数据和趋势。同时，可以在行业类目最下方选择其他两个行业进行对比分析，以便了解卖家店铺中的商品在跨境电商中是否具有竞争优势。

（三）卖家数据分析工具

由于卖家通过平台所获取的数据是有限的，因此还可以通过相关辅助工具来统计和收集更多的数据进行分析。例如，亚马逊可以运用 HelloProfit、亿数通、数据脉等工具进行数据分析，Wish 平台可以通过卖家网进行数据分析，eBay 平台可以通过 Zenstores、MySales 等进行数据分析。

（四）问卷调查分析

卖家还可以利用调查问卷收集数据。虽然调查问卷的方式有多种，但是对于跨境电商来说，仍然是通过网络进行线上问卷调研比较现实。

一般企业可以利用网上免费调查问卷网站，如 SurveyMonkey、Typeform 等。设计好问卷内容后，将问卷链接直接发给店铺客户，让客户点击链接回答问题，参与调查。但通过问卷进行调查的时候要注意，由于文化差异、风俗习惯等的不同，国外客户的问卷调查设计方式或回答形式可能不同于国内。所以，卖家在选择问卷调查系统时最好使用国外的网站以及网络调研问卷格式，以符合国外用户的习惯。

二、竞争对手数据分析

了解宏观电商趋势和行业趋势之后，就应该对卖家所在行业的主要竞争对手进行分析，一般情况下可以通过以下几个方面进行。

1. 竞争对手店铺整体情况分析

一般是选取店铺所在行业中销量前十的店铺进行分析。在对店铺整体情况进行分析时，主要通过店铺数据分析、店铺款型分配、店铺活动设置以及店铺整体装修策略四个方面进行。

店铺数据分析的指标主要有店铺好评、DSR 服务分、店铺等级等。店铺好评的标准是最好高于 95%，至少要高于 90%，争取达到 97%；DSR 服务分不能低于 4.5，最好达到 4.7。这样才能在之后可能出现的二轮升级中拥有更多的店铺权重。店铺等级越高，平台给予店铺的权利越多，店铺可以参加的活动越多，也就越具有竞争力。在查看竞争对手的这些指标的时候，主要分析比自身评分高的店铺的情况，发现自身店铺的不足之处并进行改进。

对于店铺款型分配，不同的行业是不一样的，主要款型可以分为引流款、利润款和形象款。不同的店铺状态也是不一样的。例如，饰品类的薄利多销型店铺供应链能力相对较强，追求的重点是量。如果是新店铺，那么引流及关键词权重分配则成为关注的重点。

对于店铺活动设置，要结合不同时期的活动情况进行搭配。通过分析竞争对手的活动和效果，为店铺后期推广提供参考。

店铺整体装修要符合消费者主流审美，活动的策划要结合热点，这样才更容易产生效果，并在竞争中获取流量。企业要对比竞争对手的装修和活动策划，提升自身店铺的整体营销效果。

2. 竞争对手产品分析

对竞争对手产品进行分析时，主要是针对竞争对手的爆款和热销款产品进行详细分析。针对这些热销产品的销量、价格、产品特征、评价、适用目标人群等方面进行分析，从而确定在市场方面竞争对手的产品有哪些竞争优势，同时分析竞争对手产品在市场上有哪些不足之处，为后期自身产品的改进提供依据。

3. 竞争对手产品打造分析

在竞争对手产品打造分析中，主要针对某个确定产品的主图、详情页布局、美工、标题的编写以及关联营销等方面进行详细的分析。这些详细内容的设计和布置直接决定了一个产品是否能够成为店铺的爆款，以及能否在竞争中胜出，而这些内容是卖家可以在后期不断优化和改进的，很容易帮助其提升竞争能力。

三、店铺经营数据分析

（一）店铺数据分析

通过店铺数据分析，可以调整产品的布局、标题以及相关的优化策略，同时它也是提升店铺销量最科学有效的方法。店铺数据分析主要通过以下几个方面进行。

1. 分析数据，调整产品布局

分析店铺数据的第一点就是将店铺数据与同行业数据进行对比，以了解产品整体布局是否合理。例如，窗帘的客单价比床上成套纺织用品低，但订单数比床上成套纺织用品多；窗帘的供需指数比垫套和床上成套纺织用品都小，也就是竞争最弱。根据分析的结果，我们可以调整相关的策略。例如，新店铺可以窗帘为突破口，老店铺可适当增加窗帘的比重，当窗帘的销售到达一定的瓶颈期的时候，增加床上成套纺织用品的产品数，以提升客单价。垫套由于供需指数小于床上成套纺织用品，可以在窗帘销售到达瓶颈期的时候和床上成套纺织用品同时增加，因为两者具有相关性，有些国家针对床上靠垫的需求量也比较高。

以此类推，如果某些卖家想重开店铺，却不知道卖什么产品的时候就可以用这种方法。结合自身掌握的货源情况对比每个行业的情况，选出竞争相对较弱的类目。但是，卖家需要注意的是，类目对比的时候要注意选择同一级类目，最好是细分类目，否则分析得出的数据没有参考价值。

2. 用数据进行标题撰写

标题对每个产品都具有举足轻重的作用，因此我们要对标题里面使用的词语进行来源分析。一般标题词的来源可以通过以下五种途径进行收集。

（1）数据纵横——搜索词分析。

（2）eBay 等跨境电商网站。

（3）谷歌等搜索工具。

（4）海外论坛。

（5）买家首页和搜索页。

在搜索到可以使用的恰当词汇后，卖家再结合数据结果来进行标题撰写。例如，卖家可以在热搜词中下载最近 30 天的原始数据，做成 Excel 表格，点击表格中的感叹号，按“Ctrl+Shift+↓”全选该列表格，将表格转化为搜索指数。然后，再用搜索指数乘以成交转化率，得到成交转化指数。卖家可以按照表格中的排序选择适合自己产品的标题。

卖家需要注意的是，在选词时要避开品牌词。将筛选出的词在主页面试着搜索一下，查看匹配度是否适合自己的产品。

此外，还要注意以下几点：

（1）单复数词用复数比较好。

（2）不是英语但是是英文字母的一些词可以放在标题尾部作为流量词。

（3）有些词如果不了解可以搜索一下，查看是否属于自己的类目。

（4）标题前半部分要清楚地表述产品，因为移动端只展示标题前半部分将会对点击率产生影响。

（5）各种词顺序可调。

（6）部分流量词可以填写到自定义属性中。

例如，针对靠垫产品，我们可以用“45cm×45cm Christmas cushion covers 2017new throw pillow covers houses de coussin free shipping”作为产品标题。在前半部分，把产品的主要属性表达清楚，同时在后面加入其他语言，能够更大范围地辐射用户群体。

3．运用数据分析公式提升流量及优化策略（见图 1-2）

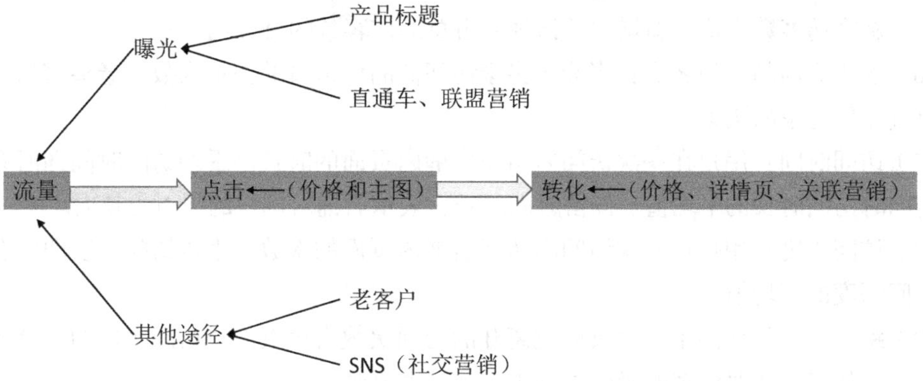

图 1-2　流量的来源及转化

从图 1-2 中我们可以看出，店铺流量的来源主要是通过产品标题、直通车、联盟营销、老客户以及社交营销等策略获取的，然后再经过客户的点击形成转化。而针对店铺流量和浏览量的情况主要通过流量数据进行分析，流量来源主要有付费流量、自然流量、回头客流量、站外流量等。对于不同时间段的流量数据也有不同的店铺应对策略。一般情况下，在店铺成立初期，可以适当投入一些付费流量以测试市场和款式，了解市场和客户的喜好；在店铺成长期，根据初期的测试，适当加大付费流量，但付费流量要倾向于爆款和引流款，以提升店铺和商铺的整体排名；在店铺稳定期，付费流量减少。卖家也可以分析最近 7 天搜索曝光量比较好的前 20 个产品，因为这些产品是店铺流量的主要来源。其他产品只需要做日常的优化或在直通车的快捷推广中出最低价。因为爆款和引流款也不可能一直固定不变，所以如果在产品分析中出现 20 名以后上升的产品，可以考虑拿来推广制造爆款或者引流。

（二）店铺数据指标分析

对店铺进行数据分析时，需要经常对各种指标进行分析，如果卖家不明白指标的含义所在，就不能很好地掌握数据所表达的意义。因此，只有熟悉了经常使用的指标，才能对店铺数据进行透彻的分析。

1. 与流量相关的指标

（1）页面浏览量（Page View，PV）：店铺各页面被浏览的次数。同一个用户多次打开一个页面，该页面的浏览量就累加。页面浏览量显示了店铺页面被访问次数的多少，页面浏览量越大，代表该店铺被浏览的次数越多。

（2）浏览量占比：从某个来源到达该页面的浏览量/所有来源到达该页面的浏览量。某个来源到达该页面的浏览量越大，代表该来源的访问量越大。

（3）搜索曝光量：当天店铺商品在网站搜索结果页面的曝光次数。

（4）访客数：当天访问商品详情页的去重人数，同一用户在统计时间范围内访问多次只记一次。访客数越大，代表店铺的客流量越大。

（5）新客访客数占比：新增加的访客数占总的访客数的百分比。

（6）老买家商品页访客数：当天老买家访问商品详情页的去重人数。老买家指之前在本店有过支付记录的买家。

（7）访问时间：用户在一次访问内访问店铺内页面的时长。平均访问时间即所有用户每次访问时访问时长的平均值。停留时间越长，表示店铺对用户的吸引力越大。

（8）访问深度：用户在一次访问内访问店铺内页面的次数。平均访问深度即所有用户每次访问深度的平均值。

（9）跳失率：只访问了一个页面就离开的访问次数占该页面总访问次数的百分比。跳失率越大，代表页面对访客的吸引力越小，越是需要改进。

2. 与成交相关的指标

（1）浏览—下单转化率：统计时间段内下单去重买家数/店铺访客数。

（2）下单订单数：当天客户下单的总数量。

（3）下单买家数：统计时间段内下单的去重买家，按天去重。

（4）老买家浏览—下单转化率：统计时间段内老买家下单去重买家数/店铺访客数。

（5）支付订单数：当天支付成功订单数，包括之前下单当天支付订单。

（6）支付金额：当天支付成功订单金额，包括之前下单当天支付订单。

（7）退款金额：统计时间段内确认退款的订单金额。

（8）风控订单数：统计时间段内因风险控制关闭的订单数。

（9）风控金额：统计时间段内因风险控制关闭的订单金额。

（10）客单价：成交金额/成交用户数。客单价可以反映店铺每一个成交用户的价值，客单价越高，越有利于店铺业绩的提高。

3. 与访客行为相关的指标

（1）加购物车人数：统计时间段内添加购物车的去重人数，一个人在统计时间内访问多次只记一次。

（2）加收藏夹人数：统计时间段内添加收藏的去重人数，一个人在统计时间内访问多次只记一次。

4．与搜索相关的指标

（1）成交指数：所选行业所选时间范围内，累计成交订单数经过数据处理后得到的对应指数。成交指数不等于成交量，指数越大成交量越大。

（2）购买率排名：所选行业所选时间范围内，该关键词购买率排名。

（3）竞争指数：供需比经过指数化处理的结果。供需比就是所选时间段内每天关键词曝光出来的最大商品数/所选时间段内每天平均搜索人气。该值越大，竞争越激烈。

（4）搜索指数：所选行业所选时间范围内，搜索该关键词的次数经过数据处理后得到的对应指数。搜索指数不等于搜索次数，指数越大搜索量越大。

（5）搜索人气：所选行业所选时间范围内，搜索该关键词的人数经过数据处理后得到的对应指数。搜索人气不等于搜索人数，人气越高搜索人数越多。

（6）是否品牌原词：有些商品是禁限售商品，销售此类商品将会被处罚，品牌商品要拿到授权才可以进行销售。

（7）点击率：搜索该关键词并点击进入商品页面的次数。

（8）搜索指数飙升幅度：所选时间段内累计搜索指数同比上一个时间段内累计搜索指数增长幅度。

（9）曝光商品数增长幅度：所选时间段内每天平均曝光商品数同比上一个时间段内每天平均曝光商品数增长幅度。

（10）曝光卖家数增长幅度：所选时间段内每天平均曝光卖家数同比上一个时间段内每天平均曝光卖家数增长幅度。

案例解析

阿里巴巴国际站数据分析：为什么会出现无点击有访客或有点击无访客

在阿里巴巴国际站，有几种大家比较困惑的情况，我们根据下面几组数据一一进行分析。

第一种情况：无点击，有访客。例如，某产品后台数据显示曝光为 40，点击为 0，点击率为 0，访客为 6，反馈为 1，提交订单数为 0。

第二种情况：有点击，无访客。例如，某产品后台数据显示曝光为 23，点击为 2，点击率为 8.70%，访客为 0，反馈为 0，提交订单数为 0。

第三种情况：无曝光，无点击，无访客，有反馈。例如，某产品后台数据显示曝光为 0，点击为 0，点击率为 0，访客为 0，反馈为 1。

第四种情况：有曝光，有点击，有访客，且点击和访客数一致。例如，某产品后台数据显示曝光为 1 450，点击为 5，点击率为 0.34%，访客为 5，反馈为 0，提交订单数为 0。

第五种情况：有曝光、点击、访客、反馈，但访客比点击多。例如，某产品后台数据显示曝光为 3 816，点击为 38，点击率为 1.00%，访客为 43，反馈为 4，提交订单数为 0。

第六种情况：有曝光、点击、访客、反馈，但点击比访客多。例如，某产品后台数据显示曝光为 3 054，点击为 26，点击率为 0.85%，访客为 10，反馈为 2，提交订单数为 0。

第一次看到这些数据时，大家肯定是一脸迷茫，想弄清产品都经历了什么。那么，接下来分析一下为什么会出现这些情况。

首先，在分析数据之前简单地了解一些基本的概念。

（1）曝光：产品信息或公司信息在搜索结果列表页和按照类目浏览列表页，被买家看到的次数。当搜索结果页面 1 页展示 50 个产品（供应商）时，若买家停留在该页面，则此页面上的 50 个产品（供应商）的曝光量计为 1 次。买家通过其他外部搜索或收藏等渠道直接找到店铺后浏览公司信息或产品信息，这部分行为不纳入曝光的统计，只统计访客数。

（2）点击：产品信息或公司信息在搜索结果列表页和按照类目浏览列表页，被买家点击的次数。当买家进行搜索后，在搜索结果中点击浏览了供应商的产品信息或公司信息，则该产品或公司的点击量计为 1 次。买家通过其他外部搜索或收藏等渠道直接找到店铺后浏览公司信息或产品信息，这部分行为不纳入点击的统计，只统计访客数。

（3）访客：访客主要分两种类型，第一种是访问企业网站页面中任何一个页面的买家，第二种是通过企业网站以外的其他页面发送询盘或用 TradeManager 进行沟通的买家。

（4）反馈：买家针对产品信息和公司信息发送的有效询盘数量（有效询盘为非垃圾询盘、非退回询盘）。

接下来，我们进行数据解读。

（1）无点击，有访客。

解读：买家通过站外搜索或者收藏页面直接访问；或者通过别的产品进入旺铺后看到另一个产品且向这个产品发送询盘；或者阿里巴巴其他推荐页面，如询盘成功页面推荐、ATM 推荐等渠道发送询盘。这些都没有点击，但有访客，因此会出现无点击但是有访客和反馈的产品。

（2）有点击，无访客。

解读：我们的产品或公司信息在搜索结果页面被买家看到，买家进行了点击。但如果买家点击后，页面未加载完全就被买家关闭了，这时候就会出现有点击但无访客的情况。

（3）无曝光，无点击，无访客，有反馈。

解读：在手机端访客统计 M 站，不统计阿里买家 App；而反馈均统计。若买家通过阿里买家 App 发送询盘，就会出现该情况。

（4）有曝光，有点击，有访客，且点击和访客数一致。

解读：我们的产品或公司信息在搜索结果页面被买家看到，买家进行了点击，并且看到了我们的产品或旺铺页面。

（5）有曝光、点击、访客、反馈，但访客比点击多。

解读：由于部分买家通过站外搜索、保存链接直接访问我们的全球旺铺/企业网站或产品页面，或者买家在阿里巴巴的推荐等其他页面，如询盘成功页面推荐、TradeManager 推荐等给我们发送询盘，或者用 TradeManager 联系我们，这些都不计算点击但是统计访客，像这种情况就会出现点击比访客少的情况。

（6）有曝光、点击、访客、反馈，但点击比访客多。

解读：产品在买家搜索结果页面被买家看到并进行了点击，若正常加载页面将会有曝光、点击、访客和反馈情况；但若在点击后页面未完全加载就被关闭，这时候系统会计算曝光量，统计进点击量，但不会被统计进入访客数，也没有反馈，就会出现点击比访客多的情况。

习题演练

一、单选题

1．市场趋势分析工具指的是（　　）。

A．Google Trends　　B．Google News

C．Google Ads　　D．Google Search

2．分析整个行业情况的基础的是（　　）。

A．宏观数据　　B．众多企业数据

C．行业情报　　D．成交分析

3．速卖通后台数据分析图可以从行业数据和（　　）两个方面进行分析。

A．数据纵横　　B．行业趋势

C．搜索词分析　　D．商品分析

4．提升店铺销量最科学有效的工具是（　　）。

A．数据分析　　B．店铺产品布局

C．产品优化　　D．图片处理

5．数据脉是（　　）工具。

A．问卷调查　　B．行业分析

C．店铺分析　　D．卖家分析

二、填空题

1．宏观数据分析我们主要以（　　）、（　　）工具为主。

2．Google News 的主要功能有（　　）、（　　）、（　　）。

3．我们可以采用的行业情报分析指标有（　　）、（　　）、（　　）、（　　）、（　　）、（　　）。

4．店铺数据分析的主要指标有（　　）、（　　）、（　　）。

5．标题词的来源主要可以通过（　　）、（　　）、（　　）、（　　）、（　　）来收集。

三、简答题

1．针对竞争对手的数据，可以通过哪几个方面来进行分析？

2．请举例分析店铺的流量来源主要有哪些。

实践操作

俄罗斯在线支付调查情况分析

近日，领英公司针对俄罗斯人如何进行电子支付做了调查研究。结果发现，与 2016 年同期相比，2017 年的移动支付有了显著增长。通过应用程序支付的用户比通过手机网站支付的多了 60%，喜欢非接触式支付的比例暂时不超过 8.6%。

总体来讲，无论用何种设备，对于大多数接受调查的用户来说在线支付已经成为一种习惯：俄罗斯互联网 91.5%的用户通过这种方式支付产品和服务，85.7%的受访者用电脑和笔记本电脑支付，68.3%用智能手机。尽管大多数人仍通过电脑页面支付，但使用移动设备支付的比例正在迅速增长。与 2016 年相比，2017 年使用智能手机支付的用户增加了 8.6%，其中 5.8%是用于支付交通罚款和税款，5.3%是用于支付公共物业费。

研究结果显示：通过应用程序支付的用户比通过手机网页支付的用户更多。这种实际状况不仅体现在网上购物、移动通信和汇款上，也体现在日常服务中。例如，通过应用程序支付公共物业费的用户占 31%，而通过手机网站支付的用户仅仅为 16.4%。

据了解，在最常用的支付方式中，选择通过网上银行支付的人数占比为 83%，用银行卡支付的人数占比为 82.8%，而用电子货币支付的人数占比为 66.3%。

此外，非接触式支付系统，如 Apple Pay 和 Samsung Pay，暂时还不是很受欢迎，支付人数占比仅为 8.6%。其中，用户最活跃的支付主要是用于网店订购、食品配送、公共物业费、移动通信以及汇款。

许多支付服务都为智能手机和移动网站开发了专门的应用程序。不管是通过应用程序还是通过移动网站支付，通常情况下用户都会选用同一种支付方式。

据了解，参加上述调查的用户每年至少有一次通过电脑或智能手机使用电子货币、网上银行、银行卡、非接触式支付系统在最流行的商品类别和服务中进行支付。

参加该调查的俄罗斯人都是从人口超过 70 万（六个联邦区）和人口超过 60 万（远东）的城市，以及年龄在 18~55 岁的人中选出的。受访者每周至少使用一次网络。

思考并回答：

1. 俄罗斯人进行网上支付的产品和服务有哪些？
2. 俄罗斯人最常用的支付方法和最流行的支付方式是哪些？
3. 针对俄罗斯现在流行的支付方式，卖家需要做哪些方面的改变？

子情景三　跨境网络市场定位分析

学习目标

知识目标

- 掌握跨境网络市场细分的标准和方法。
- 掌握跨境网络目标市场的选择及目标市场营销策略。
- 掌握跨境网络市场定位的依据和策略。

能力目标

- 能够运用细分标准进行跨境网络市场分析。
- 能够根据具体情况进行跨境网络目标市场选择。
- 能够运用定位依据和策略进行合理的跨境网络市场定位。

素质目标

- 能够洞察跨境电商市场的发展趋势。
- 能够针对市场情况进行合理有效的选择和定位。
- 能够合理地选择市场及市场开拓方式。

项目背景

倍思国际贸易有限公司主要进行跨境贸易。作为一家贸易公司，该公司旗下有很多的供应商,供应产品也五花八门。在阿里巴巴国际站上可以看到该公司所涉及的类目非常多，主要包括运动手套、健身器材、护腕护膝产品、防毒口罩、宠物用品、夜店服、蕾丝服装、围巾、沙发等。

该公司 2017 年在阿里巴巴国际站续费之后，出单量一直非常差，公司运营部一直在找原因，请你根据所学的营销知识进行分析。

任务实施

步骤一：分析该公司出单差的原因

该公司是通过阿里巴巴国际站进行跨境贸易的外贸公司。从橱窗产品可以看出，其产品类目众多，杂乱无章，没有明确的定位，也没有一个主要的目标市场。作为阿里巴巴国际站的一名供应商，买家可以看到其公司页面。当买家进入其公司主页时，看到的是一个没有任何专业性的显示页面，产品供应混乱，导致买家有可能认为他们非常不专业，并将其定位为杂货铺类型的卖家，从而失去很多市场机会。

步骤二：针对上述情况分析改进策略

针对该公司的业务情况，最重要的是通过明确的目标市场定位改变买家的印象，那么就要分析在众多供应商中，应该选择什么产品作为公司的主打产品。这需要从三个方面来分析：一是平台数据分析；二是供应商情况分析；三是企业运营具体情况分析。根据这三个方面的分析最终决定选取哪种产品作为公司的主打产品。

首先，分析九类产品的平台数据。根据类目数据分析可以看出，围巾类的产品数据表现最好，虽然浏览量占比降低 0.36%，但访客数增长 0.44%，同时支付金额和订单数占比均呈上涨趋势，且供需指数下降 2.51%。这说明该类产品的竞争减弱，市场表现较好。其次，深入了解该类产品的供应商与公司的关系。调查发现，他们之间相互参股，有很密切的合作关系。围巾厂家可以根据公司的销售情况进行生产以及定制，从而提升该产品的市场竞争力。最后，该公司现在转型跨境电商，善于运营速卖通、亚马逊以及阿里巴巴国际站，适合零售与批发共同进行，围巾类产品也比较适合这些平台。因此，可以选择围巾类的产品作为公司平台的主打产品。

步骤三：针对所选产品进行市场细分和定位

经深入了解，该公司所卖围巾一般是价位在 2 美元左右的中低档产品，并且以轻薄、色彩鲜艳的产品为主，不适合定位在欧美经济发达的国家。考虑到围巾的用途，如防风、防晒、保暖等功效，我们可以选取东南亚国家的 18~25 岁经济收入比较低的大学生以及刚工作的女性为主要目标人群。由于产品色彩鲜艳，能够表达出对生活的热爱，我们可以将其产品定位为“轻舞飞扬的小清新”，从而以清新、靓丽的形象开拓东南亚年轻女性市场。

知识铺垫

随着经济全球化的不断发展，消费者的选择越来越多，企业竞争也越来越激烈，因此要想在激烈的跨境网络市场中获得成功，首先要了解跨境市场，对目标市场进行细分，然后结合企业自身的特征进行选择，最终形成独特的市场定位。这被称为目标市场营销战略，也称 STP 战略，它包括市场细分（Market Segmentation）、目标市场选择（Market Targeting）和市场定位（Market Positioning）三部分内容。目标市场营销战略对于跨境电商企业来说非常重要，只有细分、选择好企业的目标市场，做好市场定位，才能取得跨境电商领域的成功。

一、跨境网络市场细分

随着市场经济的发展，企业的市场营销也经历了一个从以企业生产为中心、以生产者主权论为基础、以对策性管理为特点的传统市场营销向以市场为导向、以消费者主权论为基础、以战略性管理为特点的现代市场营销的演变。目标市场策略强调以市场细分为基础，根据企业自身的条件有目的地选择市场，提供合适的产品，提供符合消费者特点的营销活动。

（一）跨境网络市场细分的概念

跨境网络市场由跨境网络消费者组成。跨境网络消费者由于生活在不同的环境中，因此具有不同的特性。跨境网络市场细分的过程就是将目标市场按某种（些）标准分成多个可识别子群体。每个子群体中的成员在服务成本、偏好等方面有着极大的相似性，但不同群体成员之间在这些方面有着本质的区别。跨境网络市场细分是实施跨境网络推广的第一步。需要注意的是：跨境网络市场细分是根据不同于群体的跨境网络消费者需求的差异性来分类的，而不是根据企业和产品本身的特点进行分类。市场细分之后，跨境电商企业应能够明确自身市场的数量及各个子市场中需求的差异和特征。

大多数企业或产品所面对的市场是一个复杂而庞大的整体，它由不同的购买个人和群体组成。由于组成市场的这些购买个体和群体在地理位置、资源条件、消费心理、购买习惯等方面存在差异性，因此他们在面对同样的产品时，会产生不同的购买行为。跨境网络市场细分可以使跨境电商企业发现有利的市场机会，提高企业的市场占有率。此外，一个跨境电商企业的资源有限，要想满足所有消费者的需求很难。市场细分之后，可以使跨境电商企业明确各细分市场需求的特征，在市场选择时避免盲目性，有利于跨境电商企业合理配置资源，从而实现用最少的资源获得最大的效益。

（二）跨境网络市场细分的标准

进行跨境网络市场细分，可以从产品出发，分成中、高、低端；也可以做品类专业化，从消费者年龄层、性别等条件进行具体划分；还可以从风格差异化入手，拥有自己的风格，让人轻易记住。细分市场的标准我们称为市场细分变量，常用的跨境网络市场细分变量包括以下几类。

（1）人口统计细分变量：年龄、种族、性别、家庭状况、收入、教育、网络连接、浏览器类型等。

（2）地理细分变量：ISP 域名、国家、地区、城市等。

（3）心理细分变量：消费者所属的社会阶层、生活方式、个性特征等。

（4）行为细分变量：在线购物行为、Web 使用习惯、利益诉求、点击率、Web 站点忠诚度、过往购买经历等。

（5）利益细分变量：便利性、经济性、质量、易于使用、速度、信息等。

每一个细分变量都不足以完全定义一个市场，也没有适合各个企业的市场细分组合。为了选择更加合适的网络市场细分指标，需要对企业的营销战略进行分析，结合不同企业的营销战略目标，选择恰当的细分变量组合。对跨境网络市场可以按照一个变量或多个变量进行细分。

（三）跨境网络市场细分的方法

1. 单一因素法

单一因素法即选用一个细分标准，对市场进行细分。例如，玩具市场需求量的主要影响因素是年龄，跨境电商企业可以针对不同年龄段的儿童设计适合的玩具。除此之外，性别也常作为市场细分变量而被企业使用，如妇女用品商店、女人街等的出现。

2. 综合因素法

综合因素法即运用两个或两个以上的标准对市场进行细分。综合因素法的核心是并列多因素分析，所涉及的各项因素都无先后顺序和重要与否的区别。

3. 系列因素法

系列因素法也是运用两个或两个以上的标准来细分市场，但必须依据一定的顺序由粗到细依次细分，下一阶段的细分是在上一阶段选定的子市场中进行的，细分的过程也就是一个比较、选择子市场的过程。

一般来说，企业对市场进行细分营销，往往采用综合因素法或系列因素法来细分市场，而很少采用单一因素法来细分市场。

（四）有效进行跨境网络市场细分的原则

为了保证市场细分的有效性，在市场细分完成后可以依据以下标准检查细分的有效性。即从子市场的可衡量性、可占据性、相对稳定性和市场反应四个原则来检查市场细分工作是否到位。

1. 可衡量性原则

进行市场细分就是对市场进行全面和彻底的开发与运用。在做细分市场时一定要考虑到可衡量性，即要有可控性。主要表现为：明确了解细分市场中消费者对商品需求的差异性的各项要求，通过产品或服务反映和说明，让消费者感觉到商品的差异。

（1）对细分后的市场范围清楚界定。例如，网上礼品市场可分为国内市场、国际市场，其中国内市场还可进一步细分为华中市场、西南市场、东北市场等；也可根据消费行为细分为青年人礼品市场、儿童礼品市场、老年人礼品市场等。

（2）对市场容量的衡量。在细分市场后，企业要明确细分范围内的市场容量，因为细分市场是对市场进行全面彻底的开发和利用。

（3）对市场潜力的衡量。不断开发新的潜在的市场，才能保证企业在市场竞争中立于不败之地。所以，在细分市场时，除了考虑已有的市场容量，还要考虑在将来的很长一段时间内，在这个细分范围内还有多少潜在的市场需求。

2. 可占据性原则

跨境电商企业在进行市场细分时一定要考虑企业进入这个市场会有多大的市场份额。

根据这一要求，我们要从细分市场的规模、发展潜力、购买力等方面着手。通常来说，在企业对营销策略和商品有绝对信心时，市场的规模、发展潜力、购买力会越大，企业进入这个市场后占据性就会更强，销售额就会更大。

3. 相对稳定性原则

跨境电商企业在选定的细分市场进行经营，需要不定时了解市场反馈情况。如果该市场的规模够大，购买力够强，企业利润可观，则可以继续经营；如果企业利润微薄或有亏损，则要及时调整市场策略，以降低市场风险。

4. 市场反应原则

如果需求相同的消费者被分到了不同的子市场，则说明市场细分过细；如果需求不同的消费者被分到了同一个子市场，则说明市场细分过粗。网络营销市场细分的四大原则一定要追求精准、可控。

二、跨境网络目标市场选择

（一）跨境网络目标市场选择的含义

跨境网络目标市场选择是营销战略的第二步。跨境网络目标市场是指企业在网络市场细分的基础上，结合自身优势及时对外部环境做出判断，在细分后的市场中进行识别、挑选、评价、选择以作为符合企业经营目标而开拓的特定市场。跨境目标市场选择是指企业在划分了不同的子细分市场后，决定选择哪些和多少子细分市场作为目标市场。

企业一旦确定了市场细分方案，就必须评估各种细分市场和决定为多少个细分市场服务，并根据自身的发展目标、阶段战略等选择要进入的目标市场。在评估各种不同的细分市场时，企业必须考虑两个因素，即细分市场结构的吸引力，以及企业的目标和资源。

第一，企业必须分析潜在的细分市场是否对公司有吸引力，如它的大小、成长性、盈利率、规模经济、低风险等。此外，我们还要考虑其他因素。例如，说服其他细分市场的消费者使之改变想法容易吗？该细分市场对公司的业务发展有益吗？

第二，公司必须考虑对细分市场的投资与公司的目标和资源类型是否相一致。某些细分市场虽然有较大吸引力，但不符合公司长远目标，因此不得不放弃。

（二）选择跨境网络目标市场的步骤

1. 进一步评估各个子市场

在进一步评估各个子市场时，重点应放在子市场的规模和发展前景、细分市场的吸引力，以及是否符合企业的资源状况、经营目标三个方面。

（1）评估子市场的规模和发展前景主要应明确各个子市场的市场容量、预期获得的经济效益和各细分市场进入的壁垒情况。

如果市场规模过小或者趋于萎缩状态，企业进入后难以获得发展，此时，应谨慎考虑，不宜轻易进入。当然，企业也不宜将规模最大、吸引力最强的市场作为目标市场。众所周知，一个规模和成长性俱佳的网络细分市场未必是获利良好的市场。这是因为每个细分市场都受到各种竞争因素的制约，有网络细分市场内竞争者的挑战，有供应商和消费者议价能力的影响，有替代性产品和潜在进入者的威胁。因此，企业必须评估网络细分市场的规模大小是否适合本企业及其发展潜力。为了减少潜在竞争者的威胁，企业可以采取必要的应对策略。例如，抢占市场占有率，借此降低成本，达成规模效应；以先入者的优势创建强势的品牌形象；通过虚拟社区和个性化服务来提高消费者对企业的忠诚度。

（2）评估细分市场的吸引力大小必须考虑行业竞争状况的五种基本力量：同行业竞争者、潜在的新加入的竞争者、替代产品、购买者和供应商。网络细分市场的吸引力大小与这五种力量的强弱成反比，其外界干扰力量越强，则市场吸引力越小。首先，企业应尽量选择那些竞争相对较少、竞争对手比较弱的市场作为目标市场。如果某个细分市场已经有了众多的、强大的或者竞争意识强烈的竞争者，那么企业进入该细分市场就会十分困难。其次，企业要考察网络细分市场内的可替代产品以及网络消费者和供应商的议价还价能力。替代产品越多，网络消费者选择替代产品的机会也越多，企业的网上竞争对手也越多，产品价格和利润下降也越多。

（3）评估该子市场是否与企业资源相适应，是否符合企业长远发展目标。只有选择那些有条件进入的、能充分发挥其资源优势的子市场作为目标市场，企业才能获得竞争优势。

2. 确定选择跨境网络目标市场的模式

在评估不同的跨境网络细分市场之后，企业往往会发现不止一个网络细分市场可以进入。成为目标市场一般要具备以下条件：拥有一定的购买力，有足够的销售量及营业额；有较理想的尚未满足的消费需要，有充分发展的潜在购买力；市场未形成垄断。企业到底该进入哪些网络细分市场，需要根据市场覆盖策略来做出选择。跨境网络目标市场的选择模式通常包括市场集中化、产品专业化、市场专业化、选择专业化、市场全面化五种类型。

（1）市场集中化。这是一种典型的集中化模式。无论是从产品角度还是市场角度来看，企业的目标市场高度集中在一个市场面上，即企业只生产一种产品，供应一个消费者群。许多小企业由于资源有限，往往采用这种模式。而一些新成立的企业，由于初次进入市场，缺乏生产经营经验，也可能把一个细分市场作为继续发展、扩张的起始点。例如，联通在初进入市场时，只经营移动通信业务，而且集中力量主要在北京、上海、广州等大城市推广业务，并取得了不俗的经营业绩。单一市场集中模式使企业的经营对象单一，企业可以集中力量在一个细分市场中获得较高的市场占有率。如果细分市场选择恰当的话，也可获得较高的投资收益率。但是，采用这种模式，由于目标市场范围较窄，因而经营风险较高。

（2）产品专业化。即企业生产一种产品，向各消费者销售。通信企业便是这样，服务的宗旨是普遍服务，面对的是全社会各阶层的所有用户。然而单从产品的角度来看，虽然有不同的业务，但都起到了传递信息的作用。采用这种模式，企业的市场面会较广，有利于摆脱对个别市场的依赖，降低风险。同时，生产相对集中，有利于发挥生产技能，可以在某类产品上树立较好的声誉。

（3）市场专业化。即企业面对同一消费者群，生产和销售他们所需要的各种产品。例如，专门从事福特汽车零配件生产的企业，它们只为福特汽车公司服务，生产该公司需要的各种零配件，品种可能有很多，但是面对的消费者只是福特汽车公司。采用这种模式，有助于发展和利用与消费者之间的关系，降低交易成本，并在这一类消费者中树立良好的形象。当然，一旦这类消费者的购买力下降，企业的收益就会受到较大影响。

（4）选择专业化。即企业在对市场详细细分的基础上，经过仔细考虑，结合本企业的长处，有选择地生产几种产品，有目的地进入某几个市场面，满足这些市场面的不同要求。实际上，这是一种多元化经营的模式，可以较好地分散企业的经营风险；但是，采用这种模式，应当十分谨慎，必须以几个细分市场均有相当的吸引力为前提。

（5）市场全面化。即企业为所有细分以后的各个细分市场生产各种不同的产品，分别满足各类消费者的不同需求，以期覆盖整个市场。例如，国际商业机器公司（IBM）在计算机领域内全面出击。

（三）跨境网络目标市场营销策略

企业通过市场细分，从众多的细分市场中，选择出一个或几个具有吸引力、有利于发挥企业优势的细分市场作为自己的目标市场，综合考虑产品特性、竞争状况和自身实力，针对不同的目标市场选择营销策略。网络目标市场营销策略主要有无差异性营销、差异性营销、集中性营销三种。

1. 无差异性营销

企业面对的市场是同质市场，或者企业把整个市场看作一个无差异的整体，而认为消费者的某种需求基本上是一样的，可以作为一个同质的目标市场加以对待，在这两种情况下，企业采用的就是无差异性营销策略。使用无差异性营销策略的企业，是把整个市场作为一个大目标，忽略了消费者之间存在的不明显的差异，针对消费者的共同需要，制订同一生产和销售计划，以实现开拓市场、扩大销售的目的。采用这一策略的企业，一般实力都较为强大，采用大规模生产方式，又有广泛而可靠的分销渠道，以及统一的广告宣传等。

采取无差异性营销策略的优点是：大批量地生产和储运，必然会降低单位产品的成本；无差异的广告宣传等促销活动可以节省大量成本；不搞市场细分，也相应减少了市场调研、产品研制等所要耗费的人力、物力和财力。但是这种市场策略也存在许多缺点，即这种策略对大多数产品是不适用的。特别是在网络市场中，客户需求趋于个性化，正因为如此，网络市场中采用无差异性营销策略的企业几乎没有。

2. 差异性营销

差异性营销策略是指企业在跨境网络市场细分的基础上，设计不同产品和实行不同的营销组合方案，以满足各个不同细分市场上消费者的需求。

这种策略适用于小批量、多品种生产的企业，日用消费品中绝大部分商品均可采用这种策略。在消费需求变化迅速、竞争激烈的当代，大多数企业都积极推行这种策略。其优点主要表现在：有利于满足不同消费者的需求；有利于企业开拓网络市场，扩大销售，提高市场占有率和经济效益；有利于提高市场应变能力。差异性营销在创造较高销售额的同时，也增大了营销成本、生产成本、管理成本和库存成本、产品改良成本及促销成本，使产品价格升高，失去竞争优势。因此，公司在采用此策略时，要权衡利弊，即权衡销售额扩大带来的利益大，还是增加的营销成本大，然后进行科学决策。例如，宝洁公司根据客户需求和自身产品特点，将旗下300多种产品细分为72个细分市场，并为每一个细分市场开设了独立的网站和实施独立的网络营销策略。

3. 集中性营销

集中性营销策略也称密集营销策略，是指企业集中力量于某一个或几个细分市场上，实行专业化生产和经营，以获取较高的市场占有率的一种策略。

实施这种策略的公司考虑的是：与其在整个市场拥有较低的市场占有率，不如在部分细分市场上拥有很高的市场占有率。这种策略主要适用于资源有限的小公司。因为小公司无力顾及整体市场，而大公司又经常容易忽视某些小市场，所以易于取得营销成功。这种策略的优点是：①公司可深入了解特定细分市场的需求，提供较佳服务，有利于提高企业的地位和信誉；②实行专业化经营，有利于降低成本。只要网络目标市场选择恰当，集中性营销策略常常可以为公司建立稳固的立足点，获得更多的经济效益。

但是，集中性营销策略也存在不足之处，其缺点主要是：公司将所有力量集中于某一细分市场，当市场消费者需求发生变化或者面临较强竞争对手时，公司的应变能力有限，经营风险很大。此时，公司可能陷入经营困境，甚至倒闭。因此，使用这种策略时，选择网络目标市场要特别注意竞争对手的变化，建立完善的客户服务体系，防止客户的流失。

三、跨境网络市场定位

（一）跨境网络市场定位的含义

网络市场定位是营销战略的第三步。跨境网络营销的目标市场定位，是要选定市场上竞争对手产品所处的位置，经过诸多方面的比较，结合本企业自身条件，为自己的产品创造一定的特色，塑造并树立一定的市场形象，以求目标消费者通过网络平台在心目中形成对自己产品的特殊偏爱。其实质就在于取得目标市场的竞争优势，确定产品在消费者心目中独特、有价值的位置并留下值得购买的印象，以便吸引更多的消费者。

如果把网站理解为一个特殊的产品，那么定位实际上就是对网站的定位。所谓产品定位，是指企业在目标市场中推出与竞争者相区别的一组产品，以获得消费者的认可与偏爱。通过定位使自身产品区别于竞争者的产品，从而达到占领市场的目的。

（二）跨境网络市场定位的依据

企业进行市场定位，旨在在市场上树立鲜明的形象，以求与竞争者存在差异。从某种意义上讲，定位是差异化的继续，也是差异化的目标。这种差异可以从以下三个方面去寻找、突破。

1. 产品实体差异化

产品实体差异化是指企业生产的产品在质量、性能上明显优于同类产品的生产厂家，从而形成独自的市场。对同一行业的竞争对手来说，产品的核心价值是基本相同的，所不同的是在性能和质量上，在满足消费者基本需要的情况下，为消费者提供独特的产品是差异化战略追求的目标。以我国冰箱企业为例，海尔集团为适应国内小面积住房的情况，生产出了小巧玲珑的小小王子冰箱；美菱集团为满足一些消费者讲究食品卫生的要求，生产出了美菱保鲜冰箱；而新飞则以省电节能作为自己服务的第一任务。所有这些使三家企业形成了鲜明的差异，从而吸引了不同的消费者群。

2. 服务差异化

服务是一种无形的产品，是维系品牌与消费者关系的纽带。随着产品同质化程度的不断加剧，缔造优质的品牌服务体系，为消费者提供满意的服务成为企业差异化品牌战略的重要武器。在当今的经济形势下，未来的企业竞争就是服务竞争，服务体系的完善程度、服务质量的优劣程度以及由此带来的消费者对品牌的综合满意程度，将成为评价企业未来竞争力强弱的重要标准。

戴尔公司的兑现消费者服务承诺的核心能力成为支撑戴尔成为世界顶级公司之一的有力武器。戴尔公司从运作开始就基于一个非常简单的原理——通过直接交易，更好地预期、理解和关注客户的需求，并为其面临的挑战提供解决方案。戴尔的客户也发现了戴尔直接业务模式带来的优势，并未局限于它们提供的产品，而是扩展到戴尔提供的服务解决方案上。直接模式还使戴尔得以提供范围广泛的服务，以满足客户的主流服务需求。凭借在拥有和管理整个新产品供应链方面的能力，戴尔在整个过程中的集成和提供端到端服务方面具有独一无二的地位。

服务是企业蓄积品牌资产的重要平台。随着人们需求层次的不断提高，对服务的要求也“水涨船高”。在产品同质化现象极为严重的今天，服务已经成为企业寻求差异化竞争优势的有效手段。

3. 形象差异化

形象差异化即企业实施通常所说的品牌战略和企业识别系统（Corporate Identity System，CIS）战略而产生的差异。企业通过强烈的品牌意识、成功的CIS战略，借助媒体的宣传，在消费者心目中树立起优异的形象，从而使消费者对该企业的产品产生偏好。例如，海尔公司的一句“海尔真诚到永远”，并佐以优良的产品质量，自然就会产生真诚可信的形象；雀巢公司虽然是国际著名的大公司，却始终以平易近人的姿态宣传自己的一句“味道好极了”，让人感到像小鸟入巢般的温馨。如果说，企业的产品是以内在的气质服务于消费者的话，那么企业的形象差异化策略就是用自己的外在形象取悦于消费者，形成不同凡响的自身特征。

（三）有效市场定位的原则

（1）重要性。该市场定位能向网上购买者让度较高价值的利益。

（2）明晰性。该市场定位是其他企业所没有的，或者该市场是该企业以一种突出、明晰的方式提供的。

（3）优越性。该市场定位明显优于通过其他途径而获得相同的利益。

（4）可沟通性。该市场定位能够被网络消费者所理解和接受，是他们能看得见的。

（5）不易模仿性。该市场定位至少在短期内是其竞争者难以模仿的，能够保证企业一定时期的竞争优势。

（6）营利性。企业通过该市场定位可获得较高的利润。

（四）跨境网络目标市场定位的策略

跨境网络市场定位的基本原则，是掌握原已存在于人们心中的想法，打开客户的联想之门，使自己提供的产品在消费者心目中占据有利地位。因此，定位的起点是消费者的消费心理。只要把握了消费者的消费心理，并借助恰当的手段把这一定位传达给目标消费者，就可以达到较好的营销效果。但在网络市场中，仅仅做到这一点还是不够的。心理定位毕竟需要兑现，成为产品的实际定位。在掌握消费心理的同时，也要使品牌的心理定位与相应产品的功能和利益相匹配，定位才能成功。定位需要企业的市场调研、定位策划、产品开发以及其他有关部门的密切配合。仔细分析定位内涵不难发现，定位是为了在消费者心目中占据有利的地位，这个“有利地位”是相对竞争对手而言的。从这个角度讲，定位不仅要把握消费者的心理，而且要研究竞争者的优势和劣势。在实践中，网络营销商应注意以下几个定位战略。

1. 初次定位与重新定位

初次定位是指新成立的企业或新产品在进入网络市场时，企业必须从零开始，运用所有的市场营销组合，使产品特色确实符合所选择的目标市场。重新定位，即二次定位或再定位，是指企业变动产品特色，改变目标消费者对其原有的印象，使目标消费者对其产品新形象有一个重新的认识。重新定位对于企业适应市场环境、调整市场营销战略是必不可少的。通常，产品在市场上的初次定位即使很恰当，但在出现下列情况时也需考虑重新定位：一是在本企业产品定位附近出现了强大的竞争者，挤占了本企业品牌的部分市场，导致本企业产品市场萎缩和品牌的目标市场占有率下降；二是消费者的偏好发生变化，从喜爱本企业品牌转移到喜爱竞争对手的品牌。

2. 对峙性定位与回避性定位

对峙性定位（也称竞争性定位、针对式定位）是指企业选择靠近于现有竞争者或与其重合的市场位置，争夺同样的消费者，彼此在产品、价格、分销及促销等各个方面区别不大。

回避性定位（也称创新式定位）是指企业回避与目标市场竞争者的直接对抗，将其位置定在市场上某处空白领地，开发并销售目前市场上还不具有某种特色的产品，以开拓新的市场。

3. 心理定位

心理定位是指企业从消费者需求心理出发，以自身最突出的优点来定位，从而达到使消费者心目中留下特殊印象和树立市场形象的目的。

跨境网络环境下的营销目标可以参照在现实环境下的定位方法来进行，同时又要考虑在网络环境下的特定条件。

（1）销售商品的选择：要慎重选择适合在网上进行销售的商品及服务。

（2）潜在消费者群分析：对可能的网络消费者的类型、爱好和需求进行分析。

（3）商品价格的定位：根据网络销售的特点进行适当的商品价格定位。

案例解析

产品受众广就能成功吗？这家过滤水杯公司用真实经历告诉你

Travis Merrigan 和 Nancie Weston 有一个很简单的想法:他们想制造可以净化水的水杯。2013 年，在经历了 2 年开发后，他们的水杯产品 Water Filtration Cup 在众筹网站 Indiegogo 上成功筹到 1.5 万美元，品牌名为 Grayl。

他们很有野心，想让每个人觉得 Grayl 有用。他们开发的水杯使用光滑的不锈钢制成，水杯有三个过滤器，分别是 Tap、Trail 和 Travel。Tap 可以让水质更好，另外两个过滤器让水更安全。Tap 和 Trail 过滤器可以去除细菌和原生动物，而 Travel 净化器则可以清除病毒。水杯售价 80 美元，包括 Travel 过滤器，而另外两个过滤器则单独出售。

在参加贸易展览会时，连 Merrigan 都很难给买家清楚地介绍产品。他说："我花了两分半钟解释 Tap、Trail、Travel 这 3 种过滤器，问题是买家仍然不理解。"

两年来，Grayl 水杯已经找到 104 个零售合作伙伴，其中很多是保健品店以及礼品商店，还有一些是户外用品品牌，如 REI 等，但反馈很惨淡。零售商抱怨 Grayl 水杯包装太大众，缺少故事性。消费者抱怨杯子太重，而且对 3 个过滤系统仍然很困惑。一位产品测试人在电子邮件中问："为什么要购买第 2 个过滤器？"

该公司创始人发现，如果公司想要发展，就需要重新考虑产品给谁用的问题。因此该团队从"产品给谁用"这个问题开始思考，抛弃了之前认为"每个人都喝水，每个人都想喝干净的水，因此可以将产品卖给所有人"的观点。

2016 年，该公司在一个新的 Kickstarter 众筹项目上，推出一款专为户外探险者设计的新款过滤水杯。这次没有用不锈钢，而是由轻质、无 BPA 的塑料制成，同时没有 3 个过滤器，只有一个 Grayl 顶部净化器。这些改变大大提高了利润率，同时该产品的售价仅为 59.5

美元。

此外，该公司终止了与一些零售商的合作，并将注意力转向新目标市场。现在，Grayl在350多家零售门店销售产品，包括REI、加拿大的MEC、澳大利亚的Mountain Design等零售商。2016年，该公司的销售额翻了一番。该公司在业务拓展过程中，主要经历了以下几个阶段。

（1）初期定位错误。Grayl产品在初期对目标人群没有进行详细的划分，将所有人都纳入自己的目标人群中，同时定位在每个人都要喝干净的水这个点上。在这个基础上，再进行详细的分类，如净化后可以去除细菌和原生动物。

（2）定位不清晰，展会效果差。Grayl在参加贸易展览会的过程中，很难给买家清楚地介绍产品及其功效。这说明Grayl产品定位不清晰，不知道将产品卖给谁，消费者和零售商更不了解产品，因此，展会效果不佳。

（3）改变定位，进行市场转型。2016年，该公司推出了新款过滤水杯。它由轻质、无BPA的塑料制成，同时只有一个Grayl顶部净化器。同时，对目标市场以及定位进行了调整，从卖给所有人到卖给户外探险者。在有了清晰的市场选择和定位后，该公司也获得了市场上的成功。

习题演练

一、单选题

1．目标市场策略强调以（　　）为基础。

A．市场推广　　B．市场细分　　C．市场定位　　D．市场选择

2．跨境网络市场细分是根据消费者需求的（　　）来分类的。

A．相似性　　B．共通性　　C．差异性　　D．统一性

3．在跨境网络市场细分的基础上，设计不同产品和实行不同的营销组合方案，以满足各个不同细分市场上消费者需求的是（　　）。

A．无差异性营销　　B．差异性营销　　C．集中性营销　　D．个性化营销

4．企业生产的产品在质量、性能上明显优于同类产品的生产厂家，从而形成独自的市场，该企业实行的是（　　）。

A．产品实体差异化　　B．服务差异化　　C．形象差异化　　D．市场差异化

5．企业变动产品特色，改变目标消费者对其原有的印象，被称为（　　）。

A．变化定位　　B．对峙定位　　C．回避定位　　D．重新定位

二、填空题

1．跨境网络市场细分的依据有（　　）、（　　）、（　　）、（　　）。

2．企业进行跨境网络市场选择必须考虑的两个因素为（　　）、（　　）。

3．跨境网络目标市场营销策略有（　　）、（　　）、（　　）。

4．跨境网络市场定位的依据是（　　）、（　　）、（　　）。

5．跨境网络目标市场定位的策略有（　　）、（　　）、（　　）。

三、简答题

1．请举例阐述跨境网络目标市场的选择步骤。

2．请举例分析企业定位策略对企业的重要性。

实践操作

青少年的购物平台——Yeay

具有 Snapchat 风格的青少年购物应用 Yeay 的 Beta 测试版才出来 3 个月，就从众多应用程序中脱颖而出。据消息称，苹果公司对它十分感兴趣，还派高管到它位于柏林的办公室进行考察。

Yeay 是一个社交购物 App，能让用户制作并上传视频，从而销售产品，大多是时尚及家居产品。该 App 被科技博客网站 Product Hunt 称为“QVC + Tumblr + Snapchat”的结合。

Yeay 的创始人 Melanie Mohr 表示：“我们的 App 非常有用，它能让所有人创作好的产品视频。同时，这些产品视频还能快速转化成交易，让消费者可以直接在平台上购买产品。”

Mohr 补充道：“你可以说它是一个购物平台，但它同时是一个带有社交功能的娱乐平台。我认为这正是年轻人想要的，他们希望有社交，还能分享产品。”

该 App 上的核心卖家和买家的年龄在 12~18 岁，他们一般是创业者。Mohr 表示：“他们想要创造产品，想挣钱。”并且 Yeay 不向在平台上销售产品的个人收取佣金。

Mohr 说，苹果公司对 Yeay 很感兴趣，因为该 App 能给未来购物群体带来价值。Mohr 说：“我们办公室有苹果公司的代表，他们对我们产品的各个方面都很感兴趣。但我觉得他们也在研究趋势，并将它看成捕捉趋势的平台，而 Z 世代消费者也是苹果公司关注的受众。”

Yeay 还有 Apple iMessage 版本 App，并且正在努力推出 Apple TV 版本。用户可以在 Yeay App 中设置一个心愿单，并分享给朋友，朋友再通过 Apple iMessage 中的 App 商店查看心愿单。

由于 Yeay 可以给出一些市场趋势洞察，并提供如何创建青少年喜欢和想分享的视频内容的相关知识，大型企业及品牌也对该 App 很感兴趣。Mohr 说：“它们希望能访问我们的 UGC 内容，并利用 App 创建产品视频或广告。”

Yeay 上最受欢迎的品牌是 Yeezy、Kanye West 时装系列，其次是 Supreme，但消费者也会销售自己制造或采购的产品。该平台推出 3 个月来已经产生了近 200 万美元的销售额。该 App 在 160 个国家拥有 10 万注册用户，覆盖 18 种语言。

Yeay App 在美国、英国和欧洲其他地区非常热门。而且 Mohr 表示，他们正在与拥有超过 2 亿用户的俄罗斯电信公司 Veon 合作，欲与 Veon 的即时通信 App 进行整合。

人们很容易将 Yeay 与电商平台 eBay 和社交网络 Snapchat 进行比较，特别是在它添加了滤镜和贴纸之后。Mohr 希望 Yeay 上的卖家可以成为销售明星。

在 Yeay 上销售产品的青少年，与在旧电商平台销售产品的千禧一代不同，因为他们更自然、不刻意。Mohr 表示："他们知道如何创造好的内容，以及如何在社交媒体平台上向受众传达信息。"

思考并回答：

1. Yeay 主要为青少年提供了哪些服务？
2. Yeay 与其他电商平台的区别在哪里？
3. 该网站能够成功的主要原因是什么？

情景二

跨境网络运营分析

子情景一　平台选择分析

学习目标

知识目标

- 了解跨境电商交易模式的分类。
- 了解跨境电商平台模式的分类。
- 熟悉常见跨境电商平台的特点与优劣势。

能力目标

- 能够根据具体情况选择跨境电商平台。
- 能够对不同跨境电商平台进行分类整理。

素质目标

- 具有发现问题、解决问题的能力。
- 具有较强的团队合作能力。

项目背景

小丽是A公司的新进员工，经过前期的理论学习、市场调研和数据分析工具运用的学习，小丽对跨境电商有了大致的了解。在正式进入平台运营前，经理让小丽先了解一下各个跨境电商平台的特点与区别，以便有利于接下来市场选品的进行。中国跨境电商处于快速发展阶段，跨境电商进出口交易总额正在稳步增长。技术的革新使跨境电商系统愈加完善，再加上国家扶持政策的出台，跨境电商市场接下来的发展潜能仍旧巨大。行业的发展带来更多跨境电商企业的出现，使得跨境电商行业百花齐放，百舸争流。因此，了解现阶段跨境电商企业的发展状况是很有必要的。

请搜索国内外知名跨境电商平台，查看它们的排名及其在各国/地区的流量分布情况，并对搜索到的跨境电商平台进行分类。

任务实施

任务一：搜索国内外知名跨境电商平台，查看它们的排名及其在各国/地区的流量分布情况

步骤一：利用搜索引擎查找跨境电商平台

说到跨境电商平台，绝大多数人也许能说出速卖通、亚马逊、eBay 和 Wish 等重要的、较为知名的跨境电商平台，但存在的跨境电商平台和企业远远不止这几个。并且，每一个跨境电商平台，熟悉或不熟悉的，都有其特定的优势和忠实的客户群，或者在某个国家或地区具有特别的影响力。目前，主要的跨境电商平台有如下几种。

（1）出口跨境电商交易平台：速卖通、亚马逊、eBay、Wish、兰亭集势、敦煌网等。

（2）进口跨境电商交易平台：洋码头、天猫国际、苏宁云商海外购、网易考拉海购、顺丰海淘等。

（3）跨境电商信息服务平台：阿里巴巴国际站、环球资源网、中国制造网等。

（4）本土化跨境电商平台：Flipkart（印度）、Walmart（美国）、Yandex（俄罗斯）、New egg（美国）、TradeMe（新西兰）、MercadoLivre（巴西）。

步骤二：运用数据分析工具查看各跨境电商平台排名情况

利用全球网站排名数据分析平台 Alexa（网址：www.alexa.cn，首页见图 2-1）可以查看跨境电商平台网站的排名情况。Alexa 是一家专门发布网站世界排名的网站。以搜索引擎起家的 Alexa 创建于 1996 年 4 月（美国），目的是让互联网网友在分享虚拟世界资源的同时，更多地参与互联网资源的组织。Alexa 每天在网上收集超过 1 000GB 的信息，不仅给出多达几十亿的网址链接，而且对其中的每一个网站进行了排名。可以说，Alexa 是当前拥有 URL 数量最庞大、排名信息发布最详尽的网站。

点击“网站排名”，在搜索框内输入跨境电商平台网址，即可查看该跨境电商平台的全球网站排名。例如，输入亚马逊平台的网址，可查看亚马逊的网站排名情况（见图 2-2）。你可以查看平台当日、周平均、月平均、三月平均的排名情况，以及排名的变化情况。除此之外，还能看到平台日均 UV 与日均 PV 的情况。对所搜索的跨境电商平台进行整理排序，整理结果如表 2-1 所示。

图 2-1 Alexa 网站首页

图 2-2 亚马逊平台的全球网站排名情况

表 2-1 部分跨境电商平台全球网站排名

全球网站排名	网站名称	网　址	日均 UV	日均 PV
10	亚马逊	www.amazon.com	135 360 000	1 016 553 000
43	eBay	www.ebay.com	46 400 000	331 760 000
51	速卖通	www.aliexpress.com	35 104 000	381 580 000
418	Wish	www.wish.com	4 320 000	27 129 000
1 332	敦煌网	www.dhgate.com	1 491 200	10 304 000
1 672	兰亭集势	www.lightinthebox.com	1 334 400	6 258 000

续表

全球网站排名	网站名称	网　　址	日均 UV	日均 PV
4 011	天猫国际	www.tmall.hk	774 400	1 587 000
38 475	洋码头	www.ymatou.com	60 800	261 000

注：（1）UV：Unique Visitor，指访问某个站点或点击某条新闻的不同 IP 地址的人数。在同一天内，UV 只记录第一次进入网站的具有独立 IP 的访问者，在同一天内再次访问该网站则不计数。

（2）PV：Page View，即页面浏览量，通常是衡量一个网络新闻频道或网站甚至一条网络新闻的主要指标。它是评价网站流量最常用的指标之一。

步骤三：查看各平台在各国/地区的流量分布情况

这一数据可以帮助卖家对各个跨境电商平台的主要贸易市场有个大概的了解，对卖家销售市场的选择有一定帮助。以速卖通平台为例，进入 Alexa 网站，点击标签栏上的“流量分析”，在搜索框内输入速卖通的网址即可进行查询。其国家/地区流量分布情况如图 2-3 所示。从图中可知，速卖通最主要的访客来自俄罗斯，占其总量的将近 1/4，剩余流量主要来自中国、美国、西班牙、巴西等国家。

网站 aliexpress.com 的国家/地区排名、访问比例

国家/地区名称	国家/地区代码	国家/地区排名	网站访问比例	页面浏览比例
俄罗斯	RU	11	22.3%	20.9%
中国	CN	77	7.2%	19.6%
美国	US	157	6.6%	4.8%
西班牙	ES	22	4.7%	3.1%
巴西	BR	34	3.6%	2.8%
法国	FR	42	3.3%	2.8%
德国	DE	52	3.1%	2.5%
日本	JP	118	2.8%	2.8%
波兰	PL	26	2.4%	1.9%
意大利	IT	57	2.0%	2.0%
韩国	KR	65	2.0%	1.5%
土耳其	TR	42	2.0%	1.5%
阿塞拜疆	AZ	15	1.9%	1.8%
印度	IN	223	1.9%	1.3%
英国	GB	96	1.7%	1.2%
乌克兰	UA	20	1.6%	1.4%

图 2-3　速卖通在各国/地区的流量分布情况

任务二：对搜索到的跨境电商平台进行分类整理

1. 第三方跨境电商平台

第三方平台式跨境电商通过线上为商家搭建商城，并整合物流、支付、运营等服务资源，吸引商家入驻，为其提供跨境电商交易服务。同时，平台以收取商家佣金以及增值服务佣金作为主要盈利模式。代表企业有速卖通、亚马逊、Wish、敦煌网等（见表 2-2）。

表 2-2 部分第三方跨境电商平台

平台名称	成立时间	经营范围	优　势	收费模式
速卖通	2010 年	综合	占据市场大，覆盖 220 多个国家和地区，日近 5 000 万海外流量；利润高；行业类目多；信息流、资金流、物流完善	佣金制，收取年费
亚马逊	1995 年	综合	品种多，包括 32 大类，上千万种产品；国际直邮，拥有自己的仓储物流系统 FBA；个性化配送服务	佣金制，收取账号月租费
Wish	2011 年	主要为时尚类产品	售出商品之前无须支付任何费用；专注移动端，高效的移动商务；根据买家浏览记录，个性化推荐产品	佣金制
敦煌网	2007 年	综合	建立时间早，影响力大；完善的信息流、资金流、物流和风控系统	佣金制，高级会员收取会员费

2. 自建模式跨境电商平台

自建模式跨境电商平台是通过在线上搭建平台，平台方整合供应商资源通过较低的进价采购商品，然后以较高的售价出售商品。自建型平台主要以商品差价作为盈利模式。代表企业有兰亭集势、米兰网、Chinavasion、易宝等（见表 2-3）。

表 2-3 部分自建模式跨境电商平台

平台名称	成立时间	经营范围	优　势	收费模式
兰亭集势	2007 年	以计算机、通信和消费类电子产品为主，拓展至服装、服饰、玩具、家居、体育用品、化妆品、保健品	吸收大量风投资本，发展迅速；集合国内供应商向国际市场提供消费者平常消费很少、次数很有限的选购品目，“长尾式采购”模式	平台直接采购，不收取额外费用
米兰网	2008 年	服装、服饰	拥有庞大的国际网络外贸销售平台；拥有、日本站、法国站等分类	
Chinavasion	2008 年	消费类电子产品	网站搜索引擎优化手段突出；专注于消费类电子产品	
易宝	2007 年	消费类电子产品	低价销售策略；论坛推广模式	

知识铺垫

一、跨境电商交易模式分类

由于跨境电子商务涉及不同关境，贸易对象从一国起始端到另一国终端，需要经过漫长的产业链和贸易链，加之其呈现商品碎片化、主体碎片化的特征，因此其模式分类呈现多样性。

（一）按交易对象分类

按交易对象，跨境电商交易模式主要分为 B2B、B2C、C2C 模式。

1. B2B 模式

B2B（Business to Business）模式，是指企业之间的跨境电子商务模式。进行电子商务交易的供需双方都是商家（企业），它们使用互联网技术或各种商务网络平台，完成商务交易的过程。这些过程包括发布供求信息，订货及确认订货，支付及签发、传送和接收票据，确定配送方案并监控配送过程等。B 是广义的企业概念，既可以是外贸企业，也可以是生产企业，即传统外贸企业从线下向线上拓展，传统生产企业通过跨境电商进军国际贸易。B2B 模式下，企业在跨境电商平台上发布广告与信息，具体的成交过程和通关流程基本都在线下完成，其本质仍属于传统国际贸易，现在其交易额已经被纳入海关一般贸易统计中。跨境电商 B2B 模式以阿里巴巴国际站为代表，提供线上平台和线下交易结合的服务，帮助中国中小企业拓展海外市场。

（1）垂直模式：面向制造业或面向商业的垂直 B2B。垂直 B2B 可以分为两个方向，即上游和下游。生产商或商业零售商可以与上游的供应商之间形成供货关系，如戴尔电脑公司与上游的芯片和主板制造商就是通过这种方式进行合作的。生产商与下游的经销商可形成销货关系，如思科公司与其分销商之间进行的交易。简单地说，这种模式下的 B2B 网站类似于在线商店这一类网站，其实就是企业网站，是企业直接在网上开设的虚拟商店。企业通过自己的网站可以大力宣传自己的产品，用更快捷、全面的手段让更多的客户了解自己的产品，促进交易。或者也可以是商家开设的网站，这些商家在自己的网站上宣传自己经营的产品，目的也是用更加直观、便利的方法促进并扩大交易。

（2）综合模式：面向中间交易市场的 B2B。这种交易模式也称为水平 B2B，它将各个行业中相近的交易过程集中到一个场所，为采购方和供应方提供交易的机会，如阿里巴巴、TOXUE 外贸网、慧聪网、中国制造网、采道网、环球资源网等。这一类网站其实既不是拥有产品的企业，也不是经营产品的商家，它只提供一个平台将销售商和采购商汇集在一起，采购商可以在该网站上查到销售商及其产品的有关信息。

（3）自建模式：行业龙头企业自建 B2B 模式。它是大型行业龙头企业基于自身的信息化建设程度搭建的以自身产品供应链为核心的行业化电子商务平台。行业龙头企业通过自身的电子商务平台串联起行业整条产业链。供应链上下游企业通过该平台实现获取资讯、沟通、交易的目的。但此类电子商务平台过于封闭，缺少产业链的深度整合。

2．B2C 模式

B2C（Business to Customer）模式，是指外贸企业或生产企业绕开外国进口商、批发商和零售商，把产品直接销售给国外消费者。这种形式的电子商务一般以网络零售业为主，主要借助于互联网开展在线销售活动。B2C 电子商务实际上是企业和消费者在网络所构造的虚拟市场上开展的买卖活动。代表企业有速卖通，它在全球在线零售渠道和中国供应商之间构建信息流、物流、资金流的服务通道。

3．C2C 模式

C2C（Customer to Customer）模式，是指分属不同关境的个人卖方与个人买方开展在线交易。该模式下，由个人卖家通过第三方电商平台发布产品或服务售卖信息，个人买方进行筛选，最终通过电商平台达成交易、进行支付结算，并通过跨境物流送达产品或服务完成交易的一种国际商业活动，主要表现为个人在 eBay 等平台上开设网店。例如，一个个人卖家有一台电脑，通过某跨境电商平台把它出售给了另一个个人买家，此种交易类型即 C2C 模式。

（二）按贸易方向分类

按贸易方向，跨境电商交易模式可以分为跨境电商出口模式和跨境电商进口模式。

（1）跨境电商出口模式是指跨境电商从事商品的出口业务，具体指通过电子商务的方式将本国的商品销售到国外市场，通过跨境电子商务平台完成商品的展示、交易、支付，并通过跨境物流送达商品，完成交易。主要有外贸企业间的电子商务交易（B2B）、外贸企业对个人的零售电子商务（B2C）与外贸中个人对个人的网络零售业务（C2C），并以 B2B 和 B2C 为主。外贸出口的跨境电子商务分为如下几种运营方式。

①借助本土外贸电子商务平台。其价值链形态为：出口商品的供应商至跨境电子商务平台至境外消费者。在这种模式中，平台搭建 IT 架构，将自己打造成运营中心，聚集供应商和消费者，形成规模效应，负责营销推广，商品由供应商上传和提供。

②借助国外知名电子商务平台。出口企业注册成为全球著名电子商务平台的会员，直接向海外消费者推广产品。

③寻求国外网店分销商品。

④外贸企业自建跨境电子商务系统，直接面向海外市场。

（2）跨境电商进口模式是指跨境电商从事商品的进口业务。它具体是指国外商品通过电子商务这种方式销售到我国的市场上，即通过电子商务平台达成交易、进行支付结算，并通过跨境物流送达商品、完成交易的一种国际商业活动，以外贸 B2C 及海外代购模式为主，代表企业有京东全球购、洋码头、天猫国际、小红书、唯品会、淘宝全球购、谷迈进口网、走秀网等。近年来，跨境电子商务进口的服务链条基本成型，拉近了我国消费者与海外品牌之间的距离。

（三）按服务类型分类

按服务类型，跨境电商模式可分为信息服务平台、在线交易平台和外贸综合服务平台。

（1）信息服务平台为境内外会员商户提供网络销售平台，传递供应商或采购商等商家的商品或服务信息，促成双方交易完成，如阿里巴巴国际站、环球资源网、中国制造网等。这类平台不直接参与交易，不提供资金、物流等信息，仅是搭建一个供买卖双方相知的平台。它最主要的收入来源是用户的会员费以及营销推广费用。

（2）在线交易平台作为第三方平台提供方，为外贸企业自主交易提供信息流、资金流和物流服务的中间平台，它们不参与物流、支付等中间交易环节，即传统小额跨境贸易的新型电子化方式。第三方跨境电商平台比较稳定，具有完善的物流体系、支付平台，实力比较雄厚。小微企业或刚起步的新企业常常选择第三方平台开展外贸业务。交易平台主要依靠买家支付的交易佣金赢利，有些平台还会收取会员费、广告费等增值服务费用。国内典型的第三方平台有速卖通、敦煌网、易唐网、贝通网、联畅网。

（3）外贸综合服务平台，其“综合”的含义囊括了金融、通关、物流、退税、外汇等代理服务。跨境贸易的链条很长，涉及的操作环节众多，对于传统中小外贸企业和个人卖家来说难以吃透且工作极其繁重。综合服务平台的出现可以一站式解决这部分人遇到的外贸问题，是真正服务于基层的平台，为企业提供通关、物流、退税、保险、融资等一系列的服务。代表企业为阿里巴巴一达通。

二、跨境电商平台模式分类

跨境电商平台模式主要有以下四种。

（一）传统跨境大宗交易平台

传统跨境大宗交易平台是指服务于中国进出口贸易的在线规模以上B2B电子商务交易平台，主要为境内外会员企业提供网络营销平台，传递供应商或采购商的商品和服务信息，并帮助双方完成交易。供应商即卖家在交易过程中生产/提供和出售商品或服务，通过B2B平台获得相关采购商即买家信息，并将其供应信息传递给采购商；采购商根据自身的采购需求，通过B2B平台获取相关供应商信息，并将其需求信息传递给供应商。买卖双方之间的信息提供和传递借助B2B平台完成，B2B交易平台通过收取会员费和营销推广费用赢利，国内典型的大宗B2B平台包括阿里巴巴国际站、环球资源网、中国制造网等。

（二）第三方跨境电商平台

速卖通、敦煌网、易唐网、贝通网、联畅网等属于这类外贸零售交易平台（外贸中小企业第三方平台）。第三方跨境电商平台直接与海外小型买家（包括企业买家和个体买家）进行在线交易，实际上即由处于不同国家和地区的交易双方，通过交易平台实现的不需报关、不缴纳关税的交易。第三方跨境电商平台模式的优势在于可以增加较多供应商自主上传商品的入口，突破网站后端供货的瓶颈，便于将电商平台打造成运营中心，形成规模效应。目前，随着卖家不断增加，第三方跨境电商平台的竞争压力越来越大。第三方跨境电商平台的功能和服务需要进一步提高，以便更好地满足平台用户的需求。

（三）自建跨境电商平台

随着第三方平台稳步发展，平台卖家之间的竞争也日渐激烈。一些实力强大的外贸企业建立起各自独立的跨境 B2C 外贸电商平台网站。例如，兰亭集势（LightinTheBox）、米兰网（Milanoo）、帝科思（DealeXtreme）、兴隆兴（Chinavasion）、大龙网（Osell）这类企业独立联系国内外贸企业作为供货商，即平台直接从外贸企业采购商品，买断货源，然后自建 B2C 平台将商品销往境外。B2C 平台提供物流、支付以及客服等服务，一端连接国内制造工厂，另一端连接境外消费者，通过赚取商品进销差价实现赢利。电商平台企业本身是独立销售商，其盈利模式是商品利润。

采用此类模式的电商企业以标准化的要求，对其经营的商品进行统一生产或者采购、展示、在线交易，并通过物流配送将商品投放到最终消费群体的手中。此类平台具有品牌力强、商品质量可控以及交易流程管理体系完备等特征。大宗制造业的外贸门槛较高，所以催生企业自建外贸平台来向海外销售自己的商品。上述几个跨境电商大都通过组建自己一整套的渠道供应链，销售特定类型的产品。它们有两个显著的特点：商品集中差异化以及货物的小包化。所谓商品集中差异化是指这类电商大都选取一类或几种利润比较高的商品，如 3C 数码、婚纱等；而货物的小包化则指的是它们的客户大多是终端的消费者，无须大宗货物的物流，而只需要特定的国际快递来解决。

（四）外贸电商代运营平台

在这种模式下，外贸企业通过外贸电商代运营服务商，如四海商舟（BizArk）、锐意企创（Enterprising&Creative）等建立跨境电商平台。服务提供商不直接或间接参与任何电子商务的买卖过程，而是为从事跨境交易的中小企业提供不同的服务模块，如“市场研究模块”“营销商务平台建设模块”“海外营销解决方案模块”等。这些平台仅为那些从事小额跨境电子商务贸易的公司提供通用的解决方案，为其提供后台支付、物流、客服、法律咨询等服务，帮助外贸企业建设独立的电子商务网站平台，并能提供全方位电子商务解决方案，使其直接把商品销售给国外零售商或消费者。跨境电子商务贸易服务提供商的盈利模式是赚取企业支付的服务费用。

三、跨境电商不同模式下的代表企业

（一）跨境电商 B2B 信息服务平台——阿里巴巴国际站

阿里巴巴国际站（其首页见图 2-4）的定位为全国中小企业的网上贸易市场，其主要核心业务为商机搜索与浏览、专用域名与商铺、中国供应商认证、网商活动与培训、线下会展及刊物、管理软件、贸易通等。营销模式主要包括：国际站点、各大洲相关联盟站点、谷歌等线上推广渠道；买家服务部、国际商会、行业协会、展会等线下推广渠道；售后服务推广渠道。阿里巴巴国际站的主要收入来源于会员费、广告收入以及针对会员推出的竞价排名、展位服务等增值服务收入。

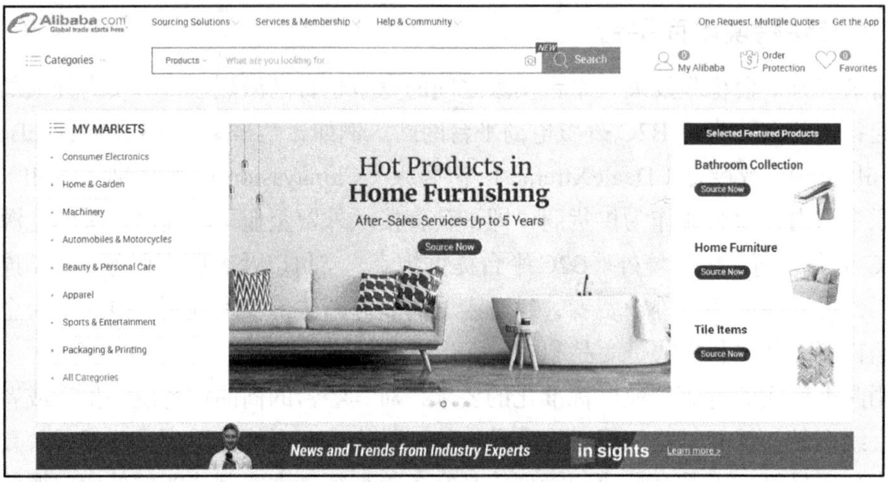

图 2-4　阿里巴巴国际站首页

（1）阿里巴巴国际站的优势。

①知名度高。在世界 B2B 电子商务领域享有盛誉，号称全球最大的商务交流社区和网上交易市场，是国内三大主流 B2B 外贸平台上升劲头最快的一个，也是最饱受争议的一个。服务对象主要是国内中小型企业，近年也在往大型集团客户发展。其在国内的广告宣传力度最大也最广。

②功能较完善。帮助会员找买家、供应商、合作伙伴以及进行在线的销售和采购；提供最新的宏观的行业信息，也提供大量的微观信息，如产品库、公司库以及供应、求购、代理、合作、投资融资、招聘等，以帮助客户找到有用的商业资讯，做出正确的决策；为企业产品树立品牌；为客户提供即时交流工具等。

③优质的客户服务和销售服务系统。经常提供现场培训和在线培训。培训细节到声音，能给予中小企业超乎想象的热情。会员培训系统也非常成熟，有线下培训和网络培训两种。只要用心参与都会有收获。

④轻工产品有优势。平台较偏向于轻工产品的推广。

（2）阿里巴巴国际站的劣势。

①中国诚信通会员扎堆，同一种产品好几页都是诚信通会员，竞争激烈。

②排名没有保障。

③英文站价格较高，实际效用与宣传有一定差距。

④英文站采购商良莠不齐，客户的含金量不高，主要靠打广告。

⑤无效的询盘（含广告、欺骗性质的同行刺探情报的重复询盘、钓鱼询盘等）比较多。

采购商询盘通常采用群发机制，询盘所需时间成本和资金成本都很低，大多数采购商可能只是通过这种方式索要报价或产品信息进行对比，其最后下单率偏低。

（二）跨境电商 B2B 交易平台——敦煌网

敦煌网（其首页见图 2-5）与阿里巴巴国际站平台或中国制造网平台不同，它采用的是一种可以被称为小 B2B 的模式。在敦煌网，主要面对的是小型批发的供应商和买家。敦煌网在成交后根据成交的金额，收取一定比例的佣金，而且佣金由买家支付。敦煌网允许个人注册店铺，因此，敦煌网中的供应商并非传统意义上的供应商，更趋向于从事电商贸易的个人或企业。在敦煌网，个人卖家最多可以注册 1 个店铺，企业卖家最多可以注册 10 个店铺。

图 2-5　敦煌网首页

敦煌网产品的上传与其他平台类似，也是包含产品标题、产品图片、产品描述等。敦煌网中真正需要关注的是引流。在敦煌网，流量区分为站内引流和站外引流。在敦煌网，如果卖家具备一定的经济实力，可以选择竞价精准的关键词，也可以选择购买“金橱窗”或“黄金展位”的位置来投放定向广告，以获得最大的站内流量。操作敦煌网必须关注站外流量，即结合社会网络服务（Social Networking Services，SNS）营销及视频营销。这要求操作平台不但要关注站内流量，还需要通过平台中提供的 Share（分享）功能将产品分享到包括 Facebook 等在内的知名社交平台上来，从而将外部流量引到敦煌网。

敦煌网整合了全球著名的物流公司，包括 EMS、UPS、DHL、FedEx、TNT 等，供客户和商户选择使用，商户可以一键发货，并且使用敦煌网的折扣价格。同时，敦煌网对各种物流平台的使用情况进行监控，合理增减物流供应商。根据不同的用户需求，敦煌网为全球客户提供近 30 种安全有效的在线支付服务，包括国际支付与本地化支付方式，其中国际支付方式主要包括 VISA 信用卡、Mastercard 信用卡、Bank Transfer、Moneybookers 等，本地化支付方式主要包括巴西的 Boleto、英国的 Sofort、加拿大的 Interac Online、德国的 Giropay、俄罗斯的 WebMoney、荷兰的 iDEAL、澳大利亚的 BPAY 等。

（三）跨境电商 B2C 交易平台

1. 速卖通

速卖通（其首页见图 2-6）是阿里巴巴旗下面向全球市场的在线交易平台，是阿里巴巴国际化的重要战略产品。速卖通于 2010 年 4 月上线，有阿里巴巴做后盾，近几年来，速卖通可谓风生水起，平台不仅商品品类众多，流量也比较大。经过近几年的迅猛发展，目前覆盖 230 多个国家和地区，拥有 18 个语言分站，成交买家数量突破 1.5 亿，已经成为全球最大的交易平台之一。在 2014 年“双十一”当天，速卖通成交 680 万笔订单，比 2013 年增长 60%。平台主要交易市场包括俄罗斯、巴西、西班牙、美国、加拿大、法国和英国等多个国家。

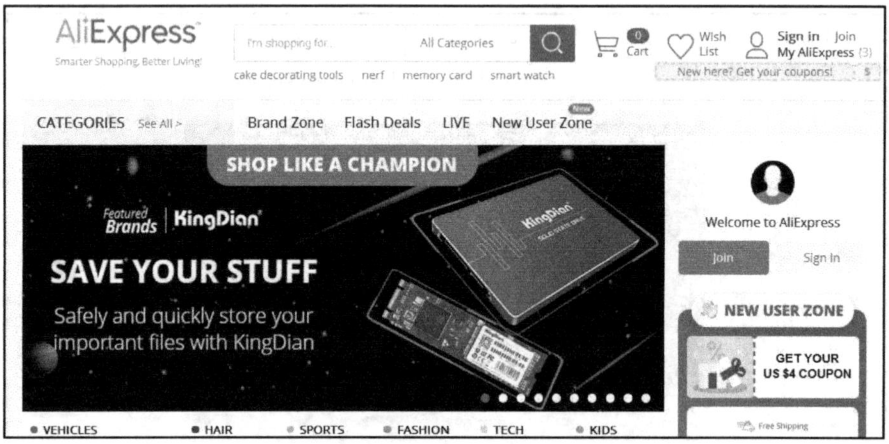

图 2-6 速卖通首页

速卖通的业务覆盖 3C、服装、家居、饰品等 22 个日常消费类目，其中优势行业主要有服装服饰、手机通信、鞋包、美容健康、珠宝手表、电脑网络、家居、汽车摩托车配件、灯具等。

速卖通的特点是采用低价策略，这与国内淘宝的低价策略相似。速卖通的侧重点在于新兴市场，如巴西和俄罗斯。除此之外，速卖通非常重视营销推广。平台免费为卖家提供了四个平台营销活动，即“限时限量折扣”“店铺优惠券”“全店铺满立减”和“全店铺打折”。卖家也可付费参加平台的直通车活动从而在短时间内获得大量的曝光和流量。

速卖通秉承了阿里系列产品的特点，操作界面简单简洁，非常适合外贸新人。另外，它们有非常系统的社区和客户培训，能够让每一个注册的新用户更快地入门。总之，速卖通比较适合新人和想要开发新兴市场的卖家，但低价策略对贸易商非常不利，产品最好是工厂直供，这样价格优势就比较明显。

2. Wish

Wish 公司于 2011 年 12 月创立于美国旧金山硅谷，起初只是一个类似于国内的蘑菇街和美丽说的导购平台。2013 年 3 月，Wish 在线交易平台正式上线，移动 App 于同年 6 月推出，当年年经营收益即超过 1 亿美元。Wish 目前拥有 4.2 亿用户群体，每天有超过 1 000 万活跃用户在平台上浏览商品，月活跃用户数量超过 7 000 万，重复购买率达到 75.5%。90%的用户来自欧洲和美国，80%的用户为女性，并且集中在 15~35 岁。随着平台的飞速发展，目前平台已拥有超过 7 500 万种商品。

Wish（其手机端界面见图 2-7）最大的特点就是专注于移动端购物。在 Wish 平台，98%的流量和 95%的订单都来自移动端。这个数据足以让亚马逊、eBay、速卖通等跨境电商大鳄"颤抖"。几乎人人都知道，我们正处于从 PC 端到移动端"迁徙"的时代。然而，能够摆脱传统互联网思维束缚，完全专注于移动端发展的平台少之又少。亚马逊、eBay、速卖通都在大力推广移动端 App，但这些移动应用都基本沿用了 PC 时代的思维，最多就是在交互设计方面进行了屏幕适应性调整。而 Wish 采取基于搜索引擎的匹配技术，即通过用户行为判断用户偏好，并通过数学算法将用户和商家、商品进行准确的匹配，每天给用户推送其可能感兴趣的商品和商家。Wish 平台的这一特点与其创始人彼得·舒尔泽斯基和张晟均具有硅谷工作背景（曾分别就职于谷歌和雅虎）且都是典型的技术派不无关系。Wish 秉持"让手机购物更加高效和愉悦"的原则，每屏只推送 4~6 件商品，并且以"瀑布流"的形式展示。

图 2-7　Wish 平台手机端界面

除用电子邮箱注册，用户还可以通过已有的 Facebook 和谷歌账号进行关联。首次登录后，用户只需要填写性别、年龄等基本信息，以及选择感兴趣的商品种类，随后就会收到来自 Wish 的个性化商品推荐。而通过 Facebook 和谷歌登录的用户，Wish 还会通过数据分析他们在社交平台的信息，以进行有针对性的推送。

同时，Wish 努力给每个商品公平匹配的流量导入，坚持“机会面前，人人平等”，有助于中小卖家的起步和发展。Wish 平台上的商户上传任何商品都是免费的，只有在交易成功后商户才需向平台支付一定比例的佣金，整个过程非常简单易行且没有任何的隐藏费用。Wish 与速卖通，亚马逊等其他平台一样，可以通过关键词额外收取费用来向用户推荐商品。Wish 没有其他平台盛行的比价功能，因此价格在 Wish 上是不敏感的，那些适用于 eBay 和速卖通的规则对 Wish 完全不适用，后期流量拼的是产品的优化和客服的服务质量。

3. eBay

eBay（其首页见图 2-8）是一个可以让全球民众上网买卖物品的线上拍卖及购物网站，于 1995 年 9 月 4 日由皮埃尔・奥米迪亚以 Auctionweb 的名称创立于加利福尼亚州圣荷西。eBay 的创立最初是为了帮助创始人奥米迪亚的未婚妻交换皮礼士糖果盒。1999 年，eBay 开始全球扩张，首个海外站点是德国站。2002 年 eBay 合并贝宝（PayPal）。目前，eBay 的业务覆盖 190 多个国家和地区，日均成交量超过数百万单。

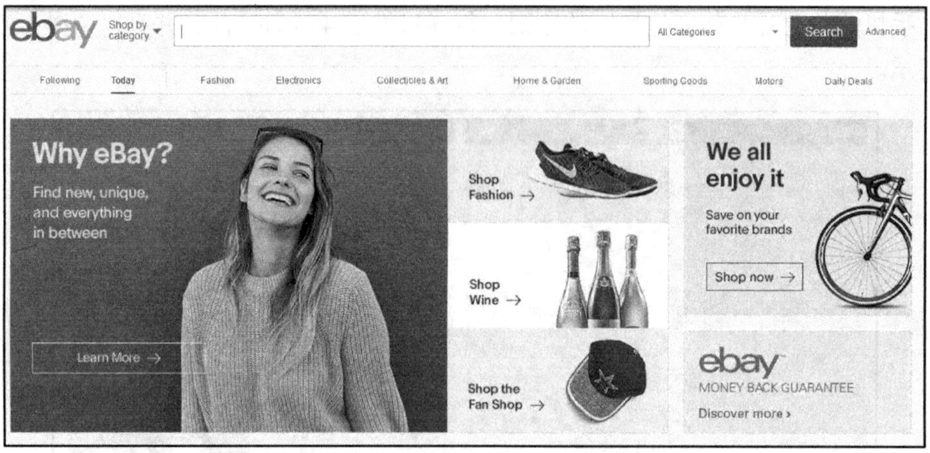

图 2-8　eBay 平台首页

与亚马逊相比，eBay 的店铺操作也不复杂，开店免费、门槛低，需要的手续和东西比较多，但是平台规则对买卖双方有失偏颇，比较倾向买家。与速卖通相比，eBay 对卖家的要求更严格，对产品质量要求较高，但同样要求价格具有优势，即产品质量要过得去，价格也要有优势。eBay 的核心市场主要在欧洲和美国，如果选择该平台的话，需要结合自身的产品对核心市场深入分析，针对该市场选择比较有潜力的产品深入挖掘，对产品价格、优势、潜力等做深入研究。eBay 投入比较小，对于 eBay 的选择，最好是在美国和欧洲有较好表现的产品。

除了有和其他平台类似的常规产品出售，二手货交易也是 eBay 业务的重要组成部分。在 eBay，交易方式分为拍卖和一口价两种。eBay 对每笔拍卖向卖家收取 0.25~800 美元不等的刊登费，在交易成功后再收取一笔 7%~13%不等的成交费。在合并了 PayPal 后，eBay 的支付方式默认为 PayPal。商户在注册开店时必须绑定有效的 PayPal 账户。

4．亚马逊

亚马逊（其首页见图 2-9）成立于 1995 年，是全球最早建立的跨境电商 B2C 平台，对全球外贸的影响力非常大。亚马逊最初是一个销售书籍和音像制品的“网上书店”。2000 年，亚马逊开始通过品类扩张和国际扩张，致力于成为全球最大的网络零售商。其用户多为国外中高端消费群体。2015 年，亚马逊在全球市值最高的 20 家互联网公司排名中位列第四。

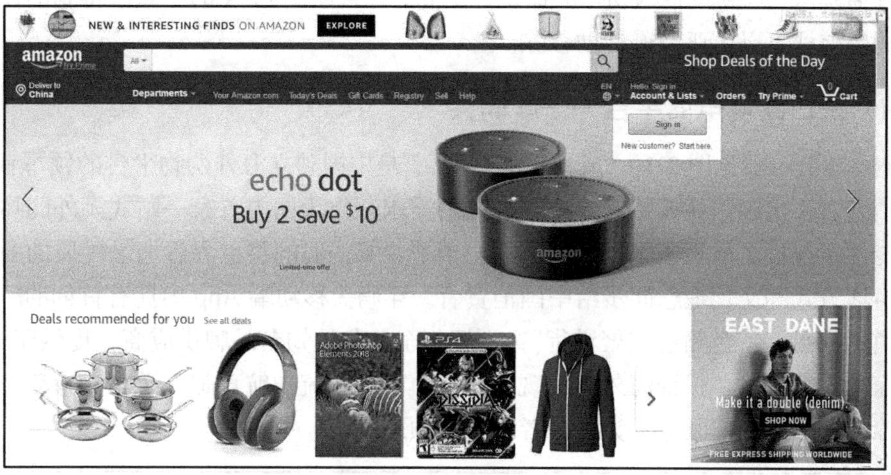

图 2-9　亚马逊平台首页

在所有的跨境电商第三方平台中，对卖家要求最高的是亚马逊，它不仅要求卖家的产品质量必须有优势，而且必须有品牌。亚马逊对卖家产品的要求高，如产品质量、品牌，交易手续比较复杂，规定后期收款的账户必须在英国、美国等国家开立。真正成为亚马逊的卖家需要满足几点要求：首先，要有好的产品资源，因为亚马逊做跨境电商以产品为重；其次，要经过一系列的培训，熟练掌握操作技巧及店铺入驻、产品发布的相关规则，否则轻则会封店铺，重则有法律上的纠纷；最后，要有一台专门登录亚马逊账号的电脑，因为一台电脑只能登录一个账号。另外，在亚马逊做外贸需要有美国的银行卡，因为亚马逊店铺产生的销售额保存在亚马逊自身的账户系统中，如果想要把款提出来就需要有美国本土的银行卡。

亚马逊鼓励用户自助购物，将用户对于在线客服的需求降到最低，这要求卖家提供非常详细、准确的产品详情和图片。亚马逊支持货到付款，并且拥有自己的付费会员群体——亚马逊 Prime。每年支付一定金额的会员费（美国亚马逊为 99 美元，中国亚马逊为 388 元），亚马逊 Prime 就能享受免运费 2 日送达服务（个别商品除外），还能够通过亚马逊网站观看约 4 万部电影和电视剧集，并享受 50 万本 Kindle 电子书的借阅服务。虽然亚马逊从未公布亚马逊 Prime 的具体人数，不过根据 CIRP（Consumer Intelligence Research Partners）的研究报告，截至 2013 年年底亚马逊 Prime 数量已达到 1 670 万人，其中高达 93%的亚马逊 Prime 用户表示对其服务质量感到满意，并打算在来年继续使用该服务。这一庞大的会员人群主要为国外的高端消费群体，他们是亚马逊最具有价值的财富之一。

亚马逊的另一特色服务是 FBA（Fulfillment by Amazon），即亚马逊仓储物流，它为用户提供物流和仓储的配套服务，并收取一定的费用。要使用亚马逊物流服务，卖家需要将商品进口到开店的各个海外国家，并储存在相应的亚马逊物流中心，由亚马逊来完成当地的订单配送。虽然亚马逊仓储物流的收费标准高于一般的仓储公司，但由于 FBA 得到买家较高的认可，不少买家都愿意支付更多的钱来选择 FBA。在同等条件下，FBA 卖家的曝光度高于普通卖家，抢到黄金购物车的概率也更高，并且使用 FBA 的卖家所得到的任何由物流带来的中差评可以由亚马逊帮助移除。

（四）进口跨境电商平台——洋码头

洋码头（其首页见图 2-10）成立于 2009 年，是中国独立海外购物平台的领军者，满足了中国消费者不出国门就能购买到全球商品的需求。作为国内首家一站式海外购物平台，洋码头专注于连接全球零售市场与中国本土消费，第一时间将世界各地最优质的商品、最潮流的生活方式和文化理念同步给中国消费者。洋码头移动端 App 内拥有首创的“扫货直播”频道；而另一特色频道“聚洋货”，则汇集全球各地知名品牌供应商，提供团购项目，认证商家一站式购物，保证海外商品现货库存，全球物流护航直邮。洋码头为消费者提供正品保障、假一赔十的服务，为消费者解决后顾之忧。

图 2-10　洋码头平台首页

为保证海外商品能安全、快速地运送到中国消费者手上，洋码头自建立以来就打造跨境物流体系——贝海国际。目前，洋码头全球化布局已经完成，在海外建成 15 大国际物流仓储中心（纽约、旧金山、洛杉矶、芝加哥、拉斯维加斯、波特兰、墨尔本、法兰克福、东京、大阪、伦敦、悉尼、巴黎仁川、杭州），并且与多家国际航空公司合作实施国际航班包机运输，每周 40 多个全球班次入境，大大缩短了国内用户收到国际包裹的时间。

案例解析

买家为什么没有给“我”下单

阿里巴巴国际站平台上某供应商在使用了平台开放的信用保障服务之后，并没有主动通过平台提供的信用保障体系与客户成交订单，反而沿用了传统的方式与买家进行沟通。某日，一海外的买家通过阿里巴巴国际站平台给该供应商发送了采购询价，供应商收到询价后，及时与海外买家建立了联系，并根据买家的要求提供了详尽的报价。

经过沟通，买家对供应商的产品及报价均表示比较满意，并明确表达了合作的可能。该供应商无论是在服务上还是在跟进客户的效率上都比较到位，但是，让该供应商感觉到疑惑的是，最终买家并没有给他们下单，并在一段时间里，总是以各种理由搪塞该供应商的下单要求。

在反复与买家沟通之后，买家反馈已经给平台上的另一家同期联系的供应商下单了，这让该供应商非常困惑，因为买家不但对于该供应商的产品表示了满意，而且对供应商的价格没有什么特别的异议，不明白买家为什么不给他们下单。

分析：在传统的思路中，操作阿里巴巴国际站平台的方式是收到买家发送的询盘后，阿里巴巴国际站平台会将买家发送的询盘通过电子邮件抄送一份给供应商，而供应商在收到询盘后通过电子邮件客户端来根据买家的要求回复买家所需的信息，从而建立与买家之间的沟通。通常情况下，买家判断卖家是否合适是通过供应商所提供的服务来进行的，如回复效率、专业度、产品本身及公司的情况等，继而买家会对供应商的旺铺，甚至于供应商的官网等进行深入的了解，再做出最终的采购决定。如果按照这种方式来操作的话，这个供应商本来没有什么问题，但是，在阿里巴巴国际站推出针对中国供应商的信用保障服务之后，传统的方式因为这一服务的介入发生了一些潜移默化的变化。

在本案例中，该供应商虽然通过常规的方法获得了买家的询盘，也相对优质地提供了服务给买家。但是，买家发现另一家供应商通过信保订单获得了信用额度，这间接地提升了该供应商的可信度；再者，阿里巴巴的信用保障体系还提供买家定额度的采购保障服务，这也让买家放心地从另一家供应商处采购了，这也是买家没有给前文所述中的供应商下单的最主要原因之一。

在阿里巴巴国际站平台从撮合转型到交易平台的过程中，作为平台用户的中国供应商，应该对数据可能带来的价值非常敏感；而买家因为阿里巴巴国际站平台广泛而又持续地对信保服务进行宣传，也会越来越重视平台上所公开的供应商的交易信息，因为这些信息可以大大降低买家选择供应商的时间成本。

习题演练

一、填空题

1. 按交易对象，可将跨境电商分为（　　）、（　　）、（　　）。
2. 按贸易方向，可将跨境电商分为（　　）、（　　）。
3. 跨境电商 B2B 模式可分为（　　）、（　　）、（　　）。
4. 亚马逊特有的付费会员称为（　　），其自身的仓储物流称为（　　）。
5. Wish 最大的特点是专注于（　　）。
6. 速卖通平台免费给卖家提供了四大营销工具，即（　　）、（　　）、（　　）、（　　）。
7. eBay 的交易方式分为（　　）和（　　）。

二、简答题

简述垂直 B2B、综合 B2B 以及自建 B2B 模式的区别。

三、表格填空

请根据本子情景所学内容，填写表 2-4。

表 2-4　各类跨境电商平台的特征

	传统跨境大宗交易平台	第三方跨境电商平台	自建跨境电商平台	外贸电商代运营平台
核心业务				
盈利模式				
是否直接参与交易				
代表企业				

实践操作

实践任务一

利用 Alexa（www.alexa.com）分析下列平台的流量分布情况（选取流量排名前五的国家/地区即可）。

举例：速卖通平台的流量分布情况。表 2-5 选取了速卖通平台流量分布前五的国家/地区，由表可知速卖通平台在俄罗斯排名第 10，俄罗斯的客户访问量占速卖通平台的 25%。

表 2-5　速卖通平台的流量分布情况

国家/地区名称	国家/地区排名	网站访问比例
俄罗斯	10	25.0%

续表

国家/地区名称	国家/地区排名	网站访问比例
美国	174	5.8%
西班牙	18	5.0%
巴西	24	4.8%
中国	93	4.4%

1. 亚马逊平台（www.amazon.com）

请将亚马逊平台的流量分布情况填入表2-6。

表2-6　亚马逊平台的流量分布情况

国家/地区名称	国家/地区排名	网站访问比例

2. Wish平台（www.wish.com）

请将Wish平台的流量分布情况填入表2-7。

表2-7　Wish平台的流量分布情况

国家/地区名称	国家/地区排名	网站访问比例

实践任务二

选择一个跨境电商平台，搜索整理其资料，进行平台介绍。

任务要求：

1. 以小组的形式完成跨境电商平台介绍（小组成员应为2~4人）。
2. 搜索查找有关选定跨境电商平台的资料，如它的历史背景、特征、优劣势等。
3. 整理资料，完成展示PPT。
4. 以PPT的形式进行小组汇报展示，各小组间进行沟通交流与分享。

子情景二　市场选品分析

学习目标

知识目标

- 掌握跨境网络产品的概念、层次与分类。
- 了解各第三方平台经营产品范围和类目。
- 熟悉速卖通平台有关销售产品的规则，以及其他第三方平台产品规则。
- 熟悉常用的平台及平台外的数据分析工具。

能力目标

- 能够分析平台行业概况及产品的销售情况。
- 能够对产品进行准确的定位。
- 能够有产品品牌意识，并对产品进行品牌化管理。
- 能够运用平台内外的数据分析工具发现市场机会。

素质目标

- 具有敏锐的观察力和市场的敏感性。
- 具有严谨务实的工作态度。
- 具有较强的团队合作能力。

项目背景

小丽经过初期的市场调研，对跨境电商市场有了大致的了解。完成初期的市场了解之后，小丽接下来要做的是市场选品。市场选品的重要性不言而喻，产品选得好，买家纷至沓来，事半功倍；产品选得不好，产品在平台上的销售表现将大打折扣，最终只能做下架处理。选品策略是整个店铺运营策略中的重要基础组成部分，选对产品对店铺后期的成长至关重要。为了使小丽能够更全面地了解跨境电商平台所售产品的品类和特征，从而进行更准确、适当的产品选择，吴经理让小丽对速卖通跨境电商平台的产品类目、产品规则及一般选品方法进行调查研究。具体任务如下。

任务一：调研速卖通平台所销售的产品品类。

任务二：熟悉速卖通平台的产品规则，包括禁限售规则和产品知识产权规则。

任务三：运用速卖通卖家页面后台数据，了解行业、产品概况，进行选品分析。

任务四：运用平台以外的数据分析工具，进行选品分析。

任务实施

任务一：调研速卖通平台所销售的产品品类

步骤一：登录速卖通买家平台

登录 https://www.aliexpress.com，点击页面左侧“CATEGORIES”旁边的“See All”（见图 2-11），查看速卖通平台销售的所有产品品类。

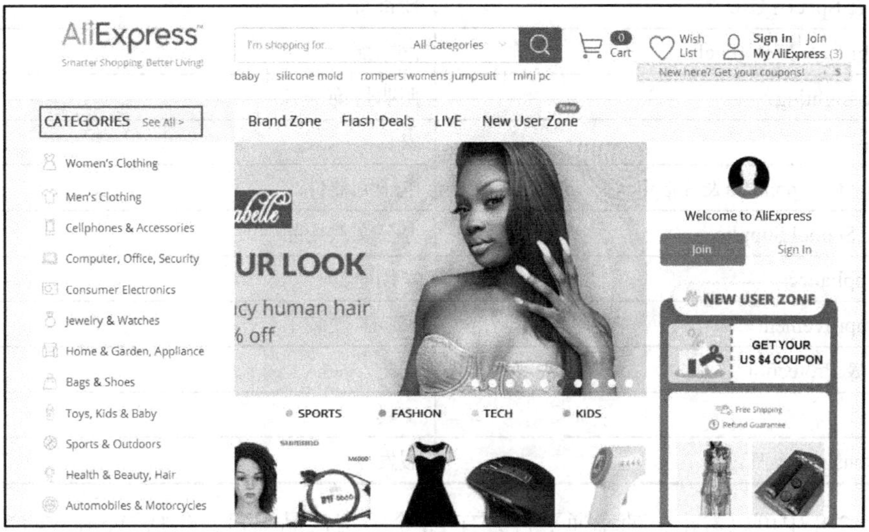

图 2-11 速卖通首页看品类

步骤二：整理产品类目

对所显示的产品一级类目进行整理，并翻译（见表 2-8）。

表 2-8 速卖通平台的一级产品类目

CATEGORIES	一级产品类目
Women’s Clothing & Accessories	女装及服饰配件
Men’s Clothing & Accessories	男装及服饰配件
Cellphones & Telecommunications	手机&通信
Computer & Office	电脑网络&办公文教
Consumer Electronics	消费电子
Jewelry & Accessories	珠宝饰品及配件
Home & Garden	家居&园艺
Luggage & Bags	箱包皮具/热销女包/男包
Shoes	男女鞋

续表

CATEGORIES	一级产品类目
Mother & Kids	孕婴童
Sports & Entertainment	运动&娱乐
Beauty & Health	美容&健康
Watches	手表
Toys & Hobbies	玩具
Weddings & Events	婚纱礼服
Novelty & Special Use	新奇特
Automobiles & Motorcycles	汽摩配
Lights & Lighting	照明灯饰
Furniture	家具
Electronic Components & Supplies	电子元器件
Office & School Supplies	办公文教用品
Home Appliances	家用电器
Home Improvement	家装（硬装）
Security & Protection	安防
Tools	工具
Hair Extensions & Wigs	假发

从表 2-8 中可以看出，速卖通平台共有 26 个一级产品类目，包括 Women's Clothing & Accessories（女装及服饰配件）、Men's Clothing & Accessories（男装及服饰配件）、Cellphones & Telecommunications（手机&通信）、Computer & Office（电脑网络&办公文教）、Consumer Electronics（消费电子）、Jewelry & Accessories（珠宝饰品及配件）、Home & Garden（家居&园艺）等。每个一级产品类目下还有子类目，如图 2-12 所示，点击各个产品品类，可以查看该品类下相应的产品，以“Dresses”为例（见图 2-13）。

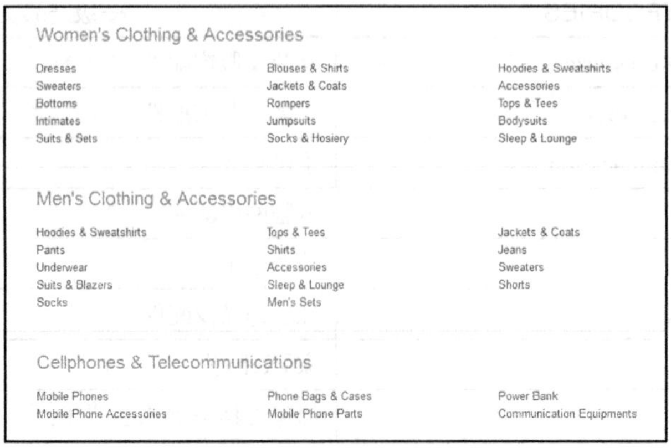

图 2-12　速卖通平台部分一级产品类目下的子类目

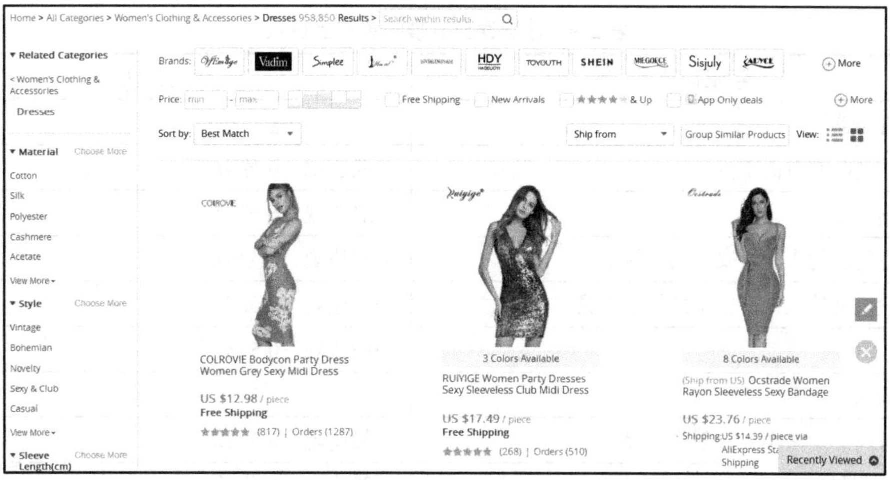

图 2-13　女士连衣裙类目下的产品展示

任务二：熟悉速卖通平台的产品规则，包括禁限售规则和产品知识产权规则

步骤一：登录速卖通卖家平台

登录 http://seller.aliexpress.com，查找“速卖通规则”，找到“禁限售规则”，点击查看（见图 2-14）。

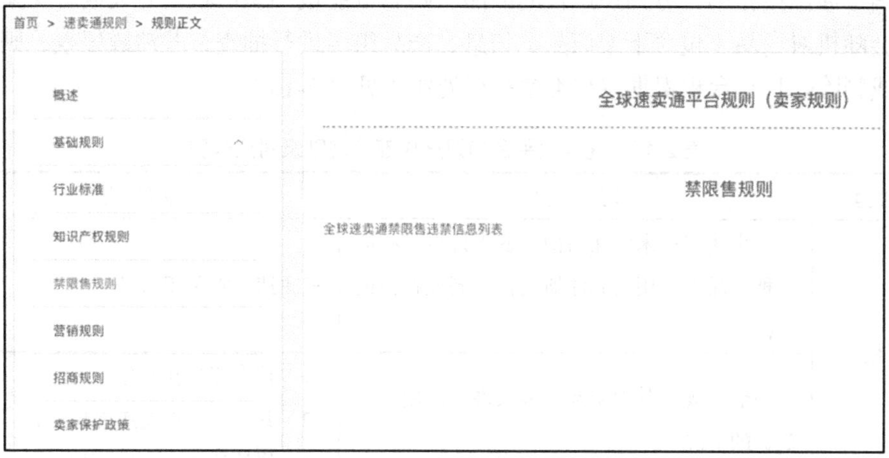

图 2-14　速卖通规则—禁限售规则页面

速卖通平台禁止卖家发布任何含有或指向性描述禁限售信息，卖家不得在速卖通平台发布任何违反任何国家、地区及司法管辖区的法律规定或监管要求的商品。所以卖家在确定所售产品之前，要先了解平台的禁限售规则，并熟悉禁限售产品目录（见表 2-9），以免造成不必要的损失。

表 2-9 速卖通部分禁限售产品目录

禁限售产品	违规处罚
（四）管制器具	
1. 刑具及限制自由工具	一般违规，6 分/次
2. 管制刀具	一般违规，6 分/次
3. 严重危害他人人身安全的管制器具	一般违规，6 分/次
4. 一般危害他人人身安全的管制器具	一般违规，2 分/次
5. 弩	一般违规，0.5 分/次
（六）药品	
1. 处方药、激素类、放射类药品	一般违规，6 分/次
2. 特殊药制品	一般违规，6 分/次
3. 有毒中药材	一般违规，2 分/次
4. 口服性药及含违禁成分的减肥药、保健品	一般违规，2 分/次
5. 非处方药	一般违规，2 分/次

步骤二：点击查看知识产权规则

速卖通平台严禁卖家未经授权发布、销售涉嫌侵犯第三方知识产权的商品。如果卖家发布、销售涉嫌侵犯第三方知识产权的商品，则有可能被知识产权所有人或者买家投诉，平台也会随机对商品（包含下架商品）信息、产品组名进行抽查，若涉嫌侵权，则信息会被退回或删除。且平台将根据侵权类型执行处罚（见表 2-10）。

表 2-10 速卖通平台知识产权部分规则及对应处罚

侵权类型	定　义	处罚规则
商标侵权	严重违规：未经注册商标权人许可，在同一种商品上使用与其注册商标相同或相似的商标	三次违规者关闭账号
	一般违规：其他未经权利人许可使用他人商标的情况	（1）首次违规扣 0 分 （2）其后每次重复违规扣 6 分 （3）累计达 48 分者关闭账号
著作权侵权	严重违规：未经著作权人许可复制其作品并进行发布或者销售，包括图书、电子书、音像作品或软件等	三次违规者关闭账号
	一般违规：其他未经权利人许可使用他人著作权的情况	（1）首次违规扣 0 分 （2）其后每次重复违规扣 6 分 （3）累计达 48 分者关闭账号

续表

侵权类型	定　义	处罚规则
专利侵权	外观专利、实用新型专利、发明专利的侵权情况（一般违规或严重违规的判定视个案而定）	（1）首次违规扣 0 分 （2）其后每次重复违规扣 6 分 （3）累计达 48 分者关闭账号 （严重违规情况，三次违规者关闭账号）

任务三：运用速卖通卖家页面后台数据，了解行业、产品概况，进行选品分析

步骤一：分析“行业情报”，进行行业选品

进入速卖通卖家页面，登录后台，选择标签页“数据纵横”，点击“行业情报”（见图 2-15），选择自己想了解的行业，分析该行业在速卖通平台的表现。

图 2-15　速卖通后台分析工具——“数据纵横”

步骤二：分析行业情报

行业情报包括三个部分（以服饰配饰为例），即行业概况——行业数据（见图 2-16）、行业趋势（见图 2-17）、行业国家分布（见图 2-18、图 2-19）。其中，“行业数据”和“行业趋势”中的“访客数占比”是指服饰配饰行业访客数占上级行业访客数的比例；“浏览量占比”是指服饰配饰行业浏览量占上级行业浏览量的比例；“支付金额占比”是指服饰配饰行业买家支付金额占上级行业支付金额的比例；“支付订单数占比”是指服饰配饰行业买家支付成功的订单数占上级行业订单数的比例；“供需指数”是指服饰配饰行业中卖家商品指数与买家流量指数之比，供需指数越小行业内的竞争就越小，供需指数的增长表明行业竞争的加剧。

图 2-18、图 2-19 显示的是服饰配饰行业在不同国家的支付金额及访客数的分布情况。可以看出，不管是从支付金额还是访客数来看，就服饰配饰行业而言，排名前三的都是美国、俄罗斯和巴西。卖家可以通过对“行业情报”中“行业概况”的分析，对自己所关心

的行业进行简单的研究、比较，这对后期的选品判断有一定的帮助。要注意的是，在进行行业比较时，同级类目才具有可比性，不可进行跨级比较。

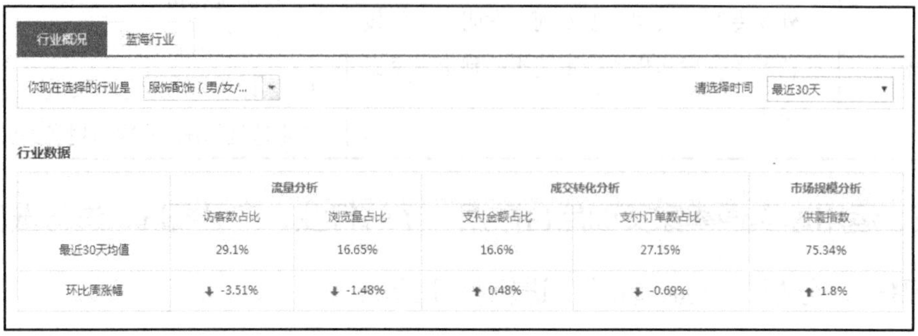

	流量分析		成交转化分析		市场规模分析
	访客数占比	浏览量占比	支付金额占比	支付订单数占比	供需指数
最近30天均值	29.1%	16.65%	16.6%	27.15%	75.34%
环比周涨幅	↓ -3.51%	↓ -1.48%	↑ 0.48%	↓ -0.69%	↑ 1.8%

图 2-16　服饰配饰行业概况——行业数据

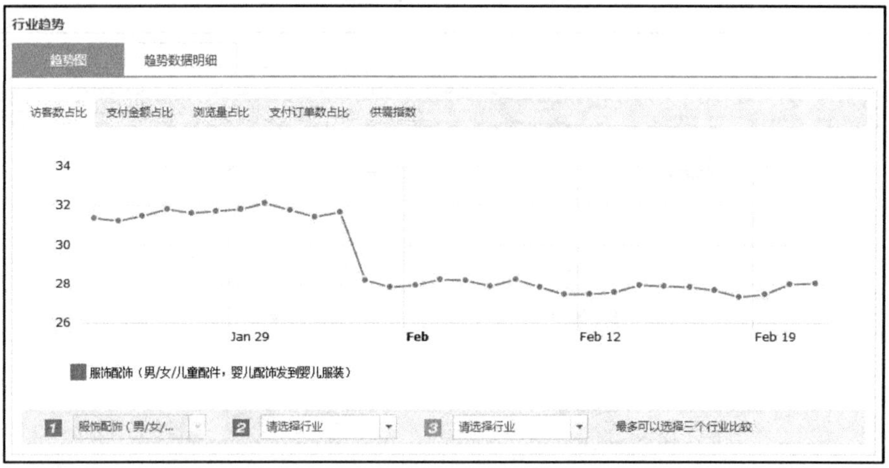

图 2-17　服饰配饰行业概况——行业趋势

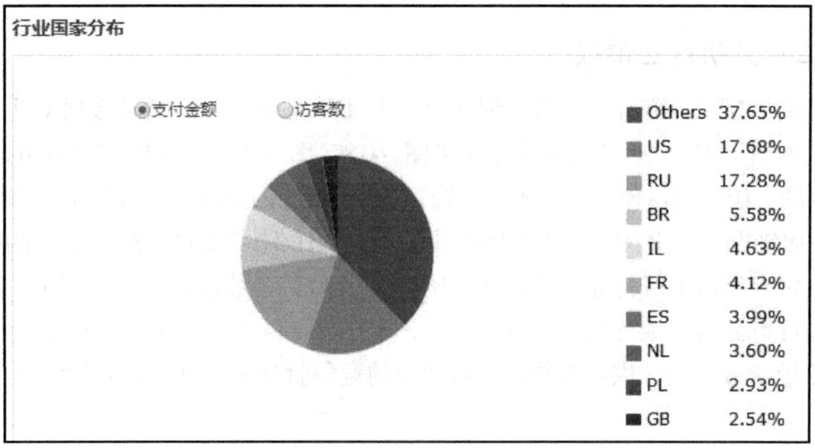

图 2-18　服饰配饰行业概况——行业国家分布（支付金额）

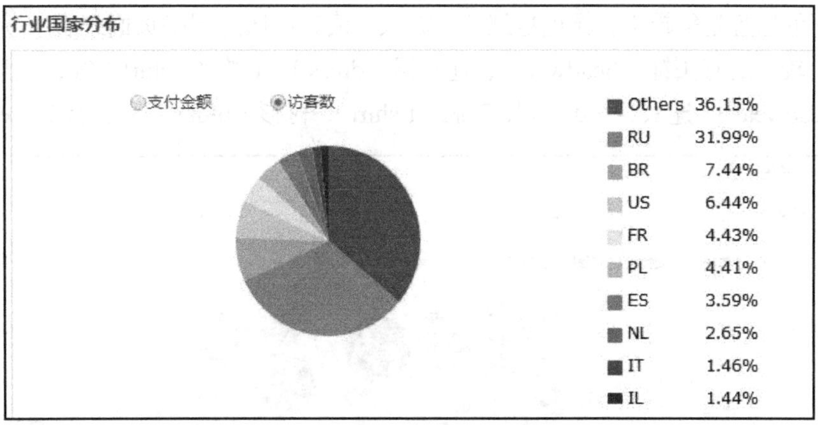

图 2-19　服饰配饰行业概况——行业国家分布（访客数）

步骤三：下载详细数据，分析服饰配饰行业内不同商品的交易情况

除了界面图表中显示的数据，平台还提供更详细的数据下载。下载 30 天的相关数据，并进行适当的整理或再计算，可以挖掘出需要的数据。以服装/服饰配件行业为例（见图 2-20），下载的 30 天交易相关数据中包括"综合指数"等几项内容。对于商品交易而言，成交指数越大越好，浏览—支付转化率排名越高越好，竞争指数越小越好，但是如果对三个数据分别进行排序，将会得到不同的商品关键词排序。因此，我们可以计算一个与三个数据相关的比值，再进行排序分析。这里以图中最后一个指数——"综合指数"为例。将"成交指数"除以"浏览—支付转化率排名"，再除以"竞争指数"，就会得到所需的"综合指数"，并对其进行降序排序。"综合指数"越大，表明含有该关键词的商品表现越理想。

行业	国家	商品关键词	成交指数	浏览-支付转化率排名	竞争指数	综合指数
服装/服饰配件	total	panties	78439	1	1.21	64825.61983
服装/服饰配件	total	headwear	134305	2	2.16	31089.12037
服装/服饰配件	total	sunglasses	93348	3	1.32	23572.72727
服装/服饰配件	total	sock	73885	4	1.29	14318.79845
服装/服饰配件	total	bra	52112	5	1.02	10218.03922
服装/服饰配件	total	blouse	68760	13	1.96	2698.587127
服装/服饰配件	total	dress	114329	18	2.91	2182.684231
服装/服饰配件	total	belt	21621	8	1.37	1972.718978
服装/服饰配件	total	tights	14696	11	0.73	1830.136986
服装/服饰配件	total	baseball cap	22947	14	0.97	1689.764359
服装/服饰配件	total	reading glasses	9817	9	0.68	1604.084967
服装/服饰配件	total	stocking	13345	10	0.84	1588.690476
服装/服饰配件	total	intimate accessory	7705	6	0.96	1337.673611
服装/服饰配件	total	babydolls	19144	15	0.97	1315.738832

图 2-20　服装/服饰配件行业详细数据分析

步骤四：进入"数据纵横"下的"选品专家"，分析行业中不同产品类目的表现

如图 2-21 所示，服装/服饰配件行业内不同的产品词以不同颜色、不同大小的圈展现。圈的大小表示该产品词的销量大小，圈越大，销量越大；圈的颜色表示该产品词目前的竞

争情况，颜色越蓝竞争越小，颜色越红竞争越大（读者可通过网络页面查看）。从图中可以看出，销量较大的有头饰（headwear）、连衣裙（dress）、T 恤（t-shirt）等，竞争比较大的有头饰（headwear）、连衣裙（dress）、T 恤（t-shirt）、衬衫（blouse）、毛衣（sweater）等。

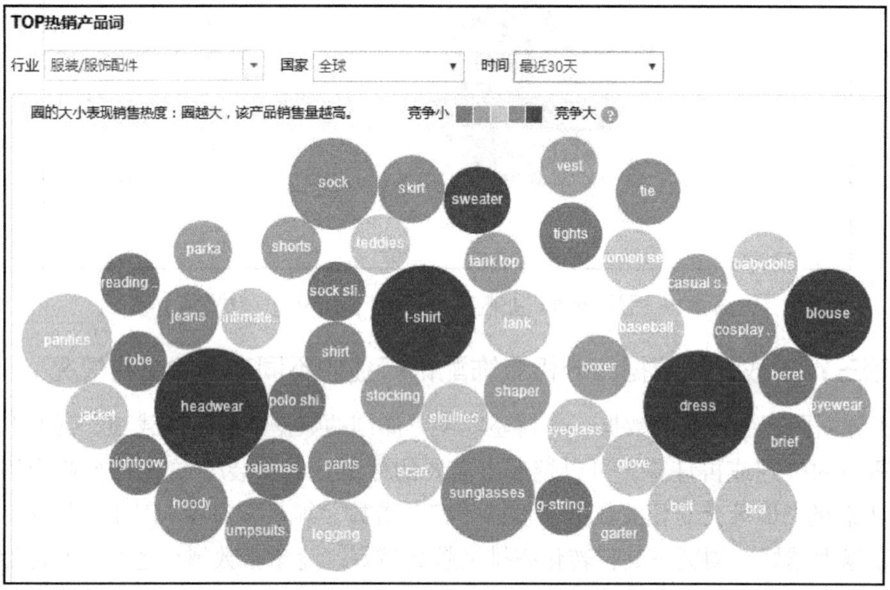

图 2-21　服装/服饰配件行业 TOP 热销产品词

卖家可以点击感兴趣的产品词，查看更为详细的信息。以连衣裙为例，点击圆圈进入，页面从上至下依次可以看到“TOP 关联产品”（见图 2-22）、“TOP 热销属性”（见图 2-23）、“热销属性组合”（见图 2-24）。“TOP 关联产品”是指与“dress”关联性较近的产品，连接的线越粗，表明关联性越大；“TOP 热销属性”是指“dress”这一产品不同属性中，不同属性词的销售情况；“热销属性组合”是指不同属性词组合的销售情况。后两个图只看圆圈的大小，即销量的大小。此时圈的颜色只表示分类，不表示竞争度。

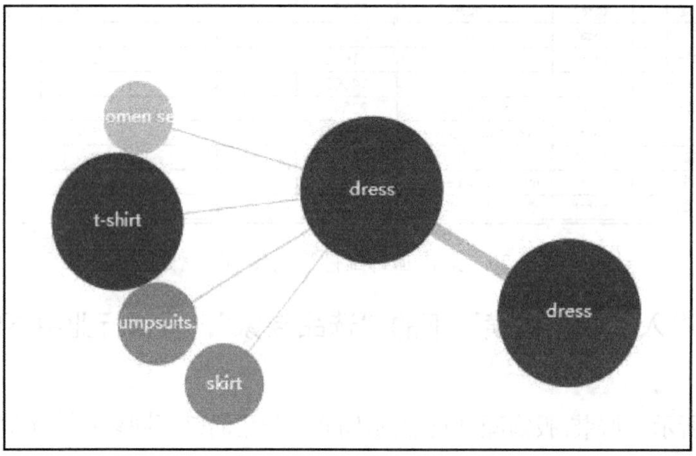

图 2-22　dress 销量详细分析——TOP 关联产品

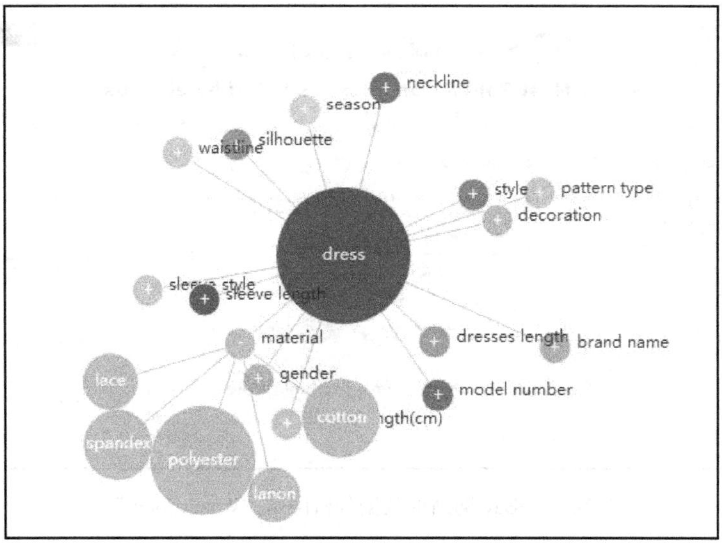

图 2-23　dress 销量详细分析——TOP 热销属性

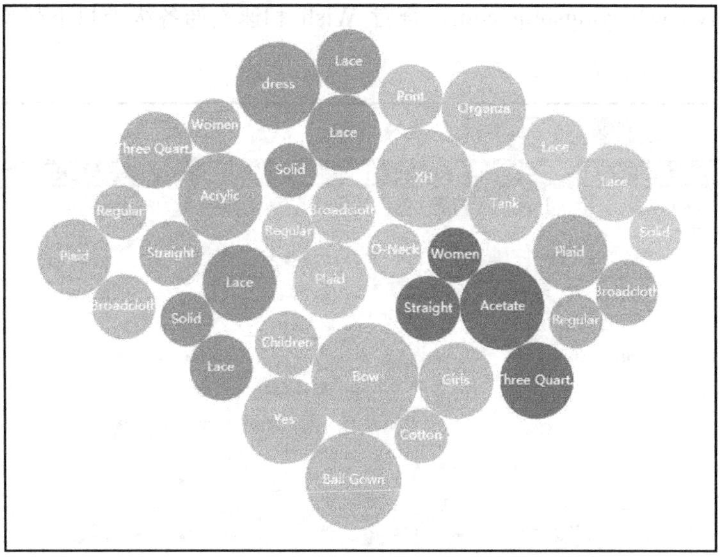

图 2-24　dress 销量详细分析——热销属性组合

步骤五：进行关键词分析——“数据纵横”

根据数据纵横“搜索词分析”中的“买家搜索词”及“搜索热度”，最终验证选品是否符合买家需求，并合理设置产品标题和关键词。

任务四：运用平台以外的数据分析工具，进行选品分析

步骤一：运用 eBay 网站的数据分析网站进行选品分析

登录 http://www.watchcount.com，查看 eBay 各国站点中关注度最高的商品（见图 2-25）。

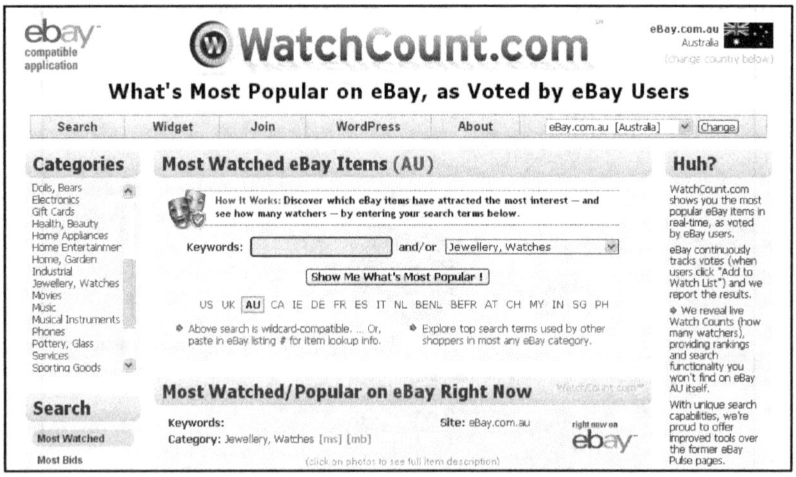

图 2-25　eBay 网站的数据分析网站“WatchCount”

步骤二：运用 Wish 网站的数据分析网站进行选品分析

登录 http://www.haiyingshuju.com，查看 Wish 和速卖通各级类目下热卖的商品（见图 2-26）。

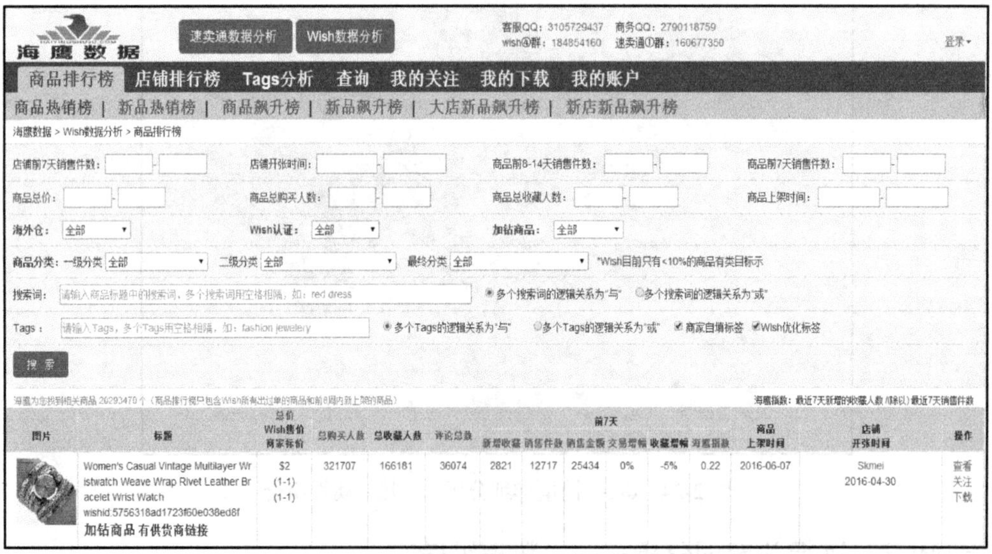

图 2-26　Wish 网站的数据分析网站“海鹰数据”

知识铺垫

网络社会的发展使消费者能够更加方便地进行产品和服务的选择，同时实现了企业的盈利。但是，如何能够让企业的产品和服务更加符合消费者的需求，更加方便、快捷地进行购买，以及在整个购买的过程中消费者是否得到了更多的服务，觉得物超所值，能够进行重复购买，主要看企业产品策略的恰当与否。

一、跨境网络产品

（一）网络产品的概念

产品作为连接企业利益与消费者利益的桥梁，包括有形物体、服务、人员、地点、组织和构思。在网络营销中，产品仍然发挥着重要作用，它是指能提供给市场以引起人们注意、获取、使用或消费，从而满足某种欲望或需要的一切有形或无形产品。网络营销是在网上虚拟市场开展营销活动，实现企业营销目标。在面对与传统市场有差异的网上虚拟市场时，必须满足网上消费者一些特有的需求特征，因此网络营销产品内涵与传统产品内涵有一定的差异性，主要是网络营销产品的层次比以前传统营销的产品层次得到了拓展。

（二）网络产品的层次

1. 核心产品

核心产品是指网络营销产品能够提供给消费者的基本效用或益处，是消费者真正想要购买的基本效用或益处，它是消费者购买这种类型产品的实质所在。例如，消费者购买手机是为了与他人沟通，购买面包是为了充饥等。但也要注意不同类型的消费者对相同产品的核心产品有不同的需求，如消费者购买帽子，有的是为了保暖的功效，有的是为了美观的需要。

2. 形式产品

形式产品主要指产品在市场上出现的具体物质形态，产品的核心产品都是需要通过形式产品的物质形态进行体现的。形式产品主要包括品质、商标、包装、特色、式样五个方面，是核心产品的物质载体。例如，三只松鼠的松鼠标志和特色包装，给消费者以不同的感受和视觉印象。

3. 期望产品

期望产品是消费者在购买产品前对所购产品的质量、使用方便程度、个性特点等方面的期望值。在网络营销中，消费者处于主导地位，消费呈现出个性化的特征，不同的消费者可能对产品的要求不一样，因此产品的设计和开发必须满足消费者的个性化消费需求。一般有形产品要求企业在产品设计、生产以及销售等方面，都与消费者需求进行对接；而无形产品则需要企业根据消费者需求来进行生产或服务，如开发软件，需要根据企业的个性需求进行设计。

4. 延伸产品

延伸产品是指由企业提供的满足消费者延伸需求的部分，主要是协助消费者更好地使用核心产品或服务。在网络营销中，延伸产品层次要注意提供满意的售后服务、送货、质量保证等，这是因为网络营销产品市场具有全球性，如果不能很好地解决这些问题，势必影响网络营销的市场广度。对于有形产品要注意为消费者提供及时的物流配送、质量保证及售后服务等；无形产品则需要向消费者提供各类服务，如下载服务、更新服务等。

5．潜在产品

潜在产品层次是企业提供的能满足消费者潜在需求的产品层次，它主要是产品的一种增值服务，它与延伸产品的主要区别是消费者即使没有潜在产品层次的需求，仍然可以很好地享受消费者需要的产品核心利益或服务。但是潜在产品是该类产品将来发展的趋势，且将来有可能成为主流，如智能手机的发展极大地改进了手机产品的性能。潜在产品一般是企业研发和消费需求相结合的产品新形态。

网络产品的五个层次具体如图 2-27 所示。

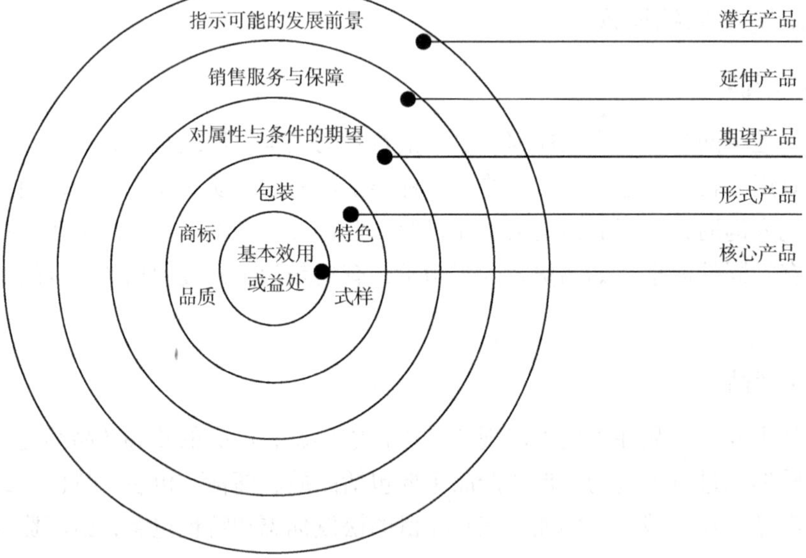

图 2-27　网络产品的五个层次

（三）网络产品的分类

随着网络技术的发展和企业网络营销手段的丰富以及消费者需求的多样化，越来越多的产品通过网络销售。按照性质的不同，网络产品主要分为有形产品和无形产品两大类。

1．有形产品

有形产品是指具有具体物理形态的物质产品，包括工业品、农业品和消费品等。在网络上销售有形产品的过程与传统的购物方式有所不同。在这里已没有传统的面对面的买卖方式，网络上的交互式交流成为买卖双方交流的主要形式。消费者或客户通过卖方的主页考察其产品，通过填写表格表达自己对品种、质量、价格、数量的选择。当达成交易后，企业按照消费者要求在一定时间内将产品送达消费者，而消费者则需要等待一段时间才能对产品进行消费。有形产品又可以按照购买性质分为便利产品、选购产品和特殊产品三类。

2. 无形产品

无形产品一般没有具体的形态，即使表现出一定形态也是通过其载体体现出来，产品本身的性质和性能需要通过其他方式才能表现出来，如软件平台、电子设备等。

在网络上销售的无形产品大致有两大类：软件和服务。软件包括计算机系统软件和应用软件。网上软件销售商常常可以提供一段时间的试用期，允许用户尝试使用并提出意见，如各种网络游戏、电子杂志和图书等。服务可以分为普通服务和信息咨询服务两大类，普通服务包括远程医疗、法律救助、航空火车订票、入场券预订、饭店旅游服务预约、医院预约挂号、网络交友、电脑游戏等，而信息咨询服务包括法律咨询、医药咨询、股市行情分析、金融咨询、资料库检索、电子新闻、电子报刊等。

（四）跨境网络产品的生命周期

无论采用哪种选品方法，都首先应了解有关产品的生命周期，选择有发展前景的适销产品。传统市场营销学理论认为，产品的生命周期一般可以分为介入、成长、成熟、衰退四个阶段。产品在介入期时，销售增长缓慢，利润通常偏低或者处于亏损状态；到了成长期，销量快速增长，随之利润也会有较大的增幅；到了成熟期，利润达到最高点，之后开始走下坡路；到了衰退期，销量和利润会大幅下降。

网络产品的生命周期跟一般产品相似，产品生命周期是指产品从投放市场开始，到被退出市场为止所经历的全部时间。新产品从开始进入市场到被市场淘汰的整个过程，分为介入期（Introduction）、成长期（Growth）、成熟期（Mature）、衰退期（Decline）四个阶段（见图 2-28）。例如，新网站上线一般在短期内会有很高的浏览量，然后渐渐变少，其中有一部分稳定的浏览量，之后渐渐被取代，最后就是无人问津。但由于互联网的快速发展，网络产品更新换代快，大多数网络产品生命周期较短。“短命”，是大多数互联网产品难以逃脱的噩运。但一般产品的生命周期都会经历这四个阶段，不同的阶段有不同的特征，研究网络产品的生命周期特征，才能做出更恰当的选品。

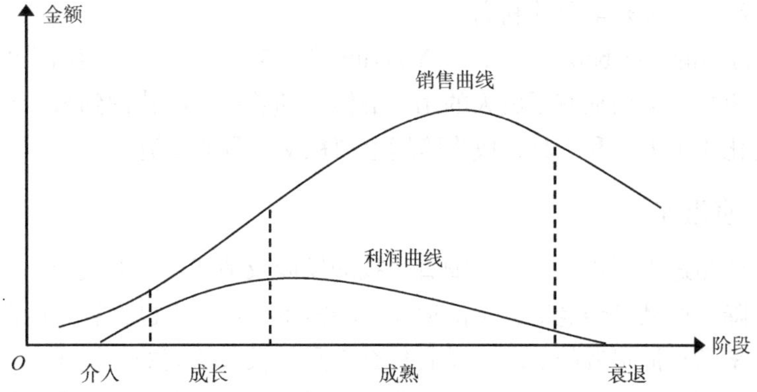

图 2-28　产品生命周期与销售、利润曲线

第一阶段：介入（介绍引入）期

介入期是指产品从设计投产直到投入市场进入测试阶段。好玩和新奇是新产品迅速吸引用户的必备要素。正是用户的猎奇心理，让不少产品得以大红大紫。曾经使用的 MSN 或 Skype 产品新入市场时都是风靡一时，然后口口相传，甚至成为外贸人茶余饭后的谈资，于是迅速积累了巨大的用户群体，更成了当时进行跨国联系的一种方便、快捷、省钱的工具。因此这些产品实现盈利变得轻而易举。所以说一款网络产品想要流行起来就必须想尽办法来吸引用户的好奇心。因此企业应该根据市场需求，迎合用户的心理来做产品。

第二阶段：成长期

当产品进入介入期，销售取得成功之后，便进入了成长期。互联网市场变幻莫测，产品稍不注意就成了“明日黄花”，当你还在为快速吸引大量的用户欢呼时，对手可能已经推出了比你更好玩的同类产品。吸引用户很容易，留住用户却很难。在免费至上的互联网时代，产品周期太短，盈利也就无从谈起。想要留住并培养一批忠实的用户，无论是服务上的完善还是功能上的扩展，产品的持续创新都显得至关重要。但一款好产品在前期吸引到大量用户后必须投入更多的资金来保证产品质量，维系用户数量，避免夭折。例如，曾经的诺基亚手机如日中天，可是面对智能手机时代的到来，没有紧跟消费者的步伐，创新乏力，最终走上了破产的道路。对于企业来说，开发一款成功的产品难，但是保证产品能够走更长的路更难，因此，必须从消费者的需求出发，做好产品规划，持续性地吸引消费者的注意力。

第三阶段：成熟期

成熟期是指产品开始大批量生产并稳定地进入市场销售，经过成长期之后，随着购买产品的人数增多，市场需求趋于饱和。一款产品的成熟期是企业盈利的最佳时间，用户相对稳定，产品质量逐渐趋于上乘，企业在这个阶段可以通过该产品获得更大的经济效益。互联网是一个“烧钱”的行业，没有投资人的注资，大多数产品很容易“英年早逝”，因此好的产品必须能给企业带来丰厚的利润。

例如，现在常用的 Facebook、Twitter、YouTube 等，它们抓住了当前用户的消费需求，结合新颖的商业模式，从而拥有了庞大的用户群体。随着社交时代的到来，它们在短短的几年内由产品转化成了平台和工具，成为跨境电商社交工具的主流。

第四阶段：衰退期

衰退期是指产品进入了淘汰阶段。随着科技的发展及消费习惯的改变，产品的销售量和利润会持续下降。产品已经老旧，不能适应市场需求，市场上已经有其他性能更好、价格更低的新产品来满足消费者的需求。没有什么产品是长久不衰的。例如，从互联网发展一开始邮箱便应运而生，十几年过去邮箱早已进入“暮年”，如曾经的雅虎邮箱已经不再被广泛使用，但邮箱也成了互联网上最基础的产品。它的功能已不再局限于收发邮件，我们更多地用邮箱去注册新产品、订阅专栏等，正是这样的发展才使邮箱有了永久的生命。

二、跨境网络营销选品策略

企业是否能够取得市场的成功，首先取决于产品选择的合适与否，而选择合适的产品进行销售是每个企业首先要考虑的问题。若企业为制造企业，则主要考虑企业具有制造优势的产品；若为中间商，则考虑合作最好、最稳定的供应商的产品，同时产品也要符合市场需求。企业在选择产品时一般会考虑以下几个方面的规则，以更加符合市场需求。

（一）选品规则

1. 大数据选品，寻找热销产品

选品的宗旨是从消费者角度出发，而跨境电商平台则提供了许多关于消费者的数据，通过分析挖掘这些数据，去寻找消费者有需求的产品。卖家可以利用平台资讯了解国外市场需求。以敦煌网为例，在卖家频道页面有“行业动态”的栏目，该栏目有关于某行业的详细介绍及热点趋势剖析。除此之外，还可以利用平台自带的搜索功能，分析买家的热门需求和潜在需求。各种数据分析工具也可以帮助卖家挖掘买家的潜在需求。常用的工具有站内数据工具和站外工具。跨境电商平台都会有自带的站内数据工具，如 eBay 的 eBay Plus、亚马逊的四大排行榜、速卖通的数据纵横、Wish 的跨境商户数据分析平台及敦煌网的数据智囊。

2. 利用产品整体概念，开发爆款周边蓝海市场

产品的整体概念包含核心产品、形式产品、期望产品、延伸产品和潜在产品五个层次。建议新卖家研究爆款的期望产品和潜在产品层次，寻找空白，开发新品。使用这种技巧选品首先是要找到爆款，然后对爆款的整体概念做分析，寻找空白。

3. 熟悉跨境电商平台规则，避免选品侵权

各平台关于侵权产品的认定大同小异，卖家常遇到的侵权类型主要分为商标侵权、发明专利侵权、外观专利侵权。卖家要认真检查自己想卖的产品是否侵权。

4. 利用产品组合策略

一个卖家一般不可能只卖一种产品，在选品的时候一定要有产品组合思维，而不是想到什么就卖什么。产品组合策略的运用主要有两种方式：第一种产品组合是确定店铺的引流款和利润款产品。采用这种组合方式需要做好引流款与利润款的关联销售。第二种产品组合是捆绑销售。

（二）选品方法

1. 差评数据分析法

差评数据分析法是指以抓取平台上热卖产品的差评数据为主，找出客户不满意的地方，然后进行产品改良或选择能解决客户痛点的供应商的产品。差评数据分析法侧重于抓取差评数据，同时注重分析产品的好评数据，以分析客户真正的需求点和期望值。

换言之，差评数据分析法既从产品好评中找参考，也从差评中挖掘有用的信息。选择能满足客户痛点的产品，产品自然就更容易获得曝光，销量也能迅速提升。

2. 选品组合分析法

选品组合分析法是指以产品组合思维来选品，即在建立产品线时，规划 20%的核心产品，用以获取高利润；10%的爆款产品，用以获取流量；70%的常态产品，用以互相配合。选品要针对不同的目标客户，不能把所有的产品都选在同一个价格段和品质阶梯，一定的价格段和品质阶梯能产生更多的订单。

3. 谷歌趋势分析法

谷歌趋势分析法是指利用谷歌的数据分析工具，对企业外部的行业信息和内部的经营信息进行分析，并挖掘有价值的信息。

谷歌趋势分析法要看行业的整体数据和变动趋势、行业内各品牌的销售情况、品类的销售和分布、单品的销售数据和价格，也要看行业内至少 3 家核心店铺和主要竞争对手的销售数据（流量、转化率、跳出率、客单价等）。此外，谷歌趋势分析法强调从选品成功和失败的产品中积累经验，循序渐进地成为选品高手。

（三）适合跨境电商销售的产品的特点

（1）体积较小、重量较轻的产品。主要目的是方便物流过程中以快递方式运输，降低物流成本。

（2）利润较高的产品。利润率高的产品足以摊平物流成本，如假发、婚纱。价值低过运费的单件产品不适合在网店零售，适合以批发的形式打包出售，以降低物流成本。

（3）特色产品。只有在外观、性能、材质、功效等方面具有独特的优势，才能够刺激买家的购买欲望，吸引来自世界不同地方的买家的关注。

（4）比线下售价更低的产品。在线交易价格若高于产品在当地的市场价，就很难吸引买家在线下单。

（5）售后返修率较低的产品。在跨境电商领域，因售后问题而导致的退换及返修，不仅会大大增加物流成本及人工成本，而且会降低用户体验，影响国际声誉。

（四）主流跨境电商平台的选品

选品一直是跨境电商谈论最多也是最核心的话题。对于不同平台的选品，最重要的是在了解平台后做选品，同一个产品可以有不同平台营销的方法相互借鉴，精细化选品思维是核心。

1. 亚马逊的选品

亚马逊选品的一个策略就是跟卖选品，其大多数选品是标准化产品，如电子、汽配、家居和运动器材类等，而在跟卖时尤其要注意的是产品侵权问题。确定所选产品是否侵权可以根据要跟卖的产品是否是品牌（或者伪品牌保护）来确认。选定产品之后，剩下的主要工作精力就要放到采购成本分析和国内物流头程计算上来。在确定产品价格时，要一直围绕市场的销售价格区间，不断对这类产品做测试。在产品标题、关键词、页面、图片、本地派送一样的情况下，除去每个跟卖竞争账号绩效表现的不同，主要比较的就是运费的高低。谁的运费低，谁争夺 Buy Box 的实力就强。我们选品的目的就是让产品能够销售出去，这才是选品的核心。

亚马逊选品的另一个策略是自建类选品。自建类选品集中比较多的是已经比较认可的品牌（或者认可的伪品牌）。自建类产品的产品标题、关键词、描述、图片、页面等都为原创，除了账号绩效表现、优质物流和性价比这些因素，选品的核心是这类产品的市场销售容量。自建类产品往往是非标准化和主观性产品，且是高毛利、竞争对手相对少的小众市场产品。

2. 速卖通的选品

速卖通目前主要以直发为主。目前，集中在速卖通的品牌比较多的是时尚类产品和配件以及小家居、运动类产品。所以，卖家做速卖通选品的时候，商品标题、关键词、页面、图片等必须准备好，而且产品的性价比需要比其他平台的表现更加突出。并且，速卖通的主要市场要放到除欧美以外的新兴第三方国家市场。选品可以考虑主要以新兴第三方国家为主，利润核算以小包为主。铺货思路和虚拟商品库存是目前可以帮助卖家快速成长的两种方法，中小卖家都可以很快上手。在人力充足的情况下，无须投入太大的库存资金就可以事半功倍。除此之外，有心的卖家可以按照亚马逊自建 Listing 的思维，做垂直化的产品线，把亚马逊的卖家品牌（伪品牌）思路利用起来，重点利用速卖通的付费流量做自己的品牌店铺。

3. eBay 的选品

针对 eBay 的选品，可以分为“海外仓派系”和“中国直发派系”两种。“海外仓派系”的选品思维其实跟亚马逊的跟卖选品思维类似，不同的是，产品标题、关键词、图片、描述、本地物流选择方式等因卖家自身的不同而不同。同时结合企业账号绩效及 eBay 实操细节，将有很大的改动。接下来就使用类似亚马逊的“跟卖”思维，但是由于实操卖家霸主具有一定的垄断性，好的卖家可以通过站外社交引流。“中国直发派系”的选品思维类似于上面提及的速卖通的选品思维操作。可以说，两个市场是基本完全相同的，不同点就是平台对卖家的考核及平台在受众国家的宣传力度不一样。

4. Wish 的选品

Wish 的关键词和页面是按照亚马逊的模式做的，但是它的标签缺乏灵活性。Wish 在 SKU 属性和匹配方面是按照速卖通的模式做的，当然，在灵活性方面也是欠缺的。在用户界面方面，Wish 选择了移动端的性别、爱好推荐，了解 eBay 的卖家马上会注意到，这个界面其实是 eBay 的“Collections”模式。所以，除去移动端特殊的视角对于页面、整体单品显示的不同细节之外，用速卖通的选品思维做 Wish 基本是吻合的。

当然，以上的分析是针对现有的比较知名且具备流量优势的跨境平台，所以企业在选择跨境平台的时候，还需要参考其自身的选品优势。

三、网络品牌概述

（一）网络品牌的概念与特征

1. 网络品牌的概念

企业品牌在互联网上的存在即网络品牌，它是一个企业、个人或者组织在网络上建立的一切美好产品或者服务在人们心中树立的形象。网络品牌有两个方面的含义：一是通过互联网手段建立起来的品牌，二是互联网对线下既有品牌的影响。两者在品牌建设和推广的方式和侧重点上有所不同，但目标是一致的，都是为了企业整体形象的创建和提升。

在互联网时代，企业不仅要树立传统意义上的品牌形象，更要有自己的网络品牌形象。在互联网领域，品牌是企业进行电商竞争的保证。

2. 网络品牌的特征

相对于传统意义上的企业品牌，网络品牌具有下列特征。

（1）网络品牌的价值只有通过网络用户才能表现出来。网络品牌的价值也就意味着企业与互联网用户之间建立的和谐关系。网络品牌是建立用户忠诚的一种手段，因此，对于维护消费者关系有效的网络营销方法对网络品牌打造同样是有效的。例如，集中了相同品牌爱好者的网络社区，在一些大型企业如化妆品、保健品、汽车行业、航空公司等比较常见；网站的电子刊物、会员通信等也是创建网络品牌的有效方法。

（2）网络品牌体现了为网络用户提供的产品和服务。谷歌是最成功的网络品牌之一。当我们想到谷歌这个品牌时，头脑中的印象不仅是那个非常简单的网站界面，更主要的是它在搜索方面的优异表现——谷歌可以给我们带来满意的搜索效果。可见，有价值的信息和服务才是网络品牌的核心内容。

（3）网络品牌是网络营销效果的综合表现。网络营销的各个环节都与网络品牌有直接或间接的关系，因此，可以认为网络品牌建设和维护存在于网络营销的各个环节。从网站策划、网站建设，到网站推广、消费者关系和在线销售，无不与网络品牌相关。网络品牌是网络营销综合效果的体现，如网络广告策略、搜索引擎营销、供求信息发布、各种网络营销方法等均对网络品牌产生影响。

（4）网络品牌的营销呈现个性化。网络品牌营销是理性的、消费者主导的、非强迫性的、循序渐进式的，而且是一种低成本与人性化的营销，能够避免推销员强势推销的干扰，并通过信息提供与交互式交谈与消费者建立长期良好的关系。

（5）网络品牌建设是一个长期的过程。与网站推广、信息发布、在线调研等网络营销活动不同，网络品牌建设不是通过一次活动就可以完成的，不能指望收到立竿见影的效果。从这个角度也可以说明，网络营销是一项长期的营销策略，对网络营销效果的评价用一些短期目标不能全面衡量。

（二）网络品牌的塑造

1．网络品牌定位

网络品牌定位的主要工作是定位网络品牌的目标客户群和定位网络品牌的利益或价值。通过分析企业的产品或服务的目标客户群与网络用户的关联，找出企业网络商务主要面向的网络用户，即网络目标客户群范围，这也是品牌塑造过程的第一步。例如，Wish平台致力于提供移动终端购物，阿里巴巴是“全球最大的网上贸易市场”。一个有明确定位的网络品牌，能够让接触它的网络用户很快了解它能够带给他们的利益。这不仅能够节省用户的时间，也有助于用户深入了解品牌及品牌所提供的服务。

2．了解目标客户群

在线和离线环境都要求深入了解客户行为，通过收集网络客户的在线点击流数据等可以得到大量信息，不过，这些信息还不足以推断影响其消费选择和体验的态度、人际和情感因素。实际上，在一个环境中创建品牌的企业仍然需要知道其他环境中消费者的行为。因此，传统和网络市场研究的结合通常是必要的。

3．了解竞争状况

如果需要向目标客户提供卓越价值的话，竞争环境分析也是十分关键的。网络世界竞争的激烈程度是常人难以想象的。常见的是，企业制订一个清晰的业务计划，其目的只是引诱竞争对手在其产品投放市场前出现。因此，了解现存和潜在的竞争对手并对其进行研究是十分关键的。必须在在线和离线两个环境下对竞争对手进行评估。在线环境有两个方面是与众不同的。一方面，它的竞争强度不同于离线环境，这里特别指出的是行业内和行业之间的新竞争对手的数量。另一方面，由于网络信息源站点的增多，在线环境中对竞争对手的分析将更加容易。成功的企业非常注重对其竞争对手的了解。

耐克时常利用角色模仿来激发创造性思维，它要求自己的营销经理扮演主要竞争对手的角色，并制定某一产品领域内击败自己的策略，通过这种方法使其营销策略对竞争性行为更具抵抗力。这种策略有助于跳出思维定式并将营销团队的注意力集中到竞争上来。通用电气对其经理们开展了名为“destroy your business”的演习，该策略迫使经理们思考“面对新环境下的竞争对手，何处是自己最致命的弱点”。

4．设计引人注目的品牌意向

品牌意向是指品牌想要传递给客户的价值簇。企业需要明确的是品牌如何从客户视角来进行诠释。其意向应该既清晰、容易理解，又引人注目、产生积极的品牌关联。

斯坦福大学的博士Larry Pages和Sergy Brin于1998年开发了一种旨在在网络上找到信

息的新技术，并创立了“搜索引擎谷歌”。其品牌意向很简单：“谷歌帮助客户快速而有效地找到其搜索的信息。”这个品牌意向也很引人注目，因为它传播了搜索引擎领域根本的利益。与谷歌相关的任何业务都有简洁、易于使用和高性能的特点。

尽管品牌意向在在线和离线环境中都很重要，但是在线环境对品牌个性化具有更大的机会。一般来说，在离线环境下品牌意向倾向于聚焦细分，而在线品牌可更个性化。例如，谷歌可被用于三个不同层面：第一个层面是一般性搜索，其中客户只是简单地键入一个搜索术语；第二个层面是在如艺术、运动、商务和健康等特定兴趣领域更专门化的检索；第三个层面是谷歌客户可设定在语言、检索结果格式和内容过滤等方面的个性化偏好。

5. 识别客户体验中的关键点

网络应用的日益频繁化和多样化，使得网络用户对网上体验的要求也越来越高。一个卓越的网络品牌，应时刻注意在第一时间给它的目标客户群最完美的网上体验。这就要求企业从品牌意向的战略概念前进一步到能触动客户的营销手段（产品的价格、客户界面、在线和离线的传播整合等）的战术概念。其目标是以最有效的方式实现品牌意向，传递给消费者，从而引发购买行为。例如，可口可乐公司与腾讯在线宣布结成战略合作伙伴。可口可乐公司将借助腾讯最新推出的 3D QQ 秀网络虚拟形象，全面升级其 iCoke 互动社区为中国首个运用 3D 形象的在线社区，为年轻消费者提供革命性的互动沟通新体验。

6. 实施品牌塑造战略

实施品牌塑造战略，首先要有一个精准的定位，以提升官网的品牌形象、传递品牌的核心价值。在官网的策划和设计上，要下功夫、量身定做，切忌图省事和省钱套用模板；要体现企业的文化与个性，令人印象深刻。官网要实时更新、定期改版，要充满生命力，时时保持内容和信息的鲜活。同时，官网要始终提供高质量和有价值的内容、信息，切忌东拼西凑，滥竽充数，自欺欺人。不滥做搜索引擎优化，不做站群优化。持续监测互联网舆情，及时处理和消除有损企业和品牌形象的负面信息。不滥做各种 B2B 电商平台的产品信息推广。随着阿里巴巴、慧聪网、敦煌网等许多 B2B 电商平台的兴起，一些企业为了让产品信息尽可能曝光和扩散，无选择地占据这些 B2B 平台，不断地重复发布各种信息，从而降低了用户对品牌的喜爱度。因此，有策略地做产品信息推广，让自己的品牌和有价值的信息在一个干净清爽的网络环境下生存和传播，减少信息干扰和污染，是非常重要的。

7. 建立反馈系统

品牌塑造策略很少能丝毫不差地按计划精确实施。市场传播有时有意想不到的效果，竞争对手的响应也可能与原先预料的不同，如增加其广告预算、改变其广告策略或降低价格等。例如，新的竞争对手可能进入市场，老的竞争对手也可能退出市场；经济可能戏剧般地改善或衰退。基于诸如此类的多种原因，设置常规的反馈系统是十分必要的。

（三）网络品牌策略

企业在对自身业务、总体战略和目标客户群进行分析和考量之后，确定在当前阶段网络经营在企业整体经营战略中的位置，并以此为依据，定制符合企业总体战略的网络品牌策略。

1. 网络品牌命名策略

品牌命名是创立品牌的第一步，选择一个网络品牌名称对于竞争优势至关重要。有研究认为，好的品牌名称反映了目标市场的特征，并且创立了独特和难忘的产品形象。重要的一点是，品牌名称要易于理解、发音和拼写，并且要进行消费者测试以确定品牌名称选择是否合适。品牌名称是一个长期投资，因此，品牌命名的评价过程也必须相当严格。

在跨境电商领域，亚马逊被看作电子商务的经典代表，其品牌以世界上最大河流之一的亚马逊命名，以其流域宽广来寓意公司的业务前景，气势宏大。Google 将其中文品牌名定为“谷歌”。“谷歌，是播种与期待之歌，亦是收获与欢愉之歌。以谷为歌，象征着收获的喜悦，也表达了一种勤恳求实的态度，以及对返璞归真的向往。它同时想传达出中国人对幸运、吉祥的企盼。”这是谷歌中国区总裁李开复博士的解释。那么在中国用户眼中，谷歌又有怎样的品牌形象呢？一提到谷歌，大家首先想到的是世界顶尖搜索引擎、不断追求完美、具有无限创造力、发展潜力的代表等。“谷歌”，是丰收后的喜悦，是一种大气和自信的气质。因此，“谷歌”这个名字不仅显示了对于中国传统以农为本的社会的亲和力，而且显示了该品牌自身的特色。目前，互联网的服务商越来越认识到创立一个品牌是获得利益的关键，而一个知名品牌的价值无疑是巨大的。

2. 网络品牌视觉形象策略

一个网络品牌不仅要有一个响亮的品牌名称，还要有亮丽的视觉形象（品牌标识）。品牌的视觉形象对于企业形象以至于品牌资产作用非凡。好的标识依赖于企业目标，最佳的标识是那些可辨认且富有意义的，并且能使消费者产生积极的感受。能够高度识别的标识多为难以忘记的，因为它们在某些方面是具有独特性的。

网络品牌的视觉形象包括了传统品牌的标志设计和专用造型，以及独特的主页设计风格。网络品牌的标志设计不但使用了强烈的色彩对比，还广泛应用了多媒体技术。例如，三维技术、动画技术使品牌的视觉形象在表现空间上更加广阔，传播手段也更为有力。主页的设计风格也是网络品牌的一种体现。有些网站的标志设计比较简单，但是其网页设计有独特风格，使访问者印象十分深刻，这也起到了强化品牌的效果。另外，在设计技巧上，网络品牌带有强烈的数字时代特征。体现数字时代精神的快节奏使网络品牌标志的风格简练、视觉冲击强烈，也使信息传递效率成倍提高。

如图 2-29 所示为多个著名的网络品牌标识，这些网络品牌都是有差异的，这种差异不仅体现在其品牌名称上，而且体现在其颜色、字体大小和字形等设计方面。

图 2-29　著名网络品牌标识

3．网络品牌立体化策略

在传统领域，实行多品牌战略是现代企业进行市场竞争的重要手段。面对消费者不断变化的需求，企业不得不尽量使自己的产品和服务诉求多样化，因此实行多品牌策略是必然的选择。

把品牌引向三维立体空间的是多媒体技术。社会的进步把人们推进到体验时代，以消费者体验来提高产品和服务需求是一种有效的方法；音乐和音效是发展和革新企业识别和品牌识别计划的一部分，它们已经成为体验时代中全球性的语言，在与消费者的联系和沟通中发挥着积极的作用。英特尔公司专门为“奔腾”产品设计了一个音响品牌，授权使用“奔腾”CPU 的计算机厂商可以在其电视广告中使用。当我们在观看联想、金长城等广告时，随着“Intel Inside”标志的出现，耳边就会响起那段熟悉的旋律。多媒体技术的发展，使品牌在表现上不再局限于平面，过程性品牌形象开始被广泛应用。例如，电视广告中出现了活动型的品牌标志，其构成在屏幕上进行了分解，最终合而为一，形成特别的视觉效果。品牌的这种现象实际上使品牌在纵向和横向扩展之后形成了立体化。在互联网上，过程性品牌是相当普遍的。例如，搜狐的主页上就有一只红狐，不停地在摆动着尾巴；Netscape（网景）则用色彩明暗的变化来反映；还有网站以一只小鸡出壳的过程作为其网上品牌使用。

4．网络品牌兼并策略

网络市场竞争激烈，企业为了抢占市场份额，按照常规的市场扩张手段无疑速度缓慢。最直接的方法就是兼并其他公司，把对方的市场份额直接纳入自己的范围，同时减少了竞争对手。通过同行业之间的并购，网络公司可以迅速获得自己发展需要的技术、产品，或者某一个新的市场领域，从而拥有一个新的业务范围。互联网公司的兼并实质上是一场品牌的兼并。通过兼并，品牌进行了重新组合。由于品牌的背后是可观的客户群，被兼并的品牌很少被雪藏，而是继续发挥着作用，形成品牌群体。品牌兼并实质上是一场市场争夺战。在未来的互联网领域，谁拥有强有力的品牌，谁将获得市场份额，并保持长久的竞争优势，立于不败之地。

5．网络品牌变更策略

在市场环境中，由于各种原因，品牌经常会发生变更。造成变更的原因大致有如下几种。

（1）品牌经营不善，无法继续生存，不得不放弃原有品牌。每年市场上会出现数以万计的新品牌，但是激烈的竞争使其中的绝大部分中途夭折，只有一小部分才能生存下来，品牌的平均寿命只有几个月。当品牌显露疲态，经营者最明智的决策就是终止品牌的经营而变更新形象。

（2）要拓展新的经营领域，原有的品牌由于形象定位方面的原因而不适宜未来的发展，必须选择新的品牌。

（3）由于企业兼并等原因而变更。在企业发生兼并、市场进行重组时，原有品牌的市场价值也发生了变化，代之以新品牌或者会被兼并者的品牌取而代之。

（4）为了适应消费者不断变化的需求而需要不断地更新形象。原有的品牌常常会被经营者更换，较多情况下是因为想要改变品牌形象，如视觉的表现方式，但是当消费者由于时代的变迁而在行为方面发生了较大变化时，完全改变品牌就是大势所趋了。互联网的服务竞争使得网络服务商改变网站内容非常频繁，有的是改变形象的“改版”，而有的是完全改变的“改版”——连同网址一并更换。我国第一家自主研发的搜索引擎“搜狐”，最初的域名品牌为爱特信 www.itc.com，接着改名为 www.sohoo.com.cn，不久又以一个更加简洁的顶级域名 www.sohu.com 取而代之。显然，为了使自己的公司能够在网络中占有主要位置，对品牌做必要的调整是十分有必要的。有网站在一再更名后由于原有的域名依旧保留，就形成了多个镜像站点，使用任意一个域名都能进入同一个网站，这样企业也就拥有了多个网上品牌。

6．网络品牌合作策略

在互联网领域，为了取得竞争优势，和其他网站进行战略性合作的做法相当流行。几家合作网站可以共享品牌，原先的客户可以自然地进入合作网站进行访问，品牌知名度可以快速地扩张。战略合作使竞争对手明显减少，合作各方可以共享市场，有利于业务的发展。1999 年 3 月，美国在线和 eBay 宣布签署了一份为期 4 年的战略性联盟协议，旨在扩大美国在线下属互联网资产上的个人交易，并加大社区建设力度。同年 8 月，两家企业又发布了一个使用共同品牌的网站，使美国在线拥有的 1 900 多万用户能够更方便地进入 eBay 的拍卖市场。美国在线交互式营销部总裁 MyerBerlow 在一份声明中表示“通过这些新成立的共同品牌网站，AOL、CompuServe、ICQ 和 DigitalCity 的用户将可以更容易地进入电脑空间中规模最大的直接交易社区”。美国在线的用户已经开始享受 AOL-eBay 共同品牌网站所带来的便利。

7. 网络品牌形象一致性策略

网络营销时代，为适应二维空间的经营需要，企业的品牌系统将由在线品牌系统和离线品牌系统构成，二者相互联系，相互促进，相互制约，形成一个统一的、不可分割的有机整体。需要注意的是，企业的品牌效应不是二维空间品牌系统的简单相加，而是通过二维品牌的有机整合，获得最优化的品牌效应。企业的经营活动就是要追求这种效应的最大化。拥有网络虚拟空间的企业需要协调其在线及离线的经营行动，以充分发挥线下和线上渠道各自的优势，以实现最好的经营效益。

8. 网络品牌传播策略

网络品牌可以在网上进行传播，也可以开展离线宣传。品牌拥有者可使用多种手段来保证自己的品牌最大可能地扩大影响，以建立品牌知名度。现在，一流的大公司已经习惯在离线广告上标出自己的网址，以“www.xxx.com”形式出现的网络品牌已经成为当今商业社会身份的象征。进行品牌网上传播可以有很多方法，在搜索引擎登录是最基本的，也可以在各个论坛及 BBS 上发布自己网站的消息。新闻组注册杂志一直是信息传播的重要媒体之一。广告交换也是目前普遍采用的一种推广站点的方法。许多网站提供了 1：1 的广告交换系统的登录功能，友情链接登录网络是人与人交流的新渠道。

案例解析

独立站如何选品及做好营销

在数据为王的电商大时代，对于许多跨境电商卖家来说，谁能更深层次地挖掘数据信息，并做出精准的数据分析，谁就能在跨境电商领域脱颖而出，遥遥领先。

根据 eMarketer 2016 年的数据报告显示，谷歌面向全球市场的销售额：美国为 5 950 亿美元，增速为 12%；英国为 1 740 亿美元，增速为 11%；而巴西、阿联酋，尽管体量没有达到欧美的程度，但是其增速都保持在 20%以上。

据了解，在全球零售电商市场中，美国、中国和日本居前三。其中，中国本土市场像天猫与京东就占将近 70%的市场份额，尽管剩下的部分并不多，但也给独立站留下了些许的空间。此外，以美国市场为例，除去亚马逊，还有一半以上的市场份额，这给独立站留下了巨大的空间。再如，享誉日本的电商平台有乐天、亚马逊和雅虎，它们所占的市场份额之和也仅有 30%。可想而知，海外市场独立站的销售空间仍然非常大。

为什么要做独立站？独立站的商机又该从何去找？独立站和平台是一个二选一的巨大难题。首先，大卖家的流量垄断，站内付费的流量价格异常昂贵；其次，产品同质化的现象严重，难以建立品牌获取溢价；再次，跟卖现象严重，价格战也日趋激烈；最后，平台的政策风险难以把控，可谓主流平台“城墙高筑”。

针对平台中小卖家所提出的行业痛点，来自谷歌大中华区重点客户部的钟艺卉表示，独立站和平台并非一个二选一的选项，如果能够将二者灵活地结合，还能起到将“独奏”

变成“合奏”的理想效果。她说：“如果起步独立站，最重要的就是要做好基本功，成长期在平台就可打开多方渠道，拓宽销售。但如果起步是平台的话，面对激烈的竞争、流量红海，就可以优先布局独立站，谋求新的出路。”

什么样的产品适合独立站呢？这需要从两个维度来考虑，第一个维度是购买的频次，第二个维度是毛利，简言之就是流量和运营成本两个最简单的概念。她举例补充道，服装、鞋帽、配饰等产品非常适合独立站，它们是高毛利且高复购的品类，这就与婚纱、礼服、假发、家具、园艺类等产品形成了鲜明的对比，这些尽管利润较高，但复购频次非常低。

独立站并不是一成不变的，跨境中小卖家们也可以通过大数据分析、导流来获取更多的用户。除此之外，独立站也可利用品牌优势去运营。所以从某些角度来看，其实独立站并没有仅适合某些品类，大部分品类都适合独立站运营的策略。

当然，在独立站除了罗列产品类目以外，还可以灵活地整合周边的产品。例如，“Vacation Shop”（旅行购物）这个品类可以带动周边产品的销售，包括帽子、防晒霜、首饰等产品。通过这些类目的设计，可以实现客户销售最大化。

众所周知，谷歌是以搜索引擎起家的，目前有 7 款核心产品，覆盖超过 10 亿互联网的用户，有多达 200 万家合作网站。这些网站包括新闻类、资讯类以及行业类的网站。除此之外，谷歌搜索上面每天还会有超过 35 亿次的用户搜索，除以互联网的用户就相当于每人每天至少搜索一次。

基于消费者购买前的路径来看，美国消费者在真正购买产品前，首先会参考 10 个以上的来源信息。他们极其谨慎和细致。并且，他们还会查阅自己的邮件以了解是否有促销的信息，之后才会进行一系列购买的动作。正是因为消费者购买的行为和路径寓意的复杂性，要求我们在不同的购买路径上进行有针对性的互动。此外，针对核心产品，购买前的互动既有搜索也有视频。

数据研究显示，96%的用户未完成转化便离开了网站；70%的用户放弃了购物车中的商品，最终并未购买；49%的用户在购买之前一般要访问 2~4 个网站。由此可知，再营销的重要性不容忽视。及时与用户进行沟通，从而影响他们的购买行为是十分重要的。

分析：相对第三方平台而言，独立站的优势主要体现在以下几方面。

第一，塑造企业品牌。通过独立站域名或 App，可以不断累积企业品牌，既可以提升产品的消费者信赖度，又可以为品牌赋能做好铺垫（就像京东从自营开始，做开放平台后，其品牌优势可以赋能于入驻的品牌商）。

第二，实现数据安全和增值。将数据 100%留存在自己手里，实现数据安全和增值。目前，第三方平台只开放了部分数据，并且很多核心的用户数据不对卖家开放。但是在独立站，所有数据都属于企业。企业除了对数据的安全性有掌控之外，还可以实现数据的二次开发，源源不断地挖掘数据价值。

第三，避免规则制约。自主权高，避免规则制约。由于平台是自营，灵活性非常高，不必担心平台规则的变动会影响运营，同时可以通过产品设计，提高产品的溢价空间。

第四，降低成本。交易佣金成本低，减少了向第三方平台缴纳的交易佣金或年费，同时在支付端的服务费用也相对低廉。

此外，独立站的产品选择需要从两个维度来考虑，即流量和运营成本。从环球易购、Shein、棒谷等几家独立站做得比较好的公司来看，它们基本都是做服装、电子的垂直平台。一方面，这些产品属于高频购买产品，如电子产品属于低毛利、标品类，服装属于高毛利、非标品类；另一方面，它们均以垂直的类目作为主打，避免品类的分散，便于供应链管理。

习题演练

一、填空题

1．网络产品的层次包括（　　）、（　　）、（　　）、（　　）、（　　）。

2．网络产品按照性质不同可分为（　　）、（　　）。

3．网络产品的生命周期有（　　）、（　　）、（　　）、（　　）四个阶段。

4．产品组合策略有（　　）、（　　）。

5．跨境网络选品方法有（　　）、（　　）、（　　）。

二、简答题

1．网络产品的特点有哪些？

2．请举例分析网络产品的层次和分类。

3．打造网络品牌的策略有哪些？

4．跨境网络选品的思路是什么？

实践操作

实践任务一

收集速卖通平台上的一级、二级品类，将其翻译成中文，并填入表 2-11 中。

表 2-11　速卖通平台品类

一级品类					
二级品类					

实践任务二

图 2-30 至图 2-32 为“数据纵横”的数据图，请根据图的内容进行一定的解析。

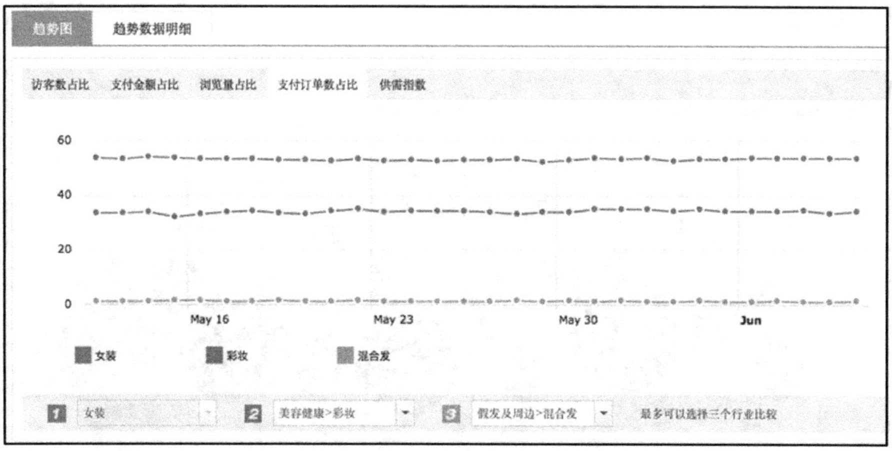

图 2-30　数据纵横——趋势图

解析：____

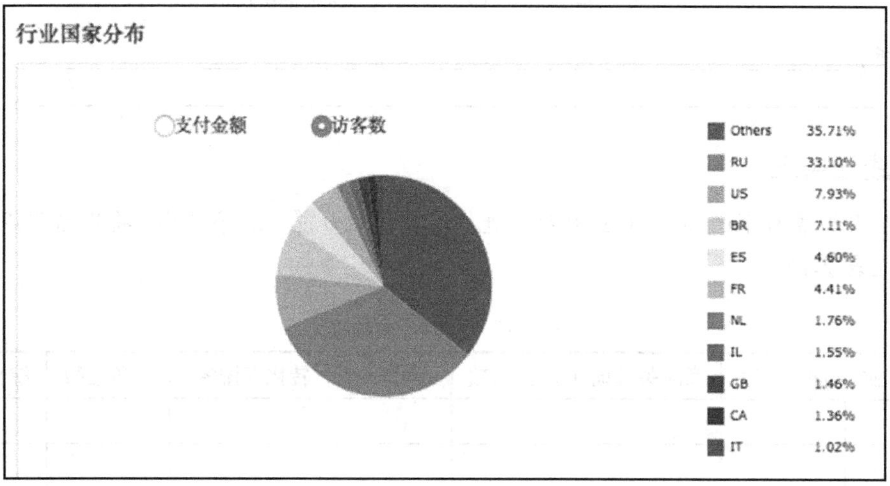

图 2-31　数据纵横——行业国家分布

解析：____

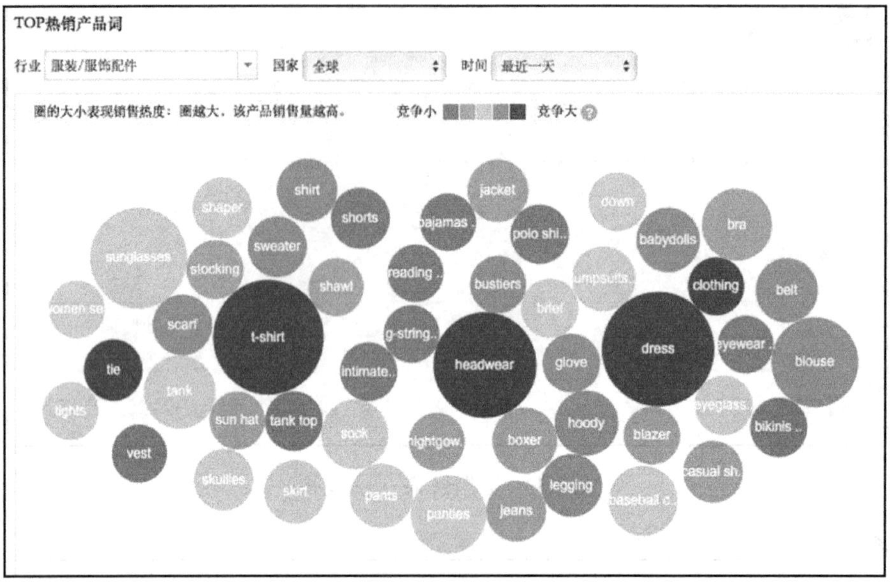

图 2-32　数据纵横——TOP 热销产品词

解析：____

____

实践任务三

下载女鞋类目下的 30 天行业数据，进行综合指数计算、降序排序，将排名前五的产品词记录在表 2-12 中。

表 2-12　女鞋行业数据

行　　业	国　　家	商品关键词	成交指数	浏览—支付转化率排名	竞争指数	综合指数

子情景三　市场定价分析

学习目标

知识目标

- 熟悉跨境网络产品价格的构成要素。
- 熟悉速卖通等平台的交易手续费。

- 熟悉跨境网络产品的定价方法。
- 熟悉跨境网络产品的定价策略。

能力目标

- 能够对跨境网络产品进行成本分析。
- 能够计算跨境网络产品销售的成本及费用。
- 能够运用不同的定价方法进行产品定价。
- 能够根据不同的营销策略、店铺定位进行产品定价。

素质目标

- 具有细心、耐心的工作品质。
- 具有灵活变通的处事能力。
- 具有较强的团队合作能力。

项目背景

小丽通过前段时间的跨境市场调研及跨境市场选品分析，大致掌握了海内外市场概况、消费者的购买习惯及跨境产品选择，接下来小丽需要进一步了解产品定价方面的知识。产品定价对于跨境电商运营来说是至关重要的。不同的产品定价方式有着不同的作用与效果，但都有同样的目的，就是希望这个定价产品能够获得或者带给其他产品的好的销量，并且获取相应的利润。产品定价不仅影响产品销售，还影响店铺定位和店铺营销方式。

公司要上传一款女式毛衣开衫（见图 2-33），吴经理让小丽计算销售过程中将会产生的成本；然后，根据速卖通平台同类产品的定价，结合预期利润，来确定女式毛衣开衫的售价。此外，此款女式毛衣开衫准备参加即将到来的“双十一”大促，小丽需要重新确认一下女式毛衣开衫的售价。

图 2-33　准备上架的女式毛衣开衫

任务实施

任务一：计算销售过程中将会产生的成本

步骤一：计算产品购买成本

所售女式毛衣开衫是从供货厂家直接批量购买的，其采购成本为 72 元人民币/件。

步骤二：计算产品运费

在跨境电商交易中，国际运费是成本构成中非常重要的一个部分。卖家在速卖通平台上可以根据产品特点、销售策略、成本控制、物流时效成本、买家需求等因素，选择邮政物流、专线物流或时效快的商业快递（见表 2-13）。小丽所需上架的女式毛衣开衫重量为 0.7kg，采用的快递是时效性和费用适中的 e 邮宝。产品主要销售区域为欧洲、俄罗斯、美国等地区，表 2-14 给出了 e 邮宝的邮费报价。小丽可以根据运费表格估算女式毛衣开衫的运费。货代提供的运费折扣为 6 折。以美国为例，运费为 0.7×80×0.6+10=43.6（元），可得运费大约为 44 元。

表 2-13　速卖通平台各物流方式的比较

<table>
<tr><th>分类</th><th>国际物流方式
（中文名称/英文名称）</th><th>参考价格
（元，以 0.5kg 到美国为例）</th><th>价格计算规则</th><th>运输时效</th><th>优劣势</th></tr>
<tr><td rowspan="6">邮政物流</td><td>EMS</td><td>85</td><td>首重 0.5kg，续重 0.5kg</td><td>10~20 天</td><td>优势：时效快、海关通关能力强
劣势：价格较贵</td></tr>
<tr><td>e 邮宝/ePacket</td><td>47</td><td>按 g 计重，包裹限重 2kg</td><td>7~20 天</td><td>优势：价格便宜、时效较快、海关通关能力强
劣势：仅限 2kg 以下包裹</td></tr>
<tr><td>中国邮政小包/China Post Air Mail</td><td>53.3</td><td rowspan="4">按 g 计重，包裹限重 2kg</td><td rowspan="4">20~50 天</td><td rowspan="4">优势：价格便宜、海关通关能力强
劣势：时效慢</td></tr>
<tr><td>香港邮政小包/Hong Kong Post Air Mail</td><td>64.5</td></tr>
<tr><td>新加坡邮政小包/Singapore Post Air Mail</td><td>54.5</td></tr>
<tr><td>瑞典邮政小包/Sweden Post Air Mail</td><td>59</td></tr>
</table>

续表

分类	国际物流方式（中文名称/英文名称）	参考价格（元，以0.5kg到美国为例）	价格计算规则	运输时效	优劣势
邮政物流	瑞士邮政小包/Swiss Post Air Mail	60.5	按g计重，包裹限重2kg	20~50天	优势：价格便宜、海关通关能力强 劣势：时效慢
	中国邮政大包/China Post Air Parcel	166.5	首重1kg，续重1kg		优势：海关通关能力强、没有重量限制、适合大件 劣势：时效慢、价格较贵
	香港邮政大包/Hong Kong Post Air Parcel	155			
专线物流	中俄航空/Rustona 或 Russian Air（仅俄罗斯）	50.5	按g计重，包裹限重2kg	15~25天	优势：价格便宜、时效快 劣势：只能发往指定区域
	航空专线—燕文/Special Line-YW(仅俄罗斯、南美)	50.5			
商业快递	中外运敦豪/DHL	120	首重0.5kg，续重0.5kg	3~7天	优势：时效快 劣势：价格贵，需要计算体积重
	联邦快递优先服务/FedEx IP	145			
	联邦快递经济服务/FedEx IE	128			
	UPS 全球快捷/UPS Expedited	90			
	UPS 全球速快/UPS Express Saver	108			
	TNT	280			

表2-14　速卖通平台e邮宝运费报价

国家（地区）列表			起重（克）	重量资费[元（RMB）/KG] 注：按g计重，以色列限重3kg，其他国家限重2kg	操作处理费[元（RMB）/包裹]
Australia	AU	澳大利亚	1	60	19
Austria	AT	奥地利	1	60	25
Belgium	BE	比利时	1	60	25
Brazil	BR	巴西	50	80	25
Canada	CA	加拿大	1	70	19
Denmark	DK	丹麦	1	60	25

续表

国家（地区）列表			起重（克）	重量资费[元（RMB）/KG] 注：按 g 计重，以色列限重 3kg，其他国家限重 2kg	操作处理费 [元（RMB）/包裹]
Finland	FI	芬兰	1	65	25
France	FR	法国	1	60	19
Germany	DE	德国	1	60	19
Greece	GR	希腊	1	60	25
Hong Kong	HK	香港特别行政区	1	30	17
HunGary	HU	匈牙利	1	60	25
Ireland	IE	爱尔兰	1	65	25
Israel	IL	以色列	1	60	17
Italy	IT	意大利	1	60	25
Japan	JP	日本	50	40	12
Korea	KR	韩国	1	40	25
Luxembourg	LU	卢森堡	1	60	25
Malaysia	MY	马来西亚	1	40	25
Mexico	MX	墨西哥	1	85	25
Netherlands	NL	荷兰	1	60	25
New Zealand	NZ	新西兰	50	70	9
Norway	NO	挪威	1	65	19
Poland	PL	波兰	1	60	25
Portugal	PT	葡萄牙	1	65	25
Russian Federation	RU	俄罗斯	50	92	8
Saudi Arabia	SA	沙特阿拉伯	1	50	26
Singapore	SG	新加坡	1	40	25
Spain	ES	西班牙	1	60	14
Sweden	SE	瑞典	1	60	19
Switzerland	CH	瑞士	1	60	25
Turkey	TR	土耳其	1	60	25
Ukraine	UA	乌克兰	10	75	8
United Kingdom	UK	英国	1	65	17
United States	US	美国	50	80	10
Vietnam	VN	越南	1	60	12

步骤三：计算平台交易佣金

卖家就享受的发布信息技术服务需要按照其订单销售额的一定百分比缴纳佣金。速卖通各类目交易佣金标准不同，各类目佣金比例如表 2-15 所示。由表 2-15 可知，小丽销售的女装类目会收取订单成交总金额（包括产品金额和运费）的 8%为手续费，所以小丽在计算成本的时候需要考虑这 8%的佣金。

表 2-15　速卖通平台各产品类目佣金

类　目		佣金比例
Special Category		8%
Home Appliances		5%
Office & School Supplies		8%
Beauty & Health		8%
Phones & Telecommunications	Mobile Phones	5%
	Mobile Phone LCDs	5%
	其他类目	8%
Tools	Garden Tools	5%
	Measurement & Analysis Instruments	5%
	Power Tools	5%
	Tool Sets	5%
	其他类目	8%
Furniture		5%
Apparel Accessories		8%
Computer & Office	Office Electronics	5%
	Tablets	5%
	External Storage	5%
	Computer Peripherals	5%
	Computer Components	5%
	Memory Cards & Accessories	5%
	Networking	5%
	Computer Cables & Connectors	5%
	Mini PC	5%
	Laptops	5%
	Demo Board	5%
	Industrial Computer & Accessories	5%
	Servers	5%

续表

类目		佣金比例
Computer & Office	Desktops	5%
	KVM Switches	5%
	Computer Cleaners	5%
	Software	5%
	DIY Computer	5%
	Workstations	5%
	LCD Hinges	5%
	Laptop Adapter	5%
	Laptop Batteries	5%
	Laptop Cooling Pads	5%
	Laptop Docking Stations	5%
	Laptop LCD Inverter	5%
	Laptop LCD Screen	5%
	Laptop lock	5%
	Replacement Keyboards	5%
	Kids Tablet	5%
	Tablet LCDs & Panels	5%
	Tablet PC Stands	5%
	Tablets Batteries & Backup Power	5%
	Internal Storage	5%
	Demo Board Accessories	5%
	其他类目	8%
Sports & Entertainment	Sneakers	5%
	其他类目	8%
Women's Clothing		8%
Weddings & Events		5%
Hair Extensions & Wigs		10%
Underwear		8%
Apparel & Accessories		8%
Security & Protection		5%
Automobiles & Motorcycles	Engine Oil	5%
	Tires	5%
	Motorcycle Engine Oil	5%

续表

类　目		佣金比例
Automobiles & Motorcycles	Motorcycle Tires & Wheels	5%
	其他类目	8%
Shoes		5%
Electronic Components & Supplies		8%
Men's Clothing		8%
Consumer Electronics	Portable Audio & Video	5%
	Camera & Photo	5%
	Accessories & Parts	5%
	Home Audio & Video Equipments	5%
	Smart Electronics	5%
	Games & Accessories	5%
	DIY Parts	5%
	Power Source	5%
	Portable HiFi	5%
	其他类目	8%
Mother & Kids		8%
Luggage & Bags		8%
Lights & Lighting		8%
Watches		8%
Toys & Hobbies		8%
Home Improvement	Hardware	5%
	Bathroom Fixture	5%
	Kitchen Fixture	5%
	其他类目	8%
Jewelry & Accessories	Fine Jewelry	5%
	其他类目	8%
Novelty & Special Use		8%
Home & Garden		8%

步骤四：计算平台技术服务费

这部分费用一般是固定的，所以在计算产品成本的时候，可不将其算在内（注：本案例中不计算在内），但这笔费用也是店铺运营成本的一部分。速卖通平台有八大经营范围，每个经营范围内设有不同的经营大类，每个卖家账号只能选取一个经营范围，但是可以在这个经营范围内选取不同的产品大类。速卖通会根据卖家的年销量金额返还部分或全部年费。速卖通部分类目技术服务费年费如表 2-16 所示。

表 2-16　2018 年度速卖通部分类目技术服务费年费

单店经营范围	经营大类	技术服务费年费（元人民币）	主营类目	返 50%年费对应年销售额（美元）	返 100%年费对应年销售额（美元）
服装服饰	服装服饰	10 000	Apparel Accessories（服饰配件）	15 000	45 000
			Women’s Clothing（女装/女士精品）		
			Men’s Clothing（男装）		
			Novelty &Special Use（新奇特特殊服装）		
			Costumes & Accessories（扮演服饰及配件）		
			World Apparel（世界民族服装）		
			Tailor-made Suits（定制西装）		
			Prescription Glasses（配镜）		
箱包鞋类	箱包鞋类	10 000	Luggage & Bags（箱包皮具/热销女包/男包）	12 000	35 000
			Shoes（男女鞋）		
精品珠宝	精品珠宝	10 000	Fine Jewelry（精品珠宝）	不考核	不考核
珠宝饰品及配件	珠宝饰品及配件	10 000	Fashion Jewelry（珠宝饰品及配件）同时开通以下类目权限：Watches<Women’s Watches<Digital Wristwatches, Watches <Women’s Watches <Mechanical Wristwatches, Watches<Women’s Watches <Quartz Wristwatches	10 000	30 000
手表	手表	10 000	Watches（手表）同时开通以下类目权限：Jewelry & Accessories<Fashion Jewelry< Bangles, Jewelry & Accessories< Fashion Jewelry< Bracelets, Jewelry & Accessories < Fashion Jewelry< Charms	18 000	55 000
婚纱礼服	婚纱礼服	10 000	Special Occasion Dresses（特殊场合服装）（仅平台定向邀约）	25 000	50 000
			Wedding Dresses（婚纱）（仅平台定向邀约）		
			Wedding Accessories（婚庆配饰）		
			Wedding Party Dress（婚宴礼服）		
美容美发	护肤品	10 000	Skin Care（护肤品）	15 000	30 000
	美容健康	10 000	Beauty & Health［美容健康（除护肤品、健康保健）］	18 000	53 000

任务二：确定产品的售价

步骤一：通过速卖通后台数据纵横的搜索词分析，分析女式毛衣开衫的热搜词

登录速卖通卖家后台，打开数据纵横的“搜索词分析”，查看服装/服饰配件行业下女装类目中毛衣的热搜词，如图 2-34 所示。从图中可以看出，女式毛衣开衫的常搜词为“cardigan”。

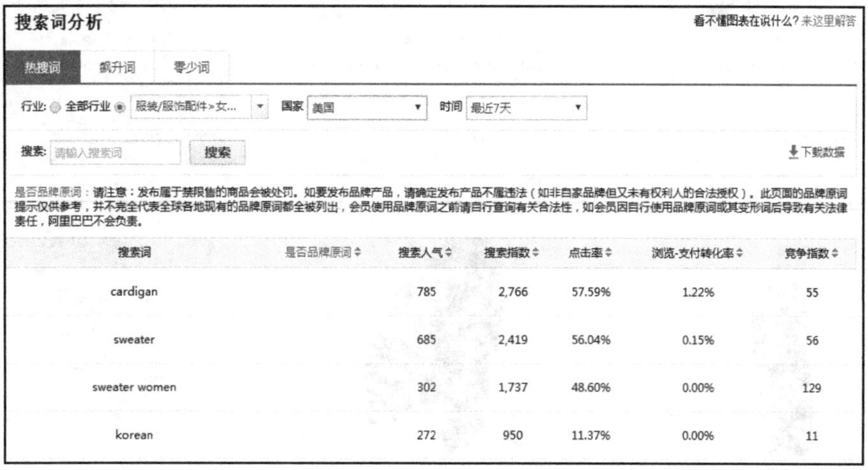

图 2-34　数据纵横——搜索词分析

步骤二：查看同类产品的销售价格区间

使用“cardigan”这个关键词在速卖通买家页面进行搜索，部分搜索结果如图 2-35 所示。从搜索结果的前三页可以分析出，女式毛衣开衫在平台销售的价格区间在 6 ~ 35 美元。而且销售价格在 6 ~ 35 美元的产品占了总销售产品的 80%以上，价格在 20 ~ 30 美元的占了总销售产品的 25%左右。

步骤三：按销量进行排序，选取同类产品定价，计算加权价格以做参考

在速卖通买家网页搜索“cardigan”，按照拟销售产品相关质量属性和销售条件，依照销量大小降序，搜索同行竞品卖家的价格。速卖通上查找到的同类产品销售排名前十位的产品的销量和价格如表 2-17 所示。将店铺销量除以总销量，给每个产品进行加权处理，再计算加权价格。具体计算方法如下：

权重=店铺销量÷总销量

加权价格=店铺权重×店铺价格

例如，将排位前十的店铺销量进行求和，可得总销量为 22 574。排名第一的店铺的销量为 3 616，将其除以总销量 22 574，可得该店铺的权重为 0.160 184 283，该权重再乘以该店铺的产品价格 22.95，便可得到该店铺的加权价格为 3.676 229 29。用同样的方法计算得出其他九个店铺的加权价格，将十个店铺的加权价格相加，即可得到加权总价为

23.2 436 387。

图 2-35 热搜词“cardigan”的部分搜索结果

表 2-17 同类产品销量排名前十位的销量和价格

产品销量排名	销量（件）	价格（美元）	权　重	加权价格（美元）
1	3 616	22.95	0.160 184 283	3.67 622 929
2	2 789	19.99	0.123 549 216	2.469 748 826
3	2 630	29.95	0.116 505 715	3.48 934 615
4	2 626	25	0.11 632 852	2.908 212 988
5	2 540	22.95	0.112 518 827	2.582 307 079
6	2 630	22	0.116 505 715	2.56 312 572
7	1 790	13.29	0.079 294 764	1.053 827 412
8	1 715	21.99	0.075 972 358	1.670 632 143
9	1 226	27.53	0.054 310 268	1.49 516 169
10	1 012	29.78	0.044 830 336	1.3 350 474
合计	22 574	—	1	23.2 436 387

步骤四：结合产品成本、预期利润及同类产品普遍售价，确定上架产品售价区间

由任务一所得的几个数据，小丽已经大致估算出了女式毛衣开衫的成本：

（72+43.6）×（1+8%）=124.85（元）

女式毛衣开衫的预期利润为 15%，所以小丽得出了这款产品的大概售价：

124.85÷（1−15%）÷6.72=21.86（美元）

任务三：参加速卖通平台折扣活动，重新确认产品的售价

对于店铺运营来说，不仅要懂得如何对产品进行定价，而且要懂得对店铺产品在不同时期或者运用不同营销方法时进行价格再计算。女式毛衣开衫作为活动款，可按照 20%的折扣进行促销活动。小丽在考虑了折扣之后，重新计算了产品的售价：21.86÷（1–0.2）=27.33（美元）。

知识铺垫

一、跨境网络产品价格的特点

跨境网络市场是面向全球的市场，这要求在给产品定价时必须考虑目标市场范围的变化带来的影响，因此必须按照全球化和本地化相结合的原则进行。事实上，网络产品价格策略应是一种双赢的发展策略，既能更好地满足客户需求，同时又使企业受益。与传统产品的价格相比，网络产品的价格具有一些新的特点。传统产品大多按成本定价，即根据“生产成本+利润”来确定。在这种价格策略中，生产厂家对价格起着主导作用。而网络产品更适用于采用按满足需求定价，即从消费者需求出发，结合产品功能和生产成本，来确定一个市场可以接受的价格。一般地，网络产品定价呈现出以下几个特点。

（一）低价位化

如前所述，一方面，网络营销能使企业绕过许多中间环节和消费者直接接触，进而使企业的营销成本大大降低，从而使产品价格有一定下降空间；另一方面，消费者可以直接通过网络掌握产品的各种价格信息，并对其进行充分的比较和选择，这迫使开展网络营销的企业以尽可能低的价格出售产品，增大消费者的让渡价值。所以，网络产品的定价通常比传统产品定价低。

（二）全球化

网络营销市场面对的是开放的和全球化的市场，用户可以在世界各地直接通过网站进行购买，而不用考虑网站是属于哪一个国家或地区的。这种目标市场从过去受地理位置限制的局部市场，拓展到范围广泛的全球性市场，这使得各地的消费者可以直接通过网站进

行交易，因此企业不能以统一市场策略来面对差异性极大的全球性市场，而是必须采用全球化和本地化相结合的原则进行。

（三）价格水平趋于一致化

互联网市场是一个开放的、透明的市场。在这个市场中，消费者可以及时获取同类产品或相关产品的价格信息，对产品及价格进行充分的比较，这迫使企业努力减少因国家、地区等因素的不同而产生的价格差异，进而使价格趋于一致。

（四）弹性化

价格弹性是指价格的上下波动能引起需求量相反变动的幅度。在一个竞争充分、消费者对价格信息全面了解的市场上，产品的价格弹性比较大，即谁便宜（价格低），消费者就向谁购买（销量大）。方便快捷的互联网能够使消费者及时获取各种产品的多个甚至全部厂家的价格信息，真正做到货比多家，这就决定了网上销售的产品的价格弹性很大。因此，企业在制定网上销售价格时，应当科学量化每个环节的价格构成，制定出较为合理的价格策略。

（五）消费者主导化

在传统市场中，产品的价格以生产成本为基准，加上一定的利润率，就成为市场价格。在互联网市场中，消费者能及时获取产品及其价格的各种信息，通过综合这些信息决定是否接受企业报价并达成交易。所以，在定价时，企业必须考虑消费者的心理特点和价格预期，以消费者为中心，根据生产成本和消费者意识到的产品价值综合定价，以赢得消费者的接受和认可，使其产生购买欲望，从而实现双赢。另外，随着消费者不断趋于理性化，企业在网络营销定价时要综合考虑消费者的价值观、消费者的偏好等各种因素，这使得消费者在价格上更具主导力量。

二、跨境网络产品价格的构成要素

首先，卖家要非常清楚真正的产品成本，这是产品定价策略的基础。产品的实际成本一般会由下面几点组成：进货成本（产品价格、快递成本）、跨境平台的成本（包括推广成本、平台年费、活动扣点）、跨境物流成本、销后维护成本（包括退货、换货、破损率）及其他综合成本（人工成本、跨境物流包装成本等）。对于跨境物流费用的报价建议将其包含在产品标价里面，并且写上“free shipping”（包邮），这样的标价方式比较吸引客户。这里主要介绍四个构成要素：平台物流运费、平台推广成本、售后纠纷成本及活动折扣率。

（一）平台物流运费

平台物流运费的选择一般有以下几种。

（1）卖家承担运费。即包邮，一般卖家会在包邮的情况下将运费添加到产品价格中以吸引买家下单。产品买家展示页面会出现“free shipping”的字样。这时候的产品成本核算需要把运费添加进来，以免造成销售亏损。

（2）标准运费。平台按照各物流服务提供商给出的官方报价计算运费。决定运费的因素通常有货物送达地、货物包装重量、货物体积重量。如果卖家为不同的运输方式提供了折扣，平台会将在官方运费的基础上加入折扣因素后计算出的运费值呈现给下单的买家：在联系货运代理公司时，货运代理公司会给卖家一定的折扣（折扣的多少视卖家与货运代理公司的协议而定，也可以使用平台上面展示的货代公司），卖家可以将此折扣信息填写在产品的运输折扣内容里，以吸引买家下单。

（3）自定义运费。卖家可以自由选择对不同的国家设定不同的运费类型，包括标准运费、卖家承担运费或自定义运费。一般建议新卖家选择对欧美发达国家发货，以减少货物发往偏远国家造成的偏远运费损失。自定义运费也可以根据自己的买家群分布来定，从而吸引自己的主要买家群体。对于一些选择包邮方式的卖家，一定要计算清楚物流总费用。

（二）平台推广成本

平台推广成本也需要加到产品价格中去。如果你是一个资金实力不是特别雄厚的中小卖家，对于产品的推广成本投入应该谨慎并且有非常详细的预算，一般建议在“进货成本+国际物流成本”的10%~35%，不建议超过40%，如果超过40%，运营压力就会非常大，店铺就会长期处于亏损阶段。

（三）售后纠纷成本

这类成本核算是很多跨境创业新人容易忽视的。很多中小跨境卖家从中国境内发货，跨境物流有线长、点多、周期长的特点，因此经常会出现一些产品破损、丢件甚至客户退货退款的纠纷事件。鉴于跨境电商的特性，这类的成本投入往往比较高，因此在核算成本的时候应该把这类成本明确地核算进去。核算的比例一般为“进货成本+国际物流成本+推广成本”的3%~18%。如果超过这个比例，建议放弃该类产品。选择跨境产品的时候应该选择一些适合国际物流、标准化强且不容易发生消费纠纷的品类。

（四）活动折扣率

在电商购物平台上，各个店铺的产品售价比较透明，所以线上交易平台的买家对产品的价格会更为敏感。同类型产品中，产品价格的高低对产品的销售有着较大的影响。最直观的价格高低，体现在价格折扣率上。卖家一般可将店铺产品分为爆款、引流款、盈利款三类。爆款的折扣一般在50%，卖家略微亏损，其主要目的是吸引并增加店铺流量。引流款的折扣率一般在30%~40%，其主要目的是赚取点击率。盈利款的折扣率一般在10%~20%，其主要目的是赚取较多利润。在设置产品价格时，应对产品有个大致的定位，然后再设置对应的折扣率。

三、跨境网络产品的定价方法

电商卖家使用的三种产品定价方法主要有基于成本的定价、基于竞争对手的定价和基于产品价值的定价。

（一）基于成本的定价

基于成本的定价，可能是零售行业最受欢迎的定价模式。其最大的优点就是简单。一家商店，无论是实体店还是电商店铺，运用这种定价方法，不用进行大量的消费者或市场调查就可以直接设定价格，并可以确保每个销售产品的最低回报。其中，影响这类定价最主要的因素有三大项，即成本、费用、利润；次要因素也有三大项，即商品类型（爆款、引流款、盈利款）、商品特质（同质性、异质性、可替代性）、同行竞争（同行价格、店铺策略）。要想计算基于成本的定价，需要知道产品的购买成本、相关费用，并提高标价以创造利润。

该定价方法的计算方式为：

成本+费用+期望的利润额=价格

想象你拥有一家卖衬衫的电商店铺。采购一件衬衫，你需要花 11.5 美元；这件衬衫的平均运费是 3 美元，所以你估计的成本是 14.5 美元；而你想在每件售卖的衬衫上赚取 10.5 美元的利润，所以你的价格就应该是 25 美元。

如果增加了一种新衬衫，成本可能需要 15 美元，加上 3 美元的预计运费，价格应该为 28.5 美元，也就是 18 美元的产品成本再加上 10.5 美元的利润。

当然，也可以使用百分比来计算定价。你可以简单地在产品成本上加上产品期望达到的利润率来创建价格。基于成本的定价方法可以让零售电商卖家避免亏损，但它有时可能导致利润下降。例如，消费者可能乐意为产品支付更多的费用，从而使利润增加；或者消费者可能认为产品的价格太高，导致销售的产品数量较少，从而使下降利润。

（二）基于竞争对手的定价

作为卖家，如果通过上述方法得到的定价缺乏竞争力，也可采用基于竞争对手的定价法。通过基于竞争对手的定价方法，企业只需“监控”直接竞争对手对特定产品制定的价格，并设置与其相对应的价格。简单地说，就是卖家在速卖通上参照同类或相仿的产品，搜索一下排位靠前的产品的定价情况，作为自己的销售参考定价。

这种零售定价模式，只有当与竞争对手销售的产品没有任何区别时，才可以产生效果。现实中如果要采用此种定价方法，前提就是竞争对手至少拥有足够的市场地位，并且竞争对手的价格一定是匹配市场期望的。

不过这种定价方法可能带来价格竞争，也称为“向下竞争”。假设在亚马逊平台上销售产品，卖家将价格设定为 299.99 美元，希望订单能“蜂拥而来”。但由于竞争对手定价更低，正在以 289.99 美元的价格出售相同的产品，因此卖家又将价格降至 279.99 美元。不久之后，双方都会因为不断降价，把利润空间压缩得所剩无几。

这种情况下，要谨慎使用基于竞争对手的定价方法。定价的目的是最大限度地提高电商的盈利能力。

（三）基于产品价值的定价

如果企业专注于产品可以给消费者带去的价值——在一段特定时期内，消费者会为一个特定产品支付多少钱——然后企业根据感知来设定价格，那么这种定价方法使用的就是基于产品价值的定价。

这种方法需要进行市场研究和消费者分析，企业需要了解最佳受众群体的关键特征，考虑他们购买产品的原因，了解哪些产品功能对他们来说是最重要的，并且知道价格因素在他们的购买过程中占了多大的比重。

如果使用的是基于产品价值的定价方法，就意味着不能在只设定一个价格后就没后续跟进了。相反，产品定价的过程可能是一个相对较长的过程。随着企业对市场和产品的了解加深，企业需要不断对价格进行重复、细微的改动。不过，由于该定价方法需要进行一定的市场和消费者调查，它也可以为企业带来更多的利润，不管是从平均产品利润还是盈利整体来说。

想象一位在繁忙大街上销售雨伞的卖家，当阳光灿烂时，路过的行人没有立即买雨伞的需要。如果他们买了雨伞，那也是未雨绸缪。因此，在天气好的情况下，雨伞的感知价值会相对较低。但尽管如此，卖家们仍可以依靠促销价来达到薄利多销的目的。

在下雨天，雨伞的价格会上升很多。一位着急赶去面试的行人在下雨天可能愿意为一把雨伞支付更高的价格，因为他不愿意浑身湿透了再去面试。因此，卖家可以从每把销售的雨伞中获得更多利润。总之，该方法下的产品价格是以消费者的感知价值为基础的。

四、跨境电商的定价策略

（一）折扣包邮定价策略

这里说的折扣并不是一定要长期打折。折扣的目的是吸引消费者，一般是在标价的基础上选择一定的折扣。企业可以把利润、成本、邮费全部标在“上架价格”里面，这样往往比较容易吸引消费者。同时，也可以定期做一些优惠活动，如“买就送”，或者参与平台的一些推广活动等。销售量越高，价格越优化，在跨境平台的排名就越有优势。

（二）引流定价策略

对于一个跨境店铺来说，特别是新的跨境店铺，首先要做的就是引流。一般的定价策略如下：在速卖通等跨境平台输入产品关键词，了解行业的价格水平。一般需要收集 10 家跨境卖家的价格，然后计算平均值，最终把产品上架价格标为低于平均值 15%的价格。这样的标价是小亏的，但是这样的标价结合一定的推广很容易给店铺吸引比较高的流量。注意标价应该是折扣价格，后期等流量上来了，再通过调整折扣的方式，把价格调回正常水平。

（三）中性定价策略

中性定价策略主要针对店铺产品组合中的常规产品，其利润率处于经营的正常水平，一般价格核算策略是“进货成本（包括其他综合性成本）+目标利润”。

目标利润=平均利润率×目标售价

目前，速卖通等平台的利润率普遍越来越低，一般控制在15%~20%。

（四）盈利款式定价策略

一个店铺最重要的产品就是店铺的盈利产品，而定价策略中最核心的就是这款产品的调价能力，也就是这款产品的溢价能力。首先把一款产品确定为盈利产品时，需要在产品品质和供应商方面做好把控。对于跨境产品而言，品质必须非常可靠且稳定，供应商的供应能力应该完善且持续性强。

（五）分级定价策略

结合京东的“图书负利润超低价、家电一般利润正常价、昂贵物品高利润高定价”的策略，在自己的店铺中可以设置“一部分产品超低价，一部分产品高定价，一部分产品正常价”。通过超低价的产品吸引消费者，结合“搭配套餐”、满减等促销活动来引导消费者顺带购买其他产品，从而提升客单价。

五、跨境电商定价注意事项

（一）注意数量单位

这个问题看似简单，但是很多外贸新人做跨境电商时往往会疏忽，经常把这样的简单问题搞错，最终导致订单成交后亏本发给客户。另外，进行价格分层也能吸引对产品数量有不同需求的采购商下单，如将购买100件产品的单价与购买300件产品的单价进行区分。

（二）制定价格要谨慎细致

这是目前跨境电商最容易犯的错误，产品定价非常随便，而且时常变动调整，让客户感觉这个店铺在价格核算方面缺乏专业。这也会让以前买贵的客户心里不平衡，觉得买亏了。因此定价要更加细致和严谨，确定价格之前要做好调研，同时价格不要轻易变动。

（三）注意合理的销售方式

有些产品适合分件卖，有些产品适合分批卖，它们都有非常严谨的定价和销售策略。例如，价格低于1美元的产品，一般建议分批卖。

（四）充分的市场调研

卖家可以通过平台输入关键词，查看自身产品的价格处于行业内什么水平。如果自己的产品没有特别有竞争力的同行，一般建议的利润水平是不高于 25%。多了解同行卖家，多关注竞争对手，这样店铺才可以真正地成长和成功。

（五）区分 C 类买家和小 B 类买家

C 类买家产品所需数量小，甚至是单件，但是对销售服务要求高。对于这类买家，一般建议将产品价格定为正常的零售价格。而一些小 B 类买家，他们的数量属于小订单，卖家在价格上自然要给一定的优势和扶持。因为小 B 类买家成长起来后，对于店铺的盈利贡献是最大的，所以要特别重视这类客户的产品订单。

（六）精准的国际物流费用核算

有竞争力的国际物流费用是企业获取强竞争优势的重要因素。产品标价时建议直接包含物流费用，并标注好包邮。对于物流，不仅要对包装和产品的重量进行精心计算，还要选择好的跨境物流公司。若选择了可靠且价格低廉的跨境物流公司，产品包装的材料可以做到又牢固又廉价，并且向客户收取最合理的物流费用，也就可以收获一批忠实的客户。

（七）多了解海外网站同类产品的市场价格

如果卖家的目标市场是美国，就需要多去美国网站了解本土产品的终端零售价格，比较自身零售价格加上快递费，再结合考虑较长的物流运送时间，衡量最终定价是否具备竞争力。如果跟美国当地的价格没什么差异，那产品的价格竞争力就比较弱，客户下单的可能性也比较小。

（八）考虑平台收汇扣费成本

无论是 eBay、亚马逊、速卖通还是其他跨境平台，单笔美元收汇都会有非常高的收汇成本，这个成本一定要考虑到产品定价里去。建议汇集大额资金后，再去平台提现，这样费用会更低。

六、主流跨境电商平台的定价策略

（一）速卖通定价

在速卖通平台上，对排序起着重要影响的两大因素分别是销量与关键词。而影响销量的最关键因素在于价格，因此价格对于速卖通产品来说是非常重要的影响因素。在掌握定价策略之前，首先要了解几个价格名词。

1. 价格名词

（1）上架价格（List Price，LP）：产品在上传时所填的价格。

（2）销售价格/折后价（Discount Price，DP）：产品在店铺折扣下显示的价格。

（3）成交价格（Order Price，OP）：用户在最终下单后所支付的单位价格。

这几个价格的直接联系如下：

上架价格=采购成本+费用+利润

销售价格=上架价格×折扣率

成交价格=销售价格–营销推广费用（满立减、优惠券、卖家手动优惠）

2. 定价策略

（1）爆款策略。首先，研究同行业卖家、同质产品销售价格，确定行业最低价，以最低价减 5%~15%为产品销售价格。然后，用销售价格倒推上架价格，不计得失，确定成交价。上架价格又分为两种：①上架价格=销售价格÷（1−15%）；②上架价格=销售价格÷（1−30%）。

第一种思路费钱，可以用重金打造爆款，简单、粗暴、有效，但不可持续，风险较大。第二种思路略微保守一些，可以通过后期调整折扣来让销售价格回到正常水平。两种定价思路都可以在 15%的折扣下平出或略亏，作为引流爆款。

（2）稳重款策略。比较稳妥的方式是通过计算产品的成本价，根据“成本价+利润”来确定产品的销售价格。产品的销售价格确定后，根据店铺营销的安排，确定上架价格。例如，产品成本是 3 美元，按照速卖通目前的平均毛利润率（15%）与固定成交速卖通佣金费率（5%），以及部分订单产生的联盟费用（3%~5%），我们可以推导：销售价格=3÷（1−0.05−0.05）÷（1−0.15）=3.92（美元）。再保守计算：销售价格=3÷（1−0.05−0.05−0.15）=4（美元）。其中，5%的联盟费用并不是所有订单都会产生的，但考虑到部分满立减、店铺优惠券、直通车等营销投入，以 5%作为营销费用，基本没有差错。当然，这其中还可以加入丢包及纠纷损失的投入，按照邮政小包 1%的丢包率来算，又可以得到：销售价格=3÷（1−0.05−0.05−0.01）÷（1−0.15）=3.96（美元），再保守计算：销售价格=3÷（1−0.05−0.05−0.15− 0.01）=4.05（美元）。得到销售价格后，我们需要考虑该产品是作为活动款还是作为一般款来销售的。假如作为活动款，那么按照平台通常活动所要求的 40%的折扣来计算：上架价格=销售价格÷（1−0.4）。平时的折扣为 40%，最高可以到 50%。

（3）利润款策略。利润款产品的定价通常为：上架价格=销售价格÷（1−0.3）。因为一般的折扣为 30%。建议折扣参数不低于 15%，因为平台大促所要求的折扣是这个数字，同时不高于 50%，因为折扣过大容易产生虚假折扣的嫌疑。根据速卖通官方的统计，折扣在 30%左右是买家最钟情的折扣，属于合理预期范围。对于 50%的折扣的活动要求，基于以上定价的模式，基本上相当于平出，不会亏本或略亏。假如客户购买两个及两个以上，就可以有盈利。

（二）亚马逊定价

亚马逊产品在定价时，卖家往往将生产成本、利润、自身产品品质等多个因素综合起来进行考虑，再进行定价。

1. 亚马逊产品的价格构成

对于亚马逊卖家，定价时可参考以下定价公式：

一般产品售价=产品成本+平台佣金+期望利润+其他

FBA 产品售价=产品成本+平台佣金+FBA 头程费用+FBA 费用+期望利润+其他

亚马逊的大部分类目产品的销售佣金率为 15%。其他方面，卖家会将推广成本、税务成本、人工成本计入其中。在产品定价之前，卖家应先确定产品的定位，即适合走销量路线还是高利润路线。走的路线不同，定价的策略也不一样。不过有一点也必须注意，定价不能引起买家的反感。

2. 影响定价的因素

（1）平台佣金。卖家在亚马逊平台上销售产品，亚马逊会根据不同类目收取不同比例的佣金。

（2）产品品质与采购成本。产品的生产成本包括原材料、研发、生产制造、运输、工厂利润等。如果卖家为了保障品质，对产品进行改良或微创新，成本也会增加。不过，并非所有的卖家都有工厂。没有工厂的卖家需要在市场上进行产品开发和采购。采购成本的高低对定价有直接影响，如果产品的进货成本高，卖家为了保证利润，定价自然也会高一些。

（3）市场供需。市场需求对产品价格有很明显的影响。当市场追捧一个新品时，会造成这个新品供不应求，那么它的价格也会随之上调。但当产品被商家线上线下大量铺货时，买家的选择多样化，卖家的利润被稀释，也会影响到价格。另外，每个行业研发新品的速度也是非常快的。当新的产品出现时，旧的产品对买家的吸引力也会下降，降价是必然的。

（4）预期利润。利润也是影响价格的一个重要因素。身为卖家，需要投入大量的人力物力。选品阶段要考虑产品是否有市场和利润，否则就没有必要开发与推广。而卖家对各自的产品的预期利润也是不一样的，可能是成本的几倍，也有可能只有几成。

（5）品牌形象定位。产品品牌定位不同，价格定位也不一样。走低端市场路线的品牌，价格会偏低；走中端市场路线的品牌，价格适中；走高端市场路线的品牌，价格会偏高，但产品与服务也都是高端的。

（6）促销策略。每个电商平台都会有不同主题的促销活动。例如，亚马逊 7 月中旬有会员日，下半年有“黑色星期五”、圣诞大促。每当重大节假日、促销节日来临时，亚马逊都会大规模调整价格。

（7）资金周转。有些企业为了减少风险，快速运转资金，也会对价格进行控制、调整。必要时，可以采用薄利多销的手段来刺激市场。

（8）营销推广费用。如果产品要做站内外推广的话，也会产生相应的推广费用。

（9）竞争对手的价格。在亚马逊，一个产品不止有一个卖家。竞争对手的价格也会成为卖家定价、调整价格的参考依据。

（10）运输费用。如果卖家选择亚马逊 FBA 发货，会产生 FBA 头程运输费用和使用 FBA 仓相关的费用。这笔费用卖家也会转嫁到成本之中。

（11）其他因素。例如，卖家对产品进行更新换代时，一些压仓的产品也会低价促销。

3．产品在不同阶段的定价方法

同一个产品，有竞争对手和没有竞争对手的定价策略是不一样的。同时产品在不同的阶段，定价思路也是不一样的。

（1）新品上架阶段。当卖家的产品刚上架时，没有好评，没有星级评分，没有忠实的粉丝，产品处于无竞争力状态，如果产品价格跟成熟卖家的价格一样，试想会有人买吗？当然没有。所以，在新品上架之初，为了构建良好的买家体验，让产品快速切入市场，卖家不妨将价格设低一些。但是，也不能设得太低，那样非但赚不到应得的利润，反而会让买家低估商品的价值，甚至怀疑卖家在卖假货。

（2）产品成长阶段。当卖家的产品在销量、好评、星级分数等各项指标上有了一些基础，销量处于上升阶段，但忠实粉丝还较少，处于成长阶段时，卖家可以稍微提一下价格，或者将价格控制在比竞争对手稍低的范围。

（3）产品成熟阶段。当卖家的产品销量已经很稳定了，排名、流量、星级评分、销量各方面的指标都很不错，在市场上积累了不少的人气，表现已经远超一般卖家，从各方面的数据都能看出这是一款爆品或准爆品时，这个产品就进入了成熟阶段。那么，这个层次的产品，比价功能已经弱化，更多的是代表了品牌形象与店铺定位。此时，卖家可以放心地将价格调得比市场价高一些。忠实的买家也不会因为卖家提价而离开。

（4）产品衰退阶段。当产品在市场火过后，就会慢慢地进入衰退期。而市场上推出的新的功能更加完善的产品会取而代之，消费者的忠诚度也会下降，需求也会逐渐减弱，该产品的销量与利润都会大不如从前，那么卖家也没必要继续强推这个产品。如果还有库存，可以进行清仓处理，如满减、打折包邮。

4．定价的小诀窍

（1）数字“9”的催眠作用。在各大跨境电商平台上，很多的产品价格都以“9”为尾数，如 9.99、49.99、99.99。在亚马逊平台上，一部儿童平板电脑的售价为 99.99 美元。你可能想问，直接卖 100 美元不是更方便吗？为什么要定 99.99 美元呢？这就跟消费者的心理因素有关了。定价 99.99 美元，会让买家觉得购买这个产品不需要 100 美元。相比定价在 100 美元的平板电脑，买家也会更愿意去购买 99.99 美元的产品，哪怕实际上售价只差 0.01 美元。卖家在定价时，除了考虑成本与利润，也要顾及消费者的心理因素。虽然亚马逊平台上有很多产品价格都以“9”为尾数，但是这招真的很有用。

（2）差别定价。卖家在定价的时候，可以把功能类似的同系列产品一起陈列标价，并试着推出价格较高的产品来影响价格较低的产品。举个简单的例子，逛街时我们会发现，店家总是喜欢把 39 元、69 元、99 元三个有差别价位的衣服排列在一起。在 99 元的衣服的衬托下，消费者会觉得 39 元的衣服很便宜，从而刺激消费。亚马逊平台的定价也是如此。分等级定价，令产品之间存在价格差别，对销量有很大的刺激作用。

5. 价格调整策略

合理的定价可以让卖家获得更多的利润与市场份额。价格战略也是卖家经营战略中的一部分。适时地调整价格，也是很有必要的。

（1）按市场需求调整价格。产品的价格不会一成不变。当一个产品供不应求时，即便价格调高了也会有买家。所以若卖家的产品处于新品上架、成长期阶段，也可以根据市场需求来灵活调整价格。

（2）在促销季、节假日调整价格。每个电商平台、店铺在不同时间都会有不同主题的促销活动。在亚马逊平台，除了有会员日，也会在西方欧美国家的重大节假日如情人节、万圣节、感恩节、圣诞节等进行促销。节假日作为营销的黄金时期，卖家一定会制定促销策略，并进行大规模的价格调整。

（3）因其他情况调整价格。其他情况也可以调整价格，如原材料成本涨价、运费上涨、人工成本上涨。

不过需要注意的是，价格调高后排名会受到影响，销量也有可能因此而产生变化。如无特殊情况，建议不要频繁修改价格。

（三）eBay 定价

eBay 上由于刊登方式不同，价格设置也有不同的方式。

1. 价格类别

（1）拍卖刊登：Start Price（起始价格）、Current Bid Price（当前投标价格）、End Price（成交价格）、Reserve Price（保留价格）。

（2）定价刊登：Asking Price（起始价格）、End Price（成交价格）、Best Offer Price（最佳价格）。

2. 价格设置

（1）拍卖价格。拍卖刊登中设置的底价称为 Start Price。当有买家拍卖家的商品后，这个起始价格就被买家的叫价代替，这时的价格为 Current Bid Price。在刊登有效期间或没有被取消期间，买家都可以对一个刊登叫价。每个买家都可以根据自己的预期，对商品进行上升式的叫价。也就是说，Current Bid Price 只会不断上升。这个过程会不断进行，直到商品被出价最高的买家拍下。当刊登结束时，最高的出价会变成 End Price（如果没有成功售出，那么成交价为 0）。

Reserve Price 为卖家设置的一个保留价格。当买家的出价达不到这个价格时，售出行为就不发生。当然，买家很有可能看到这个保留价格。因此，尽管卖家可能因为保留价格而更加安全，但是高的保留价格会让买家一开始不愿意进行出价。

对于 Start Price，卖家一般需要设定一个比直接售出商品低得多的价格。因为拍卖刊登的工作原理就是，价格会随着买家的出价不断上升，最后高于市场平均价格。为了达到这一目的，商品就必须有特色，或者很难估价。如果将 Start Price 设置得过于接近 End Price，自然只会有比较少的买家进行出价，最后会大大影响成交价格。

观察发现，99 美分起始的拍卖刊登会带来较高的成交率。尽管 99 美分的低价拍卖会在一开始吸引比较多的叫价，但这种方式需要注意控制风险，同时它也只对某些类型的商品有效。

（2）定价价格。定价刊登中为一个或多个刊登中的商品提供一个固定的价格。临时的促销有可能改变刊登的价格。但是大多数时候，刊登的价格在整个刊登过程中都是固定的。

定价刊登的 Asking Price 和 End Price 是一致的。只有一种情况可能导致它们的不一致，那就是 Best Offer 促销。Best Offer 功能让买家可以给出一个价格，询问卖家是否接受。这种出价有时间限制，卖家有权利不接受这个价格。

由于定价刊登这种形式价格相对来说比较透明化，卖家和买家在刊登一开始就了解该商品的售卖价格。在这种情况下，买家会有更多的空间比较不同商品的价格。这一点和拍卖刊登是完全不同的。因此，如果定价过高，会在买家比较中处于劣势。最有效的定价策略，就是将价格设定得和买家的期望值完全吻合。

（3）eBay 运费。eBay 的运费有两种设置方式。一种是将运费和售价分开，另一种是将运费和售价合在一起。第二种方式也就是我们俗称的免运费。

①运费另付。大多数运费另付的刊登会在刊登中显示一个运费计算器，买家通过这个计算器功能可以了解到运费大约多少钱。除了计算器功能之外，卖家也可以选择固定运费，让买家能够更方便地知道运费的价格。

②免运费。当卖家进行免运费刊登时，运费就包含在售卖价格中。由于包含了运费，免运费的刊登往往都标价较高。当然由于 eBay 的政策倾向于免运费刊登，因此提供免运费将会提高刊登的搜索排名。虽然免运费是不错的选择，但是考虑到节约成本，若选择比较便宜的运输方式有可能降低买家的满意度。

（4）通过调整价格提高排名。不少卖家会关心如何提高 eBay 的搜索排名，而价格就是影响搜索排名的重要因素之一。eBay 不断比较相似标题或一个类别中刊登的价格，通过这样来调整不同刊登的排序。一个相对于竞争对手来说合理的、相对较低的价格，将会有效提高点击率及销售转换率。

（四）Wish 定价

Wish 的定价并不复杂，但影响 Wish 定价的因素有很多，特别是对于资金不是很充足的卖家来说，这些因素会考虑得更多。下面是卖家在确定 Wish 商品价格时需要考虑的几个主要因素。

（1）Wish 收取零售价格的 15%的佣金。

（2）Wish 平台是在成交价格的基础上收取佣金，所以运费也会收取 15%的佣金。

（3）你所使用的收款渠道一般会收取 1%的手续费，即 1%的支付手续费。

（4）Wish 平台运营得最好的美国的平均退款率在 6%，那么新手的参考退款率预计要在 10%以上。

（5）产品成本。

（6）预期利润。

如果企业可以很好地把退款率控制在 10%以内,那么费率这方面的总体费用为 16%(15%的佣金+1%的支付手续费+0%的退款率）~26%（15%的佣金+1%的支付手续费+10%的退款率）。在 Wish 平台上：商品零售最低价格=（产品成本+进货运费平摊）÷（1%−16%~26%）。

假设一家 Wish 店铺产品的拿货价为 18 元，产品净重为 0.185kg。商家采用的物流方式为 e 邮宝，e 邮宝发往美国是 80 元/kg，包裹处理费为 9 元。Wish 会收取零售价格 15%的佣金，支付手续费率为 1%，店铺平均退货率为 5%。那么该产品的最低售价应定为多少呢？大概的最低售价计算如下。

运费：

0.185×80+9=23.8（元）

商品最低售价：

（18+23.8）÷（1−1%−15%−5%）÷6.72（汇率）=7.87（美元）

在最低售价的基础上，再将设定的利润率考虑在内，就可以计算得出产品的最终售价了。

案例解析

只会在“双十一”打五折？其实还有更优的定价策略

在消费升级的中国社会，市场饱和、竞争加剧，消费者购买力却不断扩大，常规的定价方式已经很难奏效，管理者是否拥有足够的定价知识和创新的定价能力，甚至可能事关企业的生死存亡。

定价有多重要？先看几个创新定价的案例。

2007 年，英国另类摇滚乐队“电台司令”（Radiohead）决定：他们最新推出的包含十首歌曲的专辑《彩虹里》（*In Rainbows*）将不再走传统的定价和分销模式，而是大胆地将其放在乐队主页上，由粉丝们以任意价格购买。

结果，在竞争激烈且受到盗版和互联网严重冲击的音乐行业，这项“随您打赏”的实验大获成功。从 10 月 9 日实验开始到 10 月 29 日项目结束，超过 180 万人“购买”了该专辑，虽然 60%的“购买者”没有付钱，但其余 40%都自愿支付了一定金额。乐队表示：“就收入数字而言，这张专辑赚的钱比我们以往所有专辑加起来的还要多。”

在时尚服装行业，衣服的零售价总是比成本高出许多，通常商场都会在一些时间里做打折促销，以吸引更多的消费者在自家店里驻足，而且期望通过这种让利促销行为给消费者留下好印象。不过，消费者并不能感受到充分的善意，因为她们几乎不能及时获知何时进行促销活动。客观上，这就使得商家不能将对价格敏感的潜在购买者的价值进行变现。

但是总部设在纽约的服装零售商Syms创新地引入了自动降价机制，打破了这种困局。在Syms商场，女性服装的标签上都标着三个价格：全国统一售价、Syms售价及日后的折扣售价，这三个价格一个比一个便宜，而且每个价格只保持10天。

例如，同一件商品，全国统一售价是249美元，但Syms售价是209美元，而且10天后还将打折。由于相比全国统一售价，Syms售价是优惠的，因此可以吸引“潮流引领型”消费者迅速做出购买决策；由于还有未来折扣价，那些对时尚相对不敏感而对价格相对敏感的消费者就可以明确地等待购入时机。通过这种相对透明的自动定价模式，Syms扩大了客户群，保持了又高又稳定的销售额。

许多企业家谈到定价时说：“我们不会主动设定价格，价格由市场来决定。”显然，在这里，他们将亚当·斯密提出的对宏观经济运行中“看不见的手”的论断，误用到了微观经济环境里了。

分析：

（1）消费者导向的价值观。就像营销过程中做的每件事情一样，定价也必须遵循消费者导向。要掌握定价的奥秘，最重要的是企业必须知道目标客户群是什么样的人。如果消费者不够忠诚和公正，那么“电台司令”的“随您打赏”战略就不可能收到奇效；如果Syms公司没有深入了解到它的消费者是多么富有时尚意识和没有耐心，自动降价机制就不会载入史册。消费者导向同样意味着你需要了解消费者想从你的产品或服务中获得什么。如果企业知道消费者需要什么，为什么需要，就知道如何创造出更多的价值去满足消费者需求，还可以向不同细分市场的目标消费者传递产品或服务的价值。最重要的是，你知道如何定价以获取哪些市场。

（2）差异化定价。在定价领域，最恒久不变的现象之一就是，面对同样的产品或服务，不同的消费者有着不同的支付意愿。因此，制定一个单一的价格是很不明智的。许多时候，在为产品设计一个成熟的定价结构时，一个很好的做法是有意识地将产品价格分为三个等级：低、中、高三档。这种定价结构确保了不同价格敏感度的消费者都能找到适合自己的产品，从而在交易失误造成损失和自动放弃盈利性销售的两难境地中，尽可能做出损失最小的权衡。

（3）灵活的定价原则。意识到给产品定价的方法永远不止一种，这会让你思路大开。例如，大家熟知的谷歌的免费策略；在出版业，出版商可以直接按照固定价格将书卖给一位读者，也可以把它租给读者收取租金，或者按章节卖给读者。出版商还可以把书的内容传到网上，并按照读者阅读时间来收费。

选择正确的定价方式既是艺术，又是科学。最佳定价决策不仅源于理论，还源于经验和天分。定价的创新方式远远不止有限的几种，定价的创新潜力随着时势的转变也会衍生出更多的可能，过去不可行的定价方式在新的形势下也可能有焕发新生的变种。但从根本上讲，智慧定价不仅需要对消费者的深入了解和很好的经济直觉，还需要聪明的头脑。

习题演练

一、填空题

1．跨境网络产品价格的特点有（ ）、（ ）、（ ）、（ ）、（ ）。

2．跨境网络产品价格的构成要素有（ ）、（ ）、（ ）、（ ）。

3．跨境网络产品的定价方法有（ ）、（ ）、（ ）。

4．跨境电商的定价策略有（ ）、（ ）、（ ）、（ ）、（ ）。

5．速卖通主要的价格名词有（ ）、（ ）、（ ）。

6．速卖通的定价策略有（ ）、（ ）、（ ）。

7．亚马逊的 FBA 产品售价包括（ ）、（ ）、（ ）、（ ）、（ ）、（ ）。

8．亚马逊不同阶段的定价方法有（ ）、（ ）、（ ）、（ ）。

9．eBay 的价格设置有（ ）、（ ）、（ ）、（ ）、（ ）。

二、简答题

1．跨境电商在定价时有哪些注意事项？

2．在亚马逊平台给产品定价时的影响因素有哪些？

实践操作

实践任务一

假若现有一款女式高跟鞋要在速卖通平台进行销售，请根据所学知识，求同类产品的加权价格（以速卖通平台产品为例：www.aliexpress.com），并填入表 2-18 中。

表 2-18　女式高跟鞋销量排名前十的销量和价格

产品销量排名	销量（件）	价格（美元）	权　重	加权价格（美元）
1				
2				
3				
4				
5				
6				
7				
8				
9				
10				
合计		—		

实践任务二

根据不同的产品定价策略，在速卖通平台上查找相对应的产品定价案例。

任务要求：

1. 以小组的形式进行产品定价策略分析（小组成员应为2~4人）。
2. 编写速卖通平台产品定价策略分析报告。
3. 进行小组汇报展示，各小组间进行沟通交流与分享。

实践任务三

假若要在速卖通平台进行产品销售，选定一款产品，进行产品定价。

任务要求：

1. 以小组的形式完成产品定价任务（小组成员应为2~4人）。
2. 核算产品总成本。
3. 分析同类产品竞争者的产品定价。
4. 确定产品定位，根据不同营销策略调整产品价格。
5. 进行小组汇报展示，各小组间进行沟通交流与分享。

情景三

跨境网络站内推广分析

子情景一　阿里巴巴国际站平台

学习目标

知识目标

- 掌握橱窗这一营销工具。
- 熟悉外贸直通车服务。

能力目标

- 能够设置橱窗产品。
- 能够操作外贸直通车。

素质目标

- 能进行外贸直通车数据分析和优化。
- 能结合数据分析情况进行产品优化。

项目背景

浙江云格电器股份有限公司成立于 2015 年，自成立以来一直致力于制冷设备的研发、生产及销售，是研发制冷设备的专业厂家，其新型制冷设备已投放市场。近年来，该公司获得专利授权 70 余项（其中发明专利 1 项、实用新型专利 40 余项、外观设计专利 30 余项），申请发明专利 8 项，都已进入实审程序，产品通过了 ISO 9001 认证，并通过了 CE/UL/GS/CCC 认证。

公司的主要产品有家用制冰机、便携式车载冰箱以及电子冰箱、碎冰机等，主要出口到欧洲、北美、澳大利亚、中东、非洲等国家，并得到了广泛赞誉与认同。

公司主要针对的是批发客户。随着跨境电商的崛起，公司想要在网络上打开一片新的市场，但是公司对跨境平台的了解还是一片空白。所以，请你为云格公司推荐一个合适的网上销售平台，并说明如何实现产品的全网营销。

任务实施

步骤一：查找合适的批发跨境平台

作为跨境电子商务 B2B 平台的典型代表，阿里巴巴国际站创立于 1999 年，是阿里巴巴集团旗下的一个业务板块。目前，在该平台上开设制冷小家电店铺的有 2 000 多家。

阿里巴巴国际站旨在打造以英语为基础、可在任意两国之间开展交易的跨界贸易平台，帮助全球中小企业拓展海外市场。可通过下面的网址对阿里巴巴国际站的相关情况进行了解。

出口通会员介绍：http://exporter.alibaba.com/export_hand.htm。

金品诚企会员介绍：http://exporter.alibaba.com/jpcq/home.htm。

除了英文平台，阿里巴巴国际站还有 12 个小语种平台同步推广，可以大大提升有效询盘的数量。

西班牙语：http://spanish.alibaba.com。

葡萄牙语：http://portuguese.alibaba.com。

德语：http://german.alibaba.com。

法语：http://french.alibaba.com。

意大利语：http://italian.alibaba.com。

俄语：http://russian.alibaba.com。

阿拉伯语：http://arabic.alibaba.com。

韩语：http://korean.alibaba.com。

日语：http://japanese.alibaba.com。

泰语：http://thai.alibaba.com。

土耳其语：http://turkish.alibaba.com。

越南语：http://vietnamese.alibaba.com。

步骤二：分析平台的营销利器

阿里巴巴国际站获得流量的主要方法就是大量地发布产品去覆盖长尾关键词。通过发布高质量的产品，利用少数优质的产品带来更多的流量，获得更多的精准客户。它要求产品少而精，而不是重复铺货，或者大量地发布一些没有效果的产品。

同时，站内营销可以借助阿里巴巴国际站后台的引流工具——橱窗产品、外贸直通车来实现强引流。此外，配合关联营销、站外营销可实现全网覆盖。

知识铺垫

一、阿里巴巴国际站营销之橱窗

橱窗是阿里巴巴国际站的一个产品陈列板块。将自己的主打产品设置为橱窗产品后，这些橱窗产品将在搜索结果页中优先显示，同时将在企业网站首页的推广专区中重点展现。

橱窗产品就是企业的主营产品，能比其他的产品得到更多曝光的机会。在排名系统里面，橱窗产品是优先排名的，但是因为竞争，只有信息质量高、客户喜好度高的产品才会排在前面。在橱窗布局上，一定要为每个橱窗设置不同的关键词，而每个橱窗产品都要覆盖最多的关键词。

橱窗产品在一定程度上可定义为店铺主推产品。阿里巴巴国际站赋予橱窗产品搜索优先排名，即在同等的匹配条件下，橱窗产品排在非橱窗产品前面，且店家可以随时更换，自己掌握产品推广的主动权。

（一）如何有效利用橱窗产品

橱窗产品的设置很简单，在店铺后台页面找到相应板块根据步骤操作即可。那么，如何有效利用橱窗产品呢？

首先，保持橱窗的100%利用。根据数据反映，橱窗产品的整体曝光量是非橱窗产品的8倍。有效利用橱窗产品，能让你的产品获得更多的曝光机会，从而更好地展开推广。这些只需要在后台将产品设置为橱窗产品，并用满橱窗位置就可以。

其次，及时更新、关注橱窗产品动态。市场是时常变动的，实时关注橱窗产品排名，才能及时更新和优化，让产品获得更多、更长时间的曝光。我们可以在后台进行更新，但一个个查看相对比较费时费力，可以借助一些小工具。此外，还要经常优化产品，提高橱窗产品质量。

橱窗产品虽然比一般产品具有推广优势，但是不做好产品描述，会对产品曝光有致命影响。例如，有些人刚做外贸，连关键词长度要求都不知道，一味求多求全，反而使关键词因太长而失效，即使橱窗产品也得不到任何曝光。

橱窗产品曝光也受以下四方面影响：产品标题、简要描述、关键词设置和详细描述。如果在产品优化方面没什么经验，可以参考竞争对手的页面。用自己的关键词在阿里巴巴国际站首页搜索，排名靠前、非外贸直通车的产品描述均可做参考。

橱窗产品进行更新时也要注意：①根据市场、季节变动，结合热销产品，实时更新橱窗产品；②建议每类产品至少设置一款橱窗产品，让曝光的产品品类不那么单一，能争取更多排名优势；③产品名称尽量从不同维度去设置，如产品的用途、材质等；④橱窗产品之间的关键词尽量不要重复，尽量用同义词错开，如表3-1所示；⑤不要把参加关键词搜索排名推广的产品，设置为橱窗产品。这些产品只会显示在固定的排名上，不会参与正常的橱窗产品排序，会浪费橱窗产品资源。

表 3-1　橱窗产品的关键词示例

产　品	关 键 词
A 款毛绒玩具熊	stuffed toys、soft toys
B 款毛绒玩具熊	plush toys、stuffed bears

橱窗产品没有关键词搜索排名推广的效果来得直接有效，但是做好它确实能够提升产品的自然排名。很多公司平台操作员自己操作的阿里巴巴国际站平台橱窗产品基本上都能排在关键词前两页，可以帮公司节约一大笔推广费。

（二）设置橱窗产品的技巧

1. 如何挑选橱窗产品

橱窗作为公司的亮点，具有商业付费因素，能优化产品排名。为了能最大化发挥橱窗的作用，挑选好橱窗产品是关键。我们一般会选择以下几类产品作为橱窗产品：

①主打产品。

②热销产品。

③新出产品。

④结合季节和展会推出的产品。

2. 如何发布高质量的橱窗产品

产品发布与产品类目、关键词、图片、简要描述、详情描述这几个维度密切相关，要想排名做得好，可以按照以下三步来操作。

第一步：选择正确的类目。

方法 1：在后台发布产品时，让系统自行匹配类目。

方法 2：在阿里巴巴国际站首页输入该关键词，参考查看自然排名前十的产品类目。

第二步：选择合适的关键词。

关键词来源：①“热门搜索词”；②RFQ（报价请求）、“行业视角”“我的词”、访客详情、询盘等。

以热门搜索词为例，热门搜索词可以看到每一个关键词的搜索热度。我们需要根据搜索热度和橱窗数来选择需不需要将产品推广到橱窗中。下面以“bag”为例来搜索，其结果如图 3-1 所示。

“bag”这个词的热度很高（搜索热度为 45 000），但是已经有 547 个橱窗。这说明如果要想排名靠前，首先得战胜这 547 个橱窗。其次，如果用“bag”去阿里巴巴国际站首页搜索，会发现这个词还买了 20 个固定排名，5 个外贸直通车。也就是说，要想用“bag”作为主关键词发布橱窗产品，最好的排名是首页自然排名的第 1 页第 26 位。很显然，这很难实现。因为还有 547 个橱窗和你竞争。那么，怎么把这个词排到前面去呢？具体操作方法如下。

（1）选取橱窗数稍微少些、热度相对较高的中度词，进行产品数据的积累，把产品排到前面。

热门搜索词

注意：本数据是用户访问网站的客观展示，请您在使用关键词前详细了解禁限售规则。若您选用品牌词请确认已提供相关商标证或其他授权证明！

bag　查找　以下数据每月3日更新（美国西部时间）

关键词	供应商竞争度	橱窗数	搜索热度（8月）	过去12个月内搜索热度
bag	4418	547	45000	
zip lock bag	681	71	36000	
school bag	1439	244	28000	
top quality nylon luggage bag belt	137	18	21000	
shopping bag	3983	847	20000	
paper bag	2025	598	19000	
plastic bag	2016	585	18000	
travelling bag	2086	386	14000	
travel bag	2086	386	14000	
traveling bag	2086	386	14000	

1 2 3 4 5 6 7 … Go to Page Go

图 3-1　“bag”热门搜索词结果页面

（2）用低热度的属性词和高热度的核心关键词组合。

在这个过程中，时间也是一个比较重要的点，可能做完后 1~2 周内都没有什么效果。但做任何事情都是先坚持才会有希望，并且要勇于将方法付诸实施。小巨人电子商务有限公司的“lady bag”系列产品优化的橱窗案例很好地证明了这一点。2017 年 8 月初“lady bag”热搜词的热度为 6 000，橱窗数为 151。小巨人公司的产品于 2017 年 7 月 31 日发布并调成橱窗产品，前三周排名一直在第 2~3 页徘徊。但是从第四周开始，排名开始逐步靠前，其间它还带来了反馈，排名也随之靠前。

从这个例子可以看出，排名、曝光、点击、反馈环环相扣，好的排名能带来好的曝光、点击、反馈；反过来，有询盘后又会直接地影响产品排名，所以不能一味地追求排名，应考虑产品的整体情况。其产品表现如表 3-2 所示。

表 3-2　lady bag 关键词某款橱窗产品排名数据变化

日　期	排　名	曝光量（次）	点击量（次）	访客数（个）	反馈量（个）
2017.8.5	3//15	35	12	5	0
2017.8.12	3//12	84	23	10	0
2017.8.17	2//30	144	35	15	1
2017.8.24	1//27	505	150	70	2
2017.9.2	1//20	779	350	90	3

（注：3//15，是指排名在第 3 页的第 15 位，以此类推）

第三步：组合优质的产品标题。

产品名称（标题）是买家搜索的第一匹配要素，买家输入关键词进行搜索的时候，是通过产品的名称进行直接匹配的。从这里可以看出一个好标题的重要性，那么我们该如何组合优质的标题呢？可以从以下几点着手。

（1）保持产品名称和关键词的相关性——核心词后置，修饰词放前面。

（2）产品名称中加“for”和“with”突出产品的属性和用途——核心词要放在 with/for 前面。

（3）产品名称长度要适当。

（4）产品名称罗列和堆砌问题——不要把多个关键词在名称中重复累加。

（5）产品名称中的特殊符号——慎用特殊符号（如“/”“-”“( )”等）。

3. 如何优化橱窗产品

发布完橱窗产品之后，我们应该做什么呢？

发布产品之后，制作表格，从第二天开始查排名。第一周每天关注排名，从第二周开始每天关注“数据管家—我的产品—橱窗产品”的效果，同时每周进行一次常规维护（修改或增加产品信息）。然后，结合效果进行调整。以下是常规橱窗产品常见的问题及其解决方案。

（1）曝光量不高。

可能的原因：①关键词热度太高，竞争太激烈；②已有其他竞争对手的橱窗产品排在前面。

解决方案：修改产品信息、完善信息质量；针对原因②建议换关键词。

（2）点击量不高。

可能的原因：买家喜好度低（受 FOB 报价、最小起订量、主图、标题等因素影响）。

解决方案：调查行业情况，对最小起订量和运输方式进行适应性调整；优化主图、标题等。

二、阿里巴巴国际站营销之外贸直通车

外贸直通车，就是被大家所熟知的 P4P，它是英文 Pay for Performance 的简写，中文含义是按效果付费。外贸直通车推广按点击付费，海外买家在阿里巴巴国际站上搜索一个关键词，设置了该关键词的产品就会在外贸直通车对应展示位上出现，只有当海外买家点击了推广的产品时，才会产生扣费。

（一）产品展示区域

当前，通过外贸直通车推广，可以展示在以下三种区域。

（1）阿里巴巴国际站搜索结果第一页的前 5 个位置（推广产品带有“Sponsored Listing”标识）。

（2）下方智能推荐区域：搜索结果列表每页下方区域“Premium Related Products”位置（共10款产品）。

（3）右侧智能推荐区域：搜索结果列表每页右侧区域“Premium Related Products”位置。

（二）操作流程

该推广方式下的所有操作都要进入外贸直通车操作中心，打开路径为：操作中心—广告管理—外贸直通车。

外贸直通车的基本操作流程为：选品—选词—出价—完成，具体如图3-2所示。

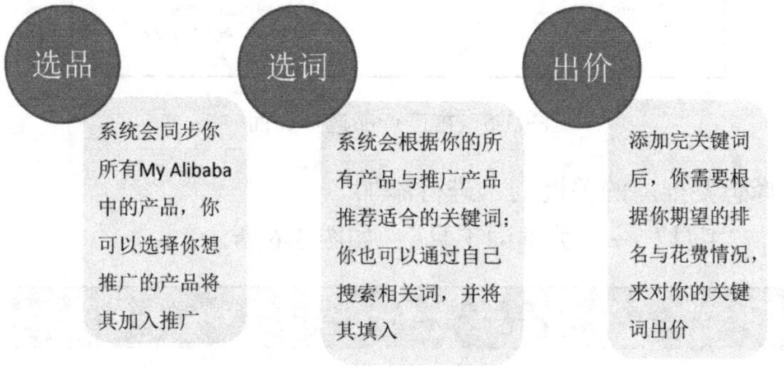

图3-2　外贸直通车的基本操作流程

第一步：选择想要推广的产品（推广的产品数量越多，被买家搜索到的概率就越大）。

步骤1：点击“工具”—“推广产品设置”，如图3-3所示。

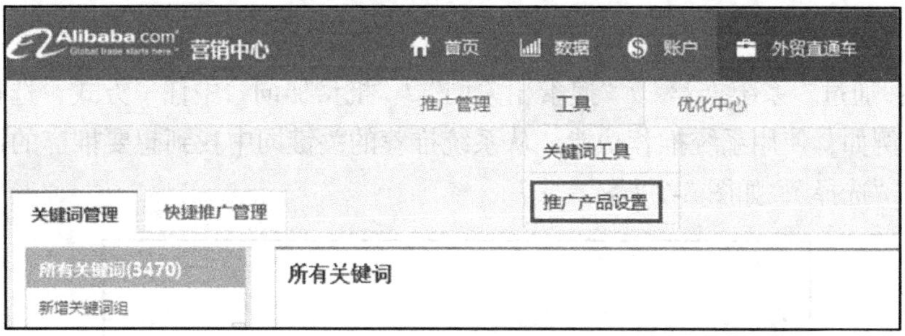

图3-3　推广产品设置选项卡页面

步骤2：将“新增产品默认：暂不推广”，修改为“新增产品默认：加入推广”，这样后期发布的产品会自动加入推广，不用自己手动添加产品，如图3-4所示。

图3-4　推广产品设置修改页面

步骤 3：按类目逐个筛选，勾选要推广的产品，选择“加入推广”，如图 3-5 所示。

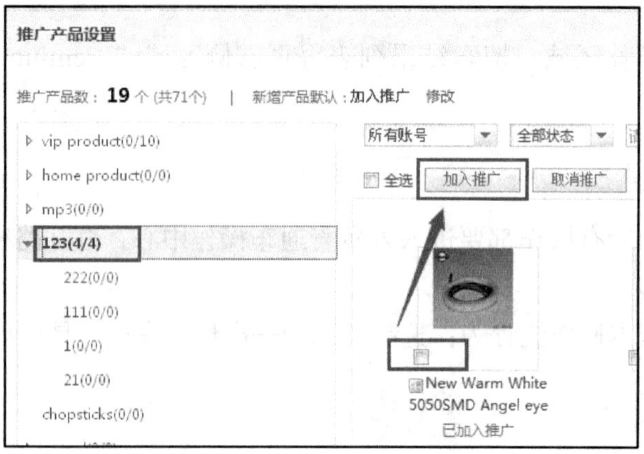

图 3-5　推广产品选择页面

第二步：选择想要推广的关键词，进行添加。

步骤 1：点击“工具”—“关键词工具”，如图 3-6 所示。

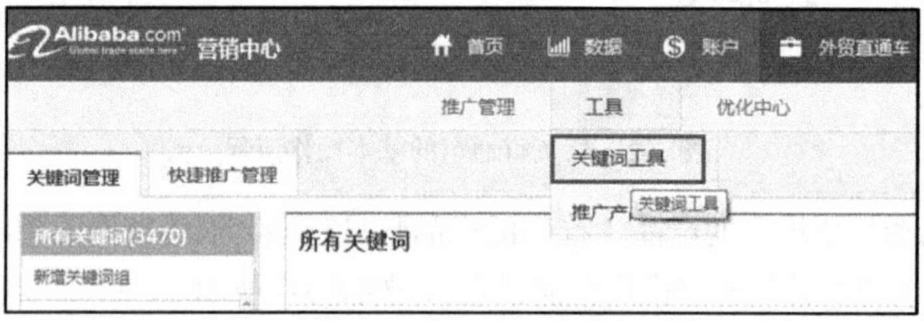

图 3-6　关键词工具选项卡页面

步骤 2：通过“系统推荐”/“搜索相关词”/“批量加词”中任一方式，选择想要推广的关键词。例如，使用系统推荐功能，从系统推荐的关键词中找到想要推广的词，进行勾选，并点击“选择”，如图 3-7 所示。

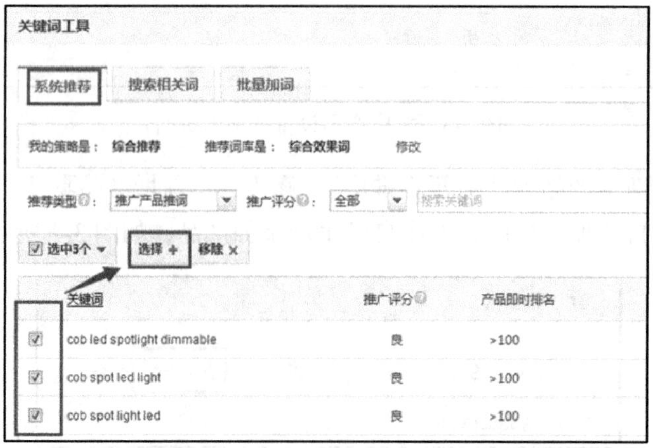

图 3-7　关键词工具系统推荐页面

第三步：对关键词出价，争取有利的排名。

选择完关键词后，对关键词进行价格调整，如图 3-8 所示。

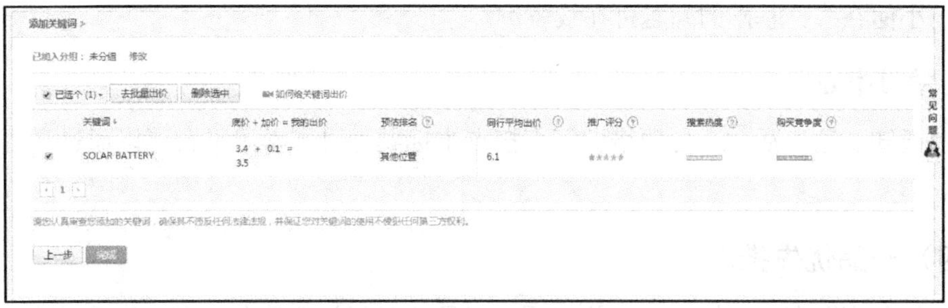

图 3-8　关键词价格调整页面

点击每个关键词右侧的“我的出价”按钮，输入想要出的价格，然后点击“确定”，最后点击页面左下角的“完成”，整个推广建立完成。

（三）首页介绍

外贸直通车首页会显示外贸直通车账户的相关信息。接下来，一起了解一下展示页面各项信息的含义。

1．首页各项指标含义

（1）账户可用余额：你的现金账户与红包账户的可用余额。如遇账户余额不足，点击推广服务的使用将自动终止。

（2）今日已花费：实时显示你的账户今日已经产生的现金与红包扣费金额，系统会按照现金与红包账户的余额等比例扣除。例如，你的现金账户有 8 000 元，红包账户有 2 000 元，你每消耗 100 元系统会从现金账户扣除 80 元，红包账户扣除 20 元。

（3）每日投放预算上限：显示你的账户当前设定的日最高推广消费上限额。值得注意的是，每日上限和今日已消耗、关键词与快捷推广分别单独计算。

（4）通用账户：阿里巴巴国际站平台内总费用，可以用来给外贸直通车充值。

2．直通车数据展示区指标

（1）曝光量：显示最近 7 日你在搜索结果页面通过外贸直通车推广获得的买家浏览量的情况。

（2）点击量：显示最近 7 日整个账户由外贸直通车推广获得的点击量的情况。

（3）花费：显示最近 7 日整个账户的财务消耗情况，精确到小数点后两位，单位是元。

（4）推广时长：显示最近 7 日整个账户的在线推广时间。

3．消息中心

消息类别涵盖产品更新、活动、培训通知等，需要经常关注。

4. 服务与反馈

（1）客户经理联系方式：可以联系客户经理咨询。

（2）小何在线：基础的问题可在线咨询。

5. 学习中心

活动通知、论坛活动、各项培训等直接点击标题即可；学习平台可以通过“更多”点击进入。

（四）产品优先推广

利用外贸直通车进行推广时，关键词与产品的匹配关系是多对多的关系，即一个关键词可以匹配多个相关产品，一个产品也可对应多个关键词。如果你想在某个重点关键词下优先推广、展示公司的某一款重点产品时，需要使用“产品优先推广”设置功能。

当然，只有推广评分为优的关键词才能设置对应产品的优先推广，如果关键词为良，则可根据该词修改或发布新产品，提升推广评分升至优，再进行设置。

产品优先推广的操作流程如下。

第一步：进入“推广管理”界面，找到想要重点推广的关键词，点击该关键词所在行最右侧的“推广产品数”指标下的具体数字。

第二步：出现对话框“匹配××关键词的推广产品”，选择你要优先推广的产品，点击“设置优先推广”，即设置成功。在此之后，买家如搜索该关键词，将优先展示所设置的产品。如不设置，系统会自动选择推广评分最高的产品进行展示。设置优先推广的页面示例如图 3-9 所示。

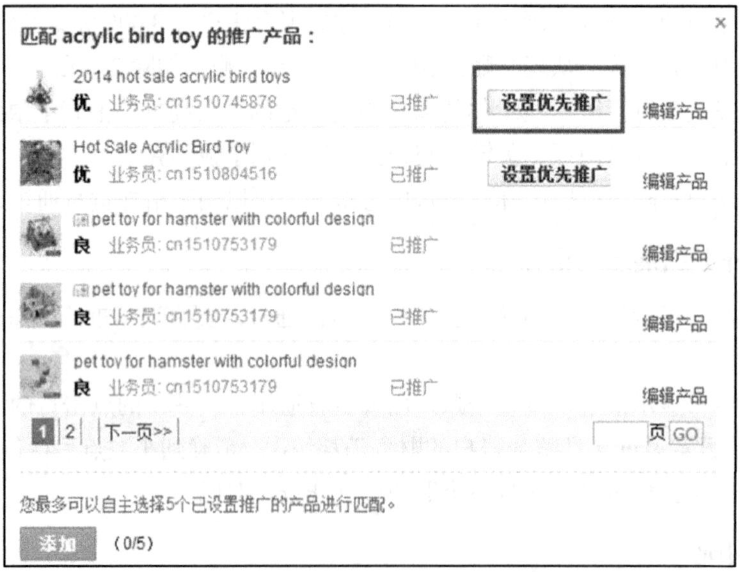

图 3-9 设置优先推广页面示例

（五）选取关键词

关键词是外贸直通车推广里至关重要的一步，那么如何正确查找关键词呢？通常我们可以通过如图 3-10 所示的几个维度进行。

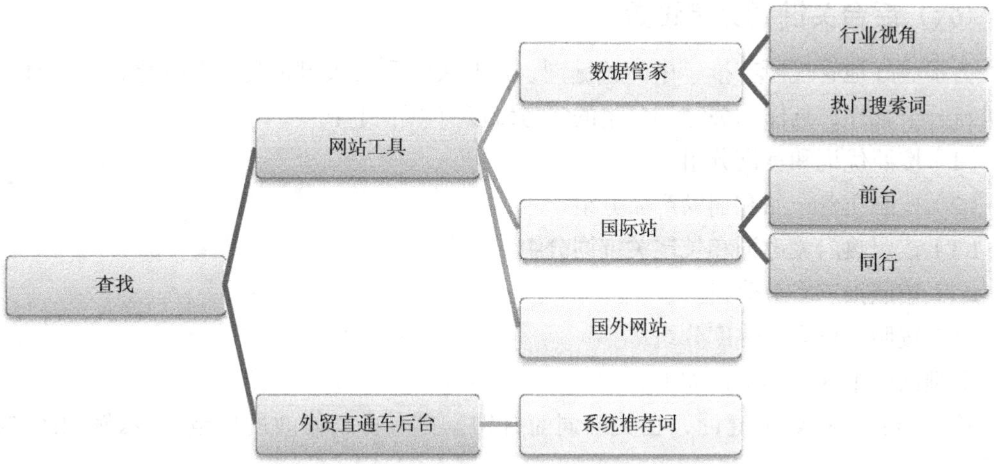

图 3-10　外贸直通车选取关键词的维度

1. 数据管家

（1）行业视角。点击阿里巴巴国际站导航栏的“数据管家”，再点击“行业视角”进入。行业视角中的淘词工具可以提供四级行业类目下面比较热门的关键词，以及在这个行业中搜索热度上升比较快的关键词。

（2）热门搜索词。点击阿里巴巴国际站导航栏的“数据管家”，再点击“热门搜索词”，热门搜索词有三个子界面：“我的关键词”“预订热门词”“行业热门词”。“我的关键词”是你自己所填写的关键词在阿里巴巴国际站的表现；“预订热门词”是买家热搜、卖家关注的优质词，能实现在线预订、及时抢占稀缺地段，获得更多曝光；“行业热门词”是店铺主营行业下买家搜索最常用的排行前十的搜索词。

2. 国际站

（1）前台。阿里巴巴国际站搜索框下显示的关键词是与搜索词相关的，同时是热度相对比较高的关键词推荐，一般有重要的参考价值。

（2）同行。利用自己的产品词或行业词搜索，了解一下同行设置关键词的情况。

3. 国外网站

eBay 和亚马逊都是不错的参考网站，可以帮助了解国外卖家的搜索和语言习惯，减少语言差异带来的客户流失。

4. 外贸直通车后台系统推荐词

通过“营销中心—外贸直通车—关键词工具”，进入关键词工具页面，系统会推荐相关的关键词，也可以输入关键词进行筛选。

（六）后台关键词分组设置

为了更好地管理所有推广中的关键词，及时关注重要关键词的排名变化，可以对关键词进行分组管理，具体的关键词分组的参考维度有以下几个。

（1）按照优词和良词分组。

（2）按照主营产品和辅助产品分组。

（3）按照热门关键词和长尾关键词分组。

（4）按照推广季节分组。

（5）按照价格竞争热度分组。

关键词分组的具体操作如下。

第一步：选择好关键词，在关键词前打钩，再点击“修改所属组”，示例如图 3-11 所示。

图 3-11　关键词组别页面示例

第二步：可以把关键词从一个分组转移到另一个分组，也可以单独再建立一个分组，如图 3-12 所示。

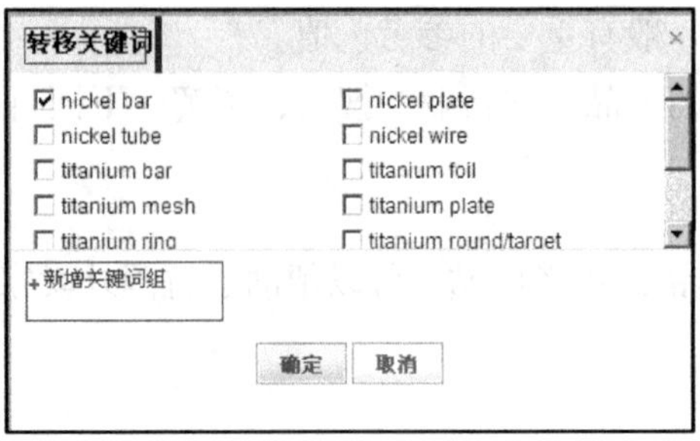

图 3-12　转移、新增关键词页面示例

案例解析

假如你已经入职一家出口丝巾面料及成品的外贸企业，该公司目前的主营业务收入来源于传统的外贸形式，并通过展会、网络客户开发等渠道开发客户，以接收大额订单为主。现在，跨境电商越来越热，企业也想实现转型，因此公司跨境电商部门新开通了一个阿里巴巴国际站平台运营的店铺。目前，平台开通了出口通服务，没有购买额外的橱窗，也没有其他付费的推广方式。业务员每天上传新产品，更新老产品。请你结合本子情景所学，为这家公司的阿里巴巴国际站的业务经营打开局面出谋划策。

分析：案例中提到该公司没有购买额外的橱窗，也没有其他付费的推广方式，但是这两者对于阿里巴巴国际站来说是必不可少的，所以应从营销体系入手。因此，应建议该公司选择有一定浏览量的产品，然后选择关键词，并购买橱窗位，同时开通外贸直通车服务。

习题演练

一、单选题

1．阿里巴巴国际站是一个（　　）电商模式平台。

A．B2B　　B．B2C　　C．C2C　　D．C2O

2．相比普通产品，橱窗产品拥有（　　）的曝光和展示机会。

A．更少　　B．更多　　C．相同　　D．接近

3．外贸直通车服务是（　　）提供给所有平台客户。

A．包年　　B．按照曝光付费

C．免费　　D．按照点击付费

4．运用网站工具为外贸直通车选取关键词不包含的途径是（　　）。

A．外贸直通车后台　　B．行业视角

C．热门搜索词　　D．国际站前台

5．显示最近 7 日你在搜索结果页面通过外贸直通车推广获得的买家浏览量的情况的指标是（　　）。

A．点击量　　B．曝光量　　C．推广时长　　D．花费

二、填空题

1．外贸直通车后台关键词分组的参考维度有按照优词和良词分组、主营产品和辅助产品分组、热门关键词和长尾关键词分组、（　　）和（　　）。

2．只有推广评分为（　　）的关键词才能设置对应产品的优先推广，如果关键词为（　　），则可根据该词（　　），提升推广评分升至（　　），之后再进行设置。

3．“今日已花费”是指实时显示你的账户今日已经产生的（　　），系统会按照两者账

户的余额（ ）扣除。

4．橱窗产品就是企业的（ ），能比其他产品得到更多曝光的机会。在排名系统里面，橱窗产品是（ ）排名的。

5．我们一般会选择以下几类产品作为橱窗产品：主打产品、热销产品、（ ）和（ ）。

三、简答题

1．外贸直通车的关键词该如何选取？

2．设置橱窗产品有哪些技巧？

实践操作

万事利集团阿里巴巴国际站店铺

万事利集团有限公司创办于1975年，其旗下杭州万事利丝绸文化股份有限公司专注于丝绸文化创意产业，并成为该领域的发展引领者。继上海APEC会议、北京奥运会、上海世博会、广州亚运会后，2016年9月，在举世瞩目的G20杭州峰会上，万事利丝绸再一次用文化创意与高科技展示了中国丝绸的古老魅力。杭州万事利丝绸文化股份有限公司提供包括丝绸国礼、丝绸艺术品、丝绸礼服、丝绸新材料等在内的数十个项目的定制服务，向世界来宾展示丝绸之府的国际魅力。

该集团旗下开设了一家阿里巴巴国际站店铺，产品涵盖印花面料、纯色面料、真丝睡衣、领带等丝绸产品。产品远销海内外。

思考并回答：

1. 请结合题干及对万事利集团官网的了解，阐述该公司有哪些主营优势产品。

2. 请打开阿里巴巴国际站，查找万事利集团的店铺，找到该店铺的橱窗产品，对其进行标题关键词和详情页关键词分析。

3. 针对万事利集团的阿里巴巴国际站店铺，从店铺装潢、产品分类及营销活动方面提出店铺优化方案。

子情景二 敦煌网平台

学习目标

知识目标

- 熟悉敦煌网平台的站内营销体系，包括付费、免费两部分。
- 掌握敦煌网平台的竞价广告和店铺促销活动相关内容。

能力目标

- 能够设置敦煌网竞价广告。
- 能够设置店铺促销活动（全店铺折扣、限时限量、全店铺满立减、优惠券）。

素质目标

- 能够分析敦煌网平台后台营销工具数据，更好地提升优化效果。

项目背景

敦煌网“十大成长之星”卖家刘相蓉的创业经历

卖家刘相蓉女士在敦煌网的店铺主营母婴、玩具产品，专业的选品方向使得店铺产品数量过万。该店铺以客户为中心进行精细化营销，把最挑剔的客户变成了最忠实的客户，从而积累了很多 VIP 买家，使得店铺的好评率高达 99%。同时，店铺深入研究行业 TOP 产品，积极参与平台促销活动，销售额名列前茅。

以下是刘女士分享的自我创业经历。

2010 年，刘女士在敦煌网上注册了店铺。经过一段时间的运营，有一个英国客户下了单，而且是一个成交额比较大的订单。这一单使她获得了很高的利润，也是这一单激起了她好好做敦煌网店铺的念头。

紧接着，刘女士的团队开始大量上货，一口气上了 500 款玩具产品和母婴产品。为了店铺每天能有稳定出单的产品，她们开始了爆款打造之路。通过后台对产品流量的分析，她们确定了以冰雪奇缘系列毛绒玩具和乐高益智玩具作为玩具类的突破口；在母婴产品方面，选中的是母子出行收纳袋和安抚奶嘴。随后，开始进行产品优化、打折、报活动、付费推广，以及配合店铺装修升级。15 天之后，效果显著，收纳袋和冰雪奇缘系列两类产品合计每天订单达到 200 个。

受店铺爆款的影响，店铺其他产品的流量也明显上升，从而带动了全店铺的整体流量。

请根据刘女士分享的自我创业经历，说明对于敦煌网店铺来说，爆款意味着什么，以及如何打造爆款。

任务实施

步骤一：了解店铺爆款的含义和作用

爆款是指在商品销售中，供不应求、销量很高的商品。也就是通常所说的，卖得很多、人气很高的商品。一个店铺有了爆款引流，那么从自然搜索进来的店铺流量就会很高，从而带动店铺其他产品的销量，特别是针对付费推广的产品，它们的点击率和转化率都会达到甚至高于行业平均水平。

步骤二：分析敦煌网爆款的打造思路

1. 挑选优质产品

选品很重要。对于上述案例来说，受欧美大众欢迎、符合欧美大众审美、性价比高，这些都是基础的要求。如果选了款质量差的，又恰巧打造成店铺爆款了，店铺的售后就会很麻烦，中差评也会很多，从而影响店铺考核，所以产品质量一定要把好关。

2. 进行产品详情的优化

做好产品详情描述、产品细节图、模特图、实物对比图，以及必要的文字说明。详情描述要做得细致，吸引买家继续看下去，并最后购买。在店铺描述中可以加入 6 ~ 18 个关联销售商品，增加其他产品的曝光度，提升购买概率。

3. 进行店铺装修的优化

店铺装修可以提高买家认可度，并使色调符合店铺、产品风格；同时，店铺装修也可以提升客户访问度，增加搜索权重，带动关联销售。

4. 设计促销活动

促销活动一定要吸引眼球（但不能夸大），让买家有一种现在买就赚的感觉。折扣活动要经常配合店铺满立减、优惠券使用。此外，要进行付费推广和平台大促报名。

知识铺垫

一、敦煌网平台店铺自主营销活动

店铺自主营销活动是跨境电商卖家首选的免费引流渠道。敦煌网平台店铺的自主营销活动分为全店铺打折、限时限量、全店铺满立减和优惠券。

（一）店铺活动产品的展示位置

1. 产品列表页

参加店铺活动的产品，在搜索结果页面会通过“On Sale”（在售）项筛选出来，同时产品图中会显示折扣或直降金额，示例如图 3-13 所示。

2. 产品详情页（包括产品的店铺详情页）

参加店铺活动的产品：①主图右侧有“Flash Sales”（限时销售）标志，促销信息条上会显示促销信息、剩余活动时间；②在“Discount Price”（折扣价格）和“Wholesale Price”（批发价格）两栏会显示原价和现价对比，如图 3-14 所示。

3. 卖家店铺

参加店铺活动的产品，会在店铺的“Time Limited Sale”栏目中单独显示，如图 3-15 所示。

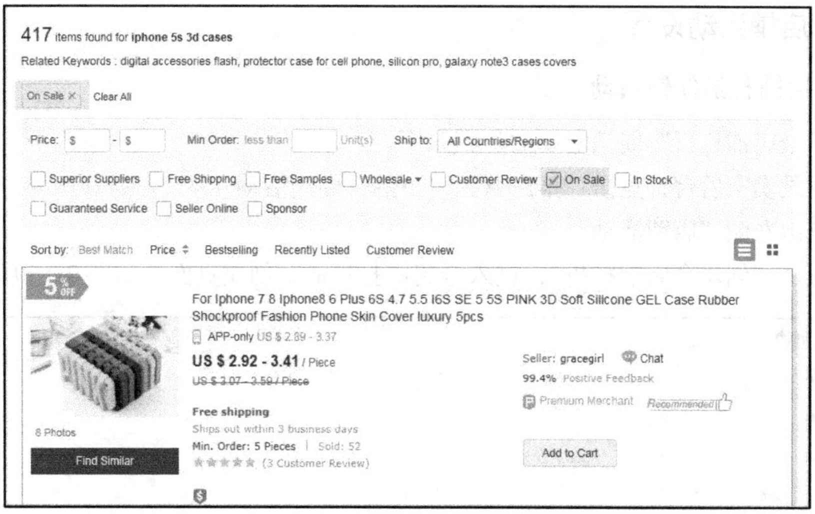

图 3-13　“On Sale”筛选搜索结果页面示例

图 3-14　产品详情页示例

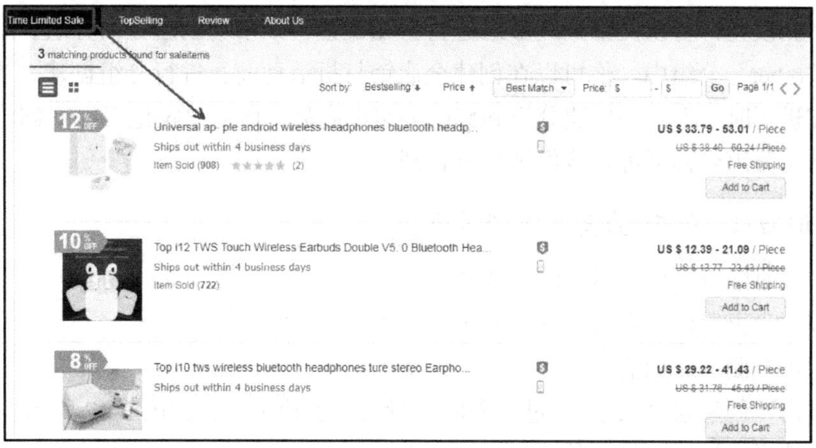

图 3-15　卖家店铺产品详情页示例

（二）店铺活动设置

1. 全店铺打折促销活动

创建“全店铺打折”促销活动的步骤如下。

（1）登录卖家后台，点击“推广营销”下的“促销活动”。

（2）点击左侧“店铺活动”。

（3）点击“创建全店铺打折”，进入全店铺打折活动创建页面，如图 3-16 所示。

图 3-16　全店铺打折活动创建页面

活动信息填写完成后，点击“提交”完成活动创建及设置。此时，活动尚处于未开始状态，可以进行分组折扣修改、停止活动等操作。活动开始前 12 小时进入“待展示”状态，处于待展示状态的产品将不能进行编辑、停止等操作。此外，关于全店铺打折有以下几个注意事项。

（1）活动需提前 24 小时创建。

（2）活动开始与结束时间为北京标准时间。

（3）折扣设置：将以促销分组形式进行折扣设置，如果未创建任何分组，全部商品将默认加入“other”分组中。你可以在创建全店铺打折活动前，进行分组创建，当有全店铺打折活动在进行时，不允许创建分组和修改分组内商品，所以一定记得提前创建分组。

（4）点击分组名称可进入该促销分组管理。

2. 限时限量（打折/直降）促销活动

创建“限时限量”促销活动的步骤如下：

（1）登录卖家后台，点击“推广营销”下的“促销活动”。

（2）点击左侧“店铺活动”。

（3）点击“创建限时限量”，进入限时限量活动创建页面，如图 3-17 所示。

然后，选择参加活动的产品，如图 3-18 所示。

最后，设置活动折扣和库存，如图 3-19 所示。

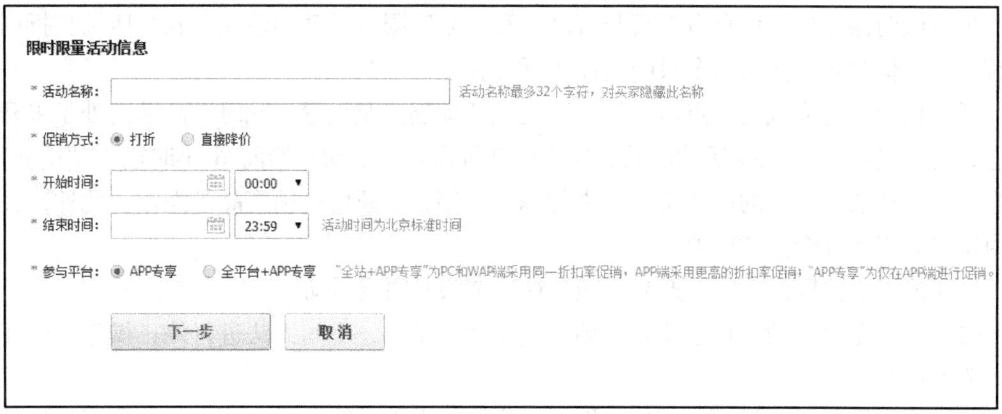

图 3-17 限时限量活动创建页面

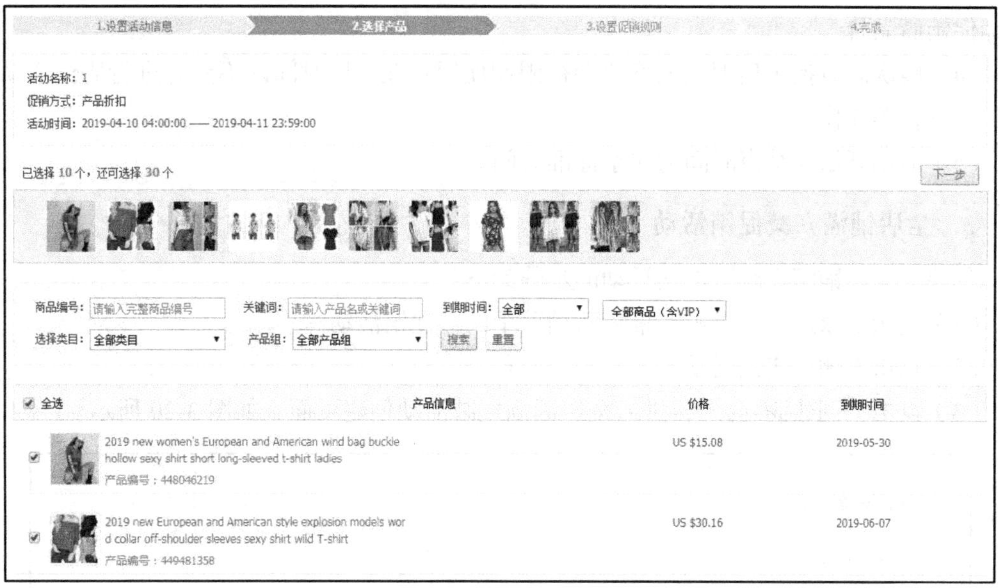

图 3-18 选择参加限时限量活动的产品

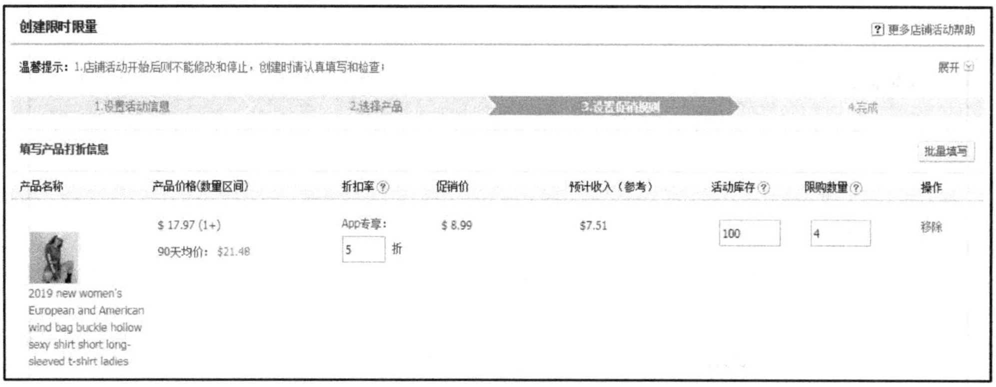

图 3-19 设置限时限量产品折扣和库存

填写限时限量促销信息有打折与直降两种。限时限量活动创建流程和全店铺打折创建流程一致，但是每个活动最多只能选择 40 种商品。

活动信息填写完成后，点击“提交”完成活动创建及设置。此时，活动尚处于未开始状态，可以进行增加/减少活动产品、停止活动等操作。活动开始前 6 小时进入“待展示”状态，处于待展示状态的产品将不能进行编辑、停止、新增促销产品等操作。此外，关于限时限量有以下几个注意事项。

（1）同一时间段内，同一产品只能参加一个限时限量活动。

（2）限时限量活动一旦创建且开始，直至活动结束，中间无法进行停止操作，请谨慎创建限时限量活动。

（3）参与限时限量促销的商品，折扣后价格需小于或等于 90 天均价（90 天均价是指从当前创建活动日期起往前推 90 天，此区间内的商品均价，而且仅计算由卖家自行发起的店铺促销商品价）。

（4）屡次恶意抬价后促销的商户会被限制使用：在一段时间内不允许进行店铺活动的创建、编辑等操作。

（5）活动开始与结束时间为北京标准时间。

3. 全店铺满立减促销活动

创建“全店铺满立减”促销活动的步骤如下：

（1）登录卖家后台，点击“推广营销”下的“促销活动”。

（2）点击左侧“店铺活动”。

（3）点击“创建满立减”，进入全店铺满立减活动创建页面，如图 3-20 所示。

图 3-20　全店铺满立减活动创建页面

活动信息填写完成后，点击“提交”完成活动创建及设置。此时，活动尚处于未开始状态，可以进行分组折扣修改、停止活动等操作。活动开始前 24 小时进入“待展示”状态，处于待展示状态的产品将不能进行编辑、停止等操作。此外，关于全店铺满立减活动有以下几个注意事项。

（1）活动需提前 48 小时创建。

（2）活动开始与结束时间为北京标准时间。

（3）优惠是否可累加：当你勾选“优惠可累加”时，你设定的满减为满 100 美元减 10 美元，则满 200 美元可减 20 美元，以此类推，上不封顶。

（4）订单满减不包含运费。如果商品同时在参加其他打折活动，满减则按折扣后价格进行满减。

（5）全店铺满立减活动，不对商品价格、信息进行锁定，在满减过程中，可修改商品信息。

4. 优惠券活动

目前，敦煌网优惠券分为平台提供与买家自主创立两种，平台提供的可跨店铺使用，买家自主创立的仅限本店铺内使用。常规的平台店铺优惠券分为三种：“领取型”“买够送”和“直接送”。

买家自主创立优惠券的创建步骤如下。

（1）登录卖家后台，点击“推广营销”下的“促销活动”。

（2）点击左侧“店铺活动”。

（3）点击“创建优惠券”，进入店铺优惠券创建页面，如图 3-21 与图 3-22 所示。

平台跨店铺优惠券的创建步骤如下。

（1）登录卖家后台，点击“推广营销”下的“促销活动”。

（2）点击左侧“店铺活动”。

（3）点击“优惠券活动”，如图 3-23 所示。

（4）选择合适的优惠券活动进行报名，如图 3-24 所示。

图 3-21　买家自主创立优惠券信息填写页面一

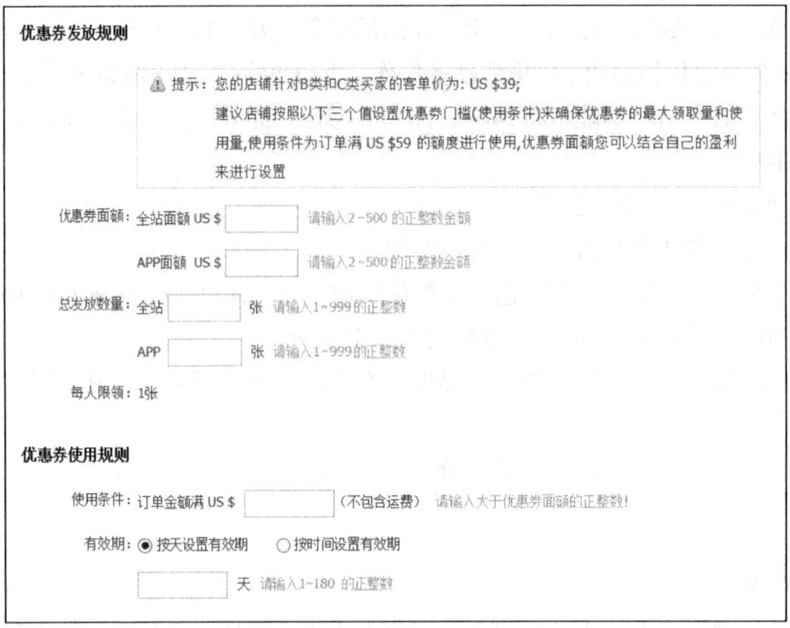

图 3-22　买家自主创立优惠券信息填写页面二

图 3-23　平台跨店铺优惠券活动创建页面

图 3-24　平台跨店铺优惠券活动列表

优惠券详情示例，如图 3-25 所示。

图 3-25 平台跨店铺优惠券详情示例

优惠券只可在活动未开始前进行修改和停止，活动开始后则不能修改。活动未开始状态，自己停止活动时不扣除活动个数。过期的优惠券是无法删除的。

“买够送”优惠券的使用标准以及生效时间：“买够送”优惠券是指购买指定的金额，送指定金额的优惠券；优惠券的金额是指定金额的 1%~30%，优惠券在指定的订单金额中使用，指定的订单金额要不小于赠送优惠券的订单金额。例如，指定的金额是 100 美元，那优惠券的金额可以设置为 1~30 美元，那在指定的订单金额中使用优惠券的订单金额要不小于 100 美元。“买够送”优惠券是订单在完成以后买家才能获得。

“直接送”优惠券的使用标准以及生效时间：“直接送”优惠券订单金额要大于 50 美元，优惠券是使用订单金额的 3%~30%。“直接送”优惠券，指定老买家下单时可以直接使用。

此外，设置优惠券活动时还要注意以下几个事项：

（1）同一时间段内最多可创建 10 个“领取型”活动（多个“领取型”活动，只要出现时间段有重叠，就计为同一时间段内）。

（2）优惠券只能在赠送优惠券的这个卖家店铺中使用，不能在其他的卖家店铺中使用。

（3）一张优惠券只能使用一次，只能绑定一个订单。

（4）活动开始与结束时间为北京标准时间。

二、敦煌网平台活动

敦煌网平台的活动可以在后台查看，各行业每周都有特色活动。“Daily Deal”是平台活动中卖家最喜欢的秒杀活动。

1. 报名流程

平台活动的报名流程如下：

登录卖家后台，点击“推广营销”下的“促销活动”，进入平台活动列表页查看当前活动。选择你感兴趣的活动，点击“查看详情”，如图 3-26 所示。

图 3-26 敦煌网平台活动报名页面

查看完活动详细信息后，如果想要参加活动，可以点击“我要报名”按钮，或者在平台活动列表页开始报名。之后，系统会按照活动要求筛选店铺里的产品，把符合活动要求的产品载入。选择要报名的产品，选择后点击“下一步”按钮进入折扣信息填写阶段。输入产品本次折扣力度等信息，提交到平台，等待审核结果。

2. 报名后查看和管理已报名活动

在“我参加的活动”一栏，可以查看/管理报名产品的审核状态，在活动为待审核状态时，可以取消报名。此外，我们还可以查看参与的正在进行中的活动以及已经结束的历史活动。

三、敦煌网平台付费营销系统

敦煌网平台的付费营销系统包含竞价广告、展示计划、商品陈列位、产品流量快车、视觉精灵、定价广告、定向展示推广。

（一）竞价广告

竞价广告“金橱窗”位于列表页的前 10 页，每页显示 3 个。金橱窗竞价第一名会显示在每页的第一名位置，一个广告位可以汇聚 10 个页面的流量。

（二）展示计划

展示计划为敦煌网后台的点击付费广告。参加“展示计划”并被成功展示的产品会按照展示期间的点击量收费，每次点击的价格为 1.5 敦煌金币（敦煌网后台虚拟货币）。

展示计划将享有敦煌网首页、搜索结果页、产品最终页、敦煌网登录后台首页、HOT Selling 栏等高流量展位展示机会。通过在平台各个页面展示产品，增加产品曝光。

（三）商品陈列位

商品陈列位是对卖家上传产品数量的一个补充，当平台规定的该卖家所上传的产品数量不够用时，可以通过购买商品陈列位增加上传产品的数量。

（四）产品流量快车

产品流量快车（简称流量快车）是敦煌网为卖家量身打造的强力引流工具，流量快车产品将会在搜索产品结果列表页中专属推广位置上高频曝光且无时间限制。

1. 显示位置

流量快车产品会出现在产品类目列表页和关键词搜索列表页，卖家可看到流量快车标识。产品所在的目录、关键词的相关度和产品质量决定了流量快车产品的排序。

2. 获得流量快车的方式

平台的卖家（低于标准的卖家除外）都能免费获得一定数量的流量快车。卖家可以自行选择审核通过的上架产品，添加成为流量快车产品，从而获得搜索产品结果列表页的高流量。卖家级别越高所获得流量快车的使用数量也越多；增值会员可根据会员类型获得专享流量快车使用数量（总数与卖家级别不叠加）。

流量快车数量的获取规则如表 3-3 所示。

表 3-3 流量快车数量的获取规则

增值卖家专享	
钻石礼包卖家	36 个流量快车
白金礼包卖家	24 个流量快车
黄金礼包卖家	14 个流量快车
普通卖家可享	
顶级卖家	9 个流量快车
优秀卖家	6 个流量快车
标准卖家	3 个流量快车
低于标准卖家	没有
新卖家扶持	
1 个产品处于正常上架状态	可获得 1 个流量快车
10 个产品处于正常上架状态	可获得 2 个流量快车
20 个产品处于正常上架状态	可获得 3 个流量快车

3．设置流量快车产品的操作

①登录卖家后台，点击“推广营销”下的“流量快车”。

②点击“添加快车产品”，选择自己要加入流量快车的产品，如图 3-27 所示。

图 3-27　流量快车产品添加页面

③通过产品编号、产品名称、所设关键词、产品组筛选等维度选择的产品，提交后即可成为快车产品，如图 3-28 所示。

图 3-28　选中的流量快车产品

④密切关注流量快车产品的转化数据，根据实际表现，每周及时更新流量快车推广产品。

（五）视觉精灵

视觉精灵通过色彩引起客户注意，凡使用视觉精灵的产品，将会出现在产品类目列表页、关键词搜索列表结果页，以及在卖家商铺页面中突出显示，从而达到较好的引流效果。

你可以购买“底色”“边框凸显”效果，也可以组合购买两种效果。每种凸显效果 200 敦煌金币/周；如果购买两种凸显效果，或购买 2 周、3 周的服务，可享受相应折扣。购买后凸显效果即时生效。

登录卖家后台，点击“推广营销”下的“视觉精灵”可进入相应页面。可以通过产品名称、产品编号直接查找产品，也可以通过产品组筛选来选择加入视觉精灵的产品。确定产品后，选择凸显效果及服务期限，设定的时长分为 7 天、14 天、21 天。

每个卖家账号每个周期限购一次凸显效果。视觉精灵服务有效期内，卖家可随时、任意更换推荐产品。点击“更换产品”进行操作即可。

（六）定价广告

定价广告是敦煌网整合网站的资源，倾力为敦煌网卖家打造的一系列优质推广展示位，分布于网站的各个高流量页面，占据了页面的焦点位置，以图片或橱窗等形式展示。该广告仅对敦煌网卖家开放，卖家可以在“敦煌产品营销系统”平台上购买。

定价广告分为三种类型，如表 3-4 所示。

表 3-4　定价广告类型

广告类型	展示位置	投放形式
Banner	主要分布在网站首页、各类目频道首页、产品列表及买家后台首页等超高流量页面，同时广告位于页面的醒目位置，拥有很好的展示效果和点击率	以图片形式展示，更能吸引用户； 适合进行店铺宣传、品牌推广和大规模促销
站内展位	主要分布在网站首页和各类目频道等超高流量页面	专门的单品和店铺展示橱窗，贴合买家的浏览习惯，获取更精准点击； 适合进行店铺宣传和单品爆款宣传
促销展位	分布在网站的各种促销活动页面，季节性和主题性强，针对最适合的群体展示	按类目和产品特性定制化打造的展示界面和橱窗展位，可全面展示产品，赢取流量和转化； 适合进行新品促销和单品爆款宣传

1. 投放定价广告的优势

①展示位置明确，买家清晰可见，展示周期长。

②多方位展示，流量大、覆盖面广。

③面向全站买家，但可以通过类目和关键词精准定位买家人群。

④迅速提升店铺和热销产品曝光度，利于打造店铺品牌。

2. 投放定价广告的图片规范要求

①图片中不能有水印。

②图片须选取产品图及产品相关事物。

③提供分辨率高的图片，不能模糊和变形。

④图片格式仅支持 jpg 格式。

⑤图片大小不能超过 1M。

（七）定向展示推广

定向展示推广是敦煌网帮助潜力优质卖家、优质产品额外获得更多展示曝光的引流系统。该系统依托敦煌网庞大的买家浏览记录与购买行为分析，构建出最贴近买家购买兴趣的产品计算模型，推荐最符合买家购买意向的产品，精准展现在目标客户浏览网页的醒目位置上，为卖家带来定向巨额流量，精准锁定目标客户。

定向展示推广是通过买家搜索的关键词与卖家计划中所设关键词的匹配度来抓取最符合买家购买意向的商品，分为快捷推广与重点推广两种形式。

快捷推广为多个商品的批量推广类型，多个商品、多关键词，最大限度地满足卖家店铺大量商品的引流需求。重点推广为单个商品的推广引流类型，单个产品、多关键词，满足卖家核心产品推广的引流需求。

案例解析

假如你已经入职杭州某进出口鞋子的外贸企业。该公司的跨境电商部门在阿里巴巴国际站上有批发业务，有稳定的出口订单。同时，该部门 3 个月前新增了敦煌网平台的业务。目前，平台概况如下：运营 3 个月，每天订单量是 15 单，其中有一款运动休闲鞋占据 70% 的订单量。部门主管想把这款产品打造成日出 30 单的小爆款，请你根据敦煌网营销系统设计打造方法。

分析：案例中是想要打造爆款，选择定向展示推广和平台活动见效快，再配合店铺其他的营销手段。因为该鞋子已经有稳定的出单，所以建议低价申报平台活动，并加入定向展示推广，同时每周配合店铺打折和其他付费活动，从而将该鞋子打造成爆款。

习题演练

一、单选题

1．敦煌网后台实施的部分产品在规定的时限内打折促销的方式称为（　　）。

A．限时限量　　B．全店铺打折　　C．CPC 广告　　D．优惠券

2．敦煌网平台付费营销系统不包含（　　）。

A．竞价广告　　B．商品陈列位　　C．定价广告　　D．满立减

3．视觉精灵营销效果在选择凸显效果及服务期限时可以选择（　　）。

A．7 天、15 天、21 天　　B．7 天、14 天、21 天

C．7 天、14 天、25 天　　　　　　　　D．7 天、15 天、23 天

4．按类目和产品特性定制化打造的展示界面和橱窗展位，可全面展示产品，赢取流量和转化的广告类型是（　　）。

A．视觉精灵　　　B．橱窗　　　C．Banner　　　D．促销展位

5．投放定价广告的优势不包括（　　）。

A．流量大　　　B．展示周期短　　　C．展示位置明确　　　D．覆盖面广

二、填空题

1．敦煌网核心店铺免费营销利器有（　　）、（　　）、全店铺满立减和（　　）。

2．流量快车产品会出现在（　　）和（　　），卖家可看到流量快车标识。

3．创建好“限时限量”促销活动后，选择参加活动的产品，每个活动最多只能选择（　　）个产品。

4．展示计划：敦煌网后台的（　　）广告。参加“展示计划”并被成功展示的产品会按照展示期间的点击量收费，每次点击的价格为 1.5 敦煌金币。

5．快捷推广为（　　）推广类型。

三、简答题

1．敦煌网平台的付费营销系统有哪些营销工具？

2．定向展示推广计划如何操作？

实践操作

敦煌网运动户外卖家案例

Wendy 是敦煌网平台的资深卖家，深耕行业多年，在敦煌网运动户外品类经营方面拥有自己的独特运营心得。

在敦煌网大促活动中，他首先做的就是秒杀。秒杀产品的价格一般都是货真价实的 1~5 折的折扣。他直接把价格压低到 1 折，限量秒杀。秒杀当天的流量比平时多了将近 10 倍。

促销有很多模块，那么 Wendy 为什么会首选秒杀呢？

秒杀是一个巨大的引流利器，有很多优势：首先，秒杀作为引流的模块，可以为店铺引入非常多的新买家流量；其次，库存积压的产品通过秒杀，可以得到有效清理；最后，对于新品而言，可以帮助卖家率先抢占新品市场，而爆品初期作为新品的时候，利润往往是最高的，通过秒杀可以短时间提升销量，从而提升产品排名。

通过秒杀，店铺获得了大量流量。流量过来之后，店铺是必须能承接、转化的。所以 Wendy 又通过以下两种方式来提升其他产品的转化。

（1）设置店铺优惠券。根据店铺成交客单价设置优惠券，提升关联产品的销量。

（2）店铺开展限时限量折扣活动以主推部分产品。

通过上述一系列活动，Wendy的店铺在2017年10月到11月，销售额增长957%，订单量增长72%。

思考并回答：

1. Wendy是如何实现订单在1个月内的快速增长的？
2. 店铺优惠券和限时限量折扣活动在店铺活动中分别扮演什么角色？有什么功能？
3. 请根据本子情景的内容，再给Wendy推荐1~2种提升产品销量的方法。

子情景三　速卖通平台

学习目标

知识目标

- 了解速卖通四大店铺自主营销工具的特点。
- 掌握速卖通平台活动和联盟营销的内容。
- 了解速卖通直通车的概念。

能力目标

- 能够设置速卖通店铺打折活动和联盟营销活动。
- 能够申报速卖通平台活动。

素质目标

- 能够选择合适的产品并灵活运用速卖通营销方法实现热销。

项目背景

杭州迪诺斯贸易有限公司是依托一家有着二十多年代工经验的服装加工厂而成立的贸易公司，主要从事服装销售和贸易。在二十多年为世界级品牌服装代工的基础上，凭借丰富的行业经验以及可靠的产品质量，公司计划开拓网络服装市场，着力打造一个网络服装品牌。

公司主要从事服装加工、服装贴牌等服务，产品包括高端羽绒制品、运动服装、专业滑雪服、夹克系列等，产品主要销往日本、加拿大及欧洲国家，深受广大客户信赖并在国际上享有一定的知名度。

公司新开了一家速卖通店铺，是实习生小周在打理，但是店铺整体转换率偏低。速卖通小二针对该店铺给出了诊断意见：店招整体设计感不强、产品图片背景色不统一；整个产品详情页只有图片，丰富度不够，显得单薄。建议多增加一些文字描述、关联营销、售后服务模板，从而凸显公司供应链能力、从店铺专业度和视觉营销上提高店铺的转换率。另外，促销活动设置偏少，建议增加站内外营销。

请你依据公司具体情况，说明该如何提升公司产品的转化率。

任务实施

步骤一：解决存在的问题

（1）从店铺装潢角度入手。店招整体设计感不强，建议依据公司 logo 和主题重新设置店招、轮播图等，体现公司和产品专业度，并设置产品链接。

（2）产品详情页的改变。统一图片背景色，一般为白色。此外，在描述上做提升，每款产品补充对应的文字、表格描述、售后服务、关联营销等。

步骤二：提升店铺转化率

修改产品的问题后，再配合相关店铺营销活动对吸引海外消费者和提升其购买转化率仍有极大的促进作用。

1. 使用营销活动利器

（1）限时限量折扣。限时限量折扣是由卖家自主选择活动商品和活动时间，设置促销折扣及库存量的店铺营销工具。该活动可以利用不同的折扣力度推新品、造爆品、清库存，是卖家最爱的一款工具。

（2）全店铺打折。全店铺打折是一款可根据商品分组对全店商品批量设置不同折扣的打折工具，可帮助卖家短时间内快速提升流量和销量。

（3）店铺优惠券。店铺优惠券是由卖家自主设置优惠金额和使用条件，买家领取后在有效期内使用的优惠券，可以刺激新买家下单和老买家回购，提升购买率及客单价。

（4）全店铺满立减。全店铺满立减是由卖家在自身客单价基础上设置订单“满××美元系统自动减××美元”的促销规则，可刺激买家多买，是提升客单价的店铺营销工具。

2. 快速提升速卖通客单价

花样百出的店铺活动，各个产品间的搭配销售，都能极大地提升客单价。

（1）产品关联推荐。产品互链工具是可以在一个产品详情页中插入店铺内其他商品信息的工具，能给买家提供更多商品选择，促进买家更多消费，减少买家流失。

（2）满××美元包邮。配合运费模板和满立减工具，实现满××美元包邮的功能。

知识铺垫

一、速卖通平台自主营销工具

跨境电商平台最看重的是店铺流量、店铺出单率。速卖通平台拥有自己的四大店铺营销利器：限时限量折扣、全店铺打折、店铺优惠券和全店铺满立减。下面分别介绍这四大工具的特点和设置方法。速卖通后台有店铺营销活动入口，通过设置店铺营销活动可以提高店铺整体流量。

1. 限时限量折扣

限时限量折扣是指在规定时间内对特定产品进行打折销售，适用于打造爆款和清仓。

限时限量折扣创建流程：

（1）登录“我的速卖通”，进入“营销中心”，点击“店铺活动”后，选择“限时限量折扣”，点击“创建活动”按钮进入创建店铺活动页面。活动开始时间为美国太平洋时间。打折商品 12 小时后展示给买家。

（2）设置商品折扣率和促销数量。每个活动最多选择 40 个商品。可批量设置折扣，库存，也可单独设置。

（3）点击“确定”即完成设置，此时活动处于“未开始”状态，可以进行修改活动时间、增加和减少活动商品等操作。活动开始前 6 小时将进入审核状态，活动状态将变成“等待展示”，活动开始后将处于“展示中”状态。“等待展示”和“展示中”的活动不可编辑，也不可停止。

特别提醒：限时限量折扣活动一旦创建，商品即被锁定，无法编辑，只能下架。也可以选择退出该活动，退出活动后可编辑。所以在创建活动前，应编辑好活动商品信息。

2. 全店铺打折

全店铺打折是指通过设置不同的营销分组，对全店铺的产品进行打折销售的方式。这种方式比较适合新店引流。

全店铺打折创建流程如下。

（1）创建营销分组。在“营销中心”的左侧菜单你可以找到营销分组的设置入口，点击“新建分组”，输入分组名称（仅限英文），点击“保存”即可成功创建一个营销分组。

在每个营销分组后面有三个按钮，分别用于修改营销分组的名称、调整营销分组的排序（点击后进行拖动）和删除营销分组，同时可以点击“组内产品管理”在营销分组中添加或移除产品。

（2）组内产品管理。安排在一个组别的产品，设置同一个折扣。

“组内产品管理”的页面，通过点击顶部的按钮来向营销分组内添加或移除产品。同时，可以批量勾选一部分产品后，将这些产品所属的营销分组进行调整。

（3）创建全店铺打折活动。为不同组别的营销分组产品设置折扣，提交即可。

3. 店铺优惠券

店铺优惠券分为领取型和定向型。领取型是指客户进入店铺之后可以领取的优惠券。定向型是指店铺向指定客户发放的优惠券。

店铺优惠券创建流程如下。

（1）领取型优惠券。

①登录“我的速卖通”，进入“营销中心”，在“店铺活动”中选择“店铺优惠券”，然后点击“添加优惠券”。

②填写活动基本信息。活动开始和结束时间表示买家可领取优惠券的时间，买家可使

用该优惠券的时间在“优惠券使用规则设置”中的“有效期”设置。例如，活动时间为 2018 年 11 月 13—30 日，有效期为 7 天。如买家在 2018 年 11 月 20 日领取优惠券，领用后可立即使用，最晚使用日期为 2018 年 11 月 27 日。

③填写优惠券领取和使用规则，具体如图 3-29、图 3-30 所示。

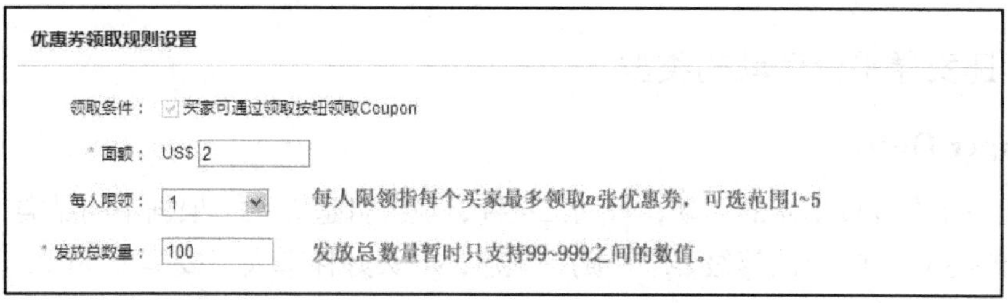

图 3-29　优惠券领取规则

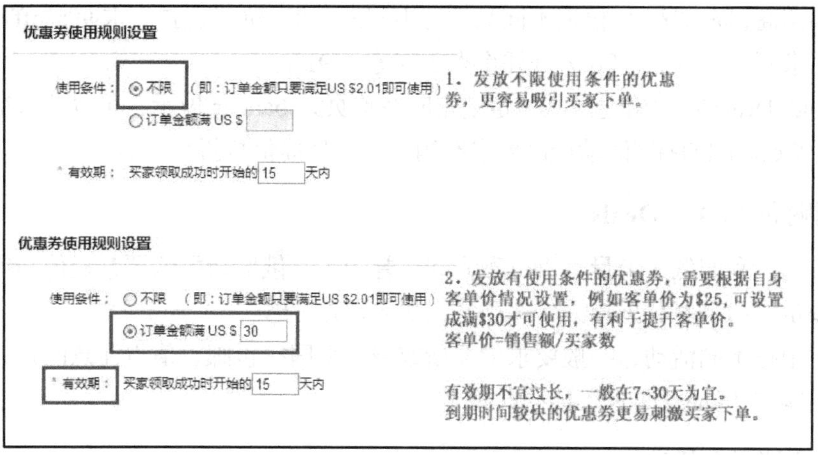

图 3-30　优惠券使用规则

（2）定向型优惠券。定向型优惠券与领取型优惠券的设置方法一样。定向型优惠券设置完成之后可以选择有购买记录的客户进行定向发放。

4. 全店铺满立减

全店铺满立减活动在提高客单价、提升店铺权重方面有重要的作用。另外，满立减活动和优惠券一样，与店铺的其他折扣活动可以叠加使用。

全店铺满立减创建流程如下。

（1）登录“我的速卖通”，进入“营销中心”，在“店铺活动”中选择“全店铺满立减”，然后点击“新建活动”。

（2）填写活动基本信息。特别注意：时间填写不能跨月，并且需要提前 48 小时创建活动。

（3）填写促销规则。要求填写“满××美元立减××美元”。特别注意：折扣和满立减的优惠是可以叠加的，设置时一定要考虑折上折时的利润问题。

二、速卖通平台活动

作为速卖通平台的卖家，我们都会研究提高出单率的方法，标题描述关键词当然是基础与核心，而搭载平台活动无疑是一种最有效的方法。一旦卖家成功申报活动，产品就会出现在活动的发布页面获得推广。

（一）速卖通平台活动的类型

1. Super Deals

全站唯一能上首页曝光的活动，每周二招商，适合打造爆款。根据不同品类，要求价格折扣 99%off ~ 35%off，店铺等级要求一勋—五冠，90 天好评率大于或等于 90%，全球免邮。

2. Weekend Deals

每周四招商，周末显示。根据不同品类有不同的要求，价格折扣要求 99%off ~ 35%off。店铺等级要求新店—五冠，90 天好评率大于或等于 91%。

Weekend Deals 每周精选产品，定期定时在首页大 banner 展示，可以获取很高的点击量。此外，Weekend Deals 活动产品要求有销量且严禁提价打折。

3. 团购和 Today Deals

类似秒杀，利润低、走量，以抢曝光和信誉为主。俄罗斯团购严禁提价销售，团购商品要求一口价。如果商品折扣大、库存多，则会优先考虑。

另外，根据不同活动，一般要求俄罗斯或俄语系国家包邮。值得注意的是，俄罗斯团购、巴西团购和 Today Deals 不能同时报名。

4. 不定期平台活动

不定期平台活动包括平台特定主题频道活动和平台大促，如新年换新季活动、情人节大促活动等，对价格折扣、店铺等级、90 天好评率都有一定的要求。

（二）成功报名速卖通平台活动的技巧

活动报名的整个流程还是非常容易操作的，提交报名商品，速卖通小二审品通过之后，就会按照相应的展示时间来展示。但速卖通的平台活动全部是人工审核的。那么，怎样才能报名成功，让自己的产品参与速卖通平台的活动呢？

1. 确定审品时间，在审品时间之前完成报名

一般活动中有具体的审品时间，为每周周五。在没有具体时间的情况下，建议尽量在招商开始时间一个星期内完成报名，方便速卖通小二审核。

2. 看清楚活动要求

活动要求主要包括价格、对应产品、新品、国家、销量、好评度等。

3. 切勿提价打折

提价打折的概念是成交价低于刊登上架的价格。我们上架时一般会把折扣核算进去，成交价一般是我们的折后价，利用打折促销的噱头来赢取更多销量，方便我们报平台活动。但此类方式均属提价打折。

那我们会遇到一个问题，如果以原价刊登，不打折促销，流量就不明显，很难有销量。这里建议加入联盟营销或直通车推广，未提价打折的商品在审品的时候是相当有优势的，速卖通小二会优先考虑。当然我们可以为了提高整体店铺流量，使某些产品迎合平台活动要求的折扣，承担一定的亏损，前提是要把握好店铺整体利润。

4. 做好产品优化

主图、详细描述十分重要。速卖通平台活动的类型一般分为团购、秒杀、上新、应季几大类型。在操作的时候，我们可以看到平台活动要求的折扣都是相当高的，若想经常参加平台活动，产品要有一定的价格优势。同时，我们可以通过细节优化（如添加有对应国语言的图片）等去提高自己报名成功的概率。

总结：Today Deals、Super Deals、俄罗斯爆品团、巴西团购、速卖通无线抢购、俄罗斯秒购团等团购和秒杀类型的平台活动带来的流量是非常大的，这几个是报名的首选活动。

三、速卖通直通车

直通车是速卖通平台通过点击付费的一种店铺引流方式。在众多的店铺引流方式中，直通车能使店铺产品曝光量在短时间内得到大幅度提升。当然曝光量也与产品和关键词出价密切相关。

直通车分为重点推广和快捷推广。多款产品一起推广的方式为快捷推广，单款产品推广为重点推广。通过建立推广计划，添加要推广的产品，调整关键词出价，就可以得出推广产品的推广数据，帮助卖家测款和打造爆款。

其中，直通车的综合排名由关键词质量评分与出价的乘积决定，关键词质量与产品的属性、标题关键词、详细描述有关。关键词与产品本身相关度越高，出价越高，产品排名越靠前。

直通车的展示位位于搜索结果页右侧（5 个展位）和下方（4 个展位），展位前标有“premium related products”字样。

（一）速卖通直通车开通及充值方法

（1）在“我的速卖通”中点击“营销中心”，或者直接输入 http://bp.aliexpress.com/。

（2）在“直通车概况”中点击“立即体验”按钮。

（3）在速卖通直通车首页“账户预计可消费天数”处，点击“充值”。

（4）系统跳转到订购服务页面，在此选择充值金额。

（5）确认订单，系统显示“订购成功”。

（6）进入付款页面，选择付款方式（支付宝、网上银行等）。

（7）付款成功即可。

（二）速卖通直通车操作方法

速卖通直通车后台操作包括创建推广计划、添加关键词、出价和调整等。

推广计划包括重点推广计划和快捷推广计划。快捷推广计划用于多款产品引流；重点推广计划用于打造爆款，单款引流。

速卖通直通车操作流程与敦煌网平台类似。

（1）选定推广计划类型，选择要推广的产品，添加关键词。

（2）调价及新增关键词。

（3）数据反馈与不断地调整优化（出价和关键词）。

速卖通直通车的关键词和出价是其核心要素。关键词决定了系统能否覆盖到你的店铺产品，出价决定了你的产品能否排到买家搜索列表前页。

四、速卖通联盟营销

速卖通联盟营销是速卖通官方推出的一种“按效果付费”的推广模式，它是国内最大的海外网络联盟体系之一。加入速卖通联盟营销的卖家可以得到海量海外网站曝光机会并享有联盟专区定制化推广流量。速卖通联盟卖家只需为联盟网站带来的成交订单支付联盟佣金，不成交不付费，是性价比极高的推广方式。它是站外推广的手段，汇集了互联网上更多站外流量，产品展示、点击、推广免费，成交才付费，并且可以随时调整佣金比例，灵活控制成本。

速卖通的联盟推广路径分为站内渠道和站外渠道两种。站内渠道主要是联盟专区（https://best.aliexpress.com/），流量分布于首页、Bestselling、搜索结果页、活动页面及多语言联盟专区；站外渠道包括媒体站、导购站、垂直网站、SNS、Blog 等。

（一）速卖通联盟营销的优势

依托专业服务团队及上万卖家的服务经验，速卖通联盟取得了健康持续的发展。因此，目前速卖通联盟营销有着以下优势：

（1）海量的曝光（数十亿次的网络曝光，PC 与移动设备全覆盖）。

（2）全球覆盖（速卖通覆盖全球上百个国家，拥有数十亿的海外买家）。

（3）精准投放（精准的地域匹配与购物习惯匹配）。

（二）速卖通联盟佣金设置规则

卖家如果加入速卖通联盟营销，则全店所有的商品都会加入联盟推广，成为联盟商品。店铺中任一款商品通过联盟渠道成交，都需要支付联盟佣金。为了方便卖家的设置和商品的推广，速卖通平台对佣金设置进行了分层。联盟商品的佣金设置主要分为以下三类：店铺默认佣金、类目佣金和主推商品佣金。

1. 三类佣金的内容以及优先顺序

速卖通联盟营销的三类佣金的定义如表 3-5 所示。

表 3-5 速卖通联盟佣金的定义

佣金类别	定　义
店铺默认佣金	店铺下所有商品在未设置其他佣金时以店铺默认佣金为准
类目佣金	某类目下的商品没有设置主推商品佣金时以类目佣金为准
主推商品佣金	店铺需要推广的商品设置的佣金

联盟佣金比例的大小顺序为：主推商品佣金＞类目佣金＞店铺默认佣金。

例如，Cindy 的店铺的默认佣金比例是 5%，手机壳类目佣金比例是 6%，那么新发布的手机壳类目的产品的佣金比例是 6%。但是如果新发布的这款产品是充电宝（店铺常规商品）则佣金比例是 5%。假设设置手机壳为主推产品，则主推产品佣金比例至少为 6.5%。

同时，也按以上优先顺序来扣除商品佣金，即若设置了类目佣金，但不是主推商品，则按类目佣金比例收取；加入主推商品的直接按主推产品佣金收取；没有设置主推商品或类目佣金但开通联盟推广的按照店铺默认佣金收取。

一个订单中的多个商品，将单独计算联盟佣金。订单中的运费不算在联盟佣金之内。联盟佣金的扣除在联盟订单交易完成时进行结算。

2. 速卖通联盟营销类目佣金

速卖通联盟最低类目佣金比例从 3%~8%不等，最高佣金比例是 50%，大多数类目最低佣金比例是 5%，一起来看几个类目，如表 3-6 所示。

表 3-6 速卖通联盟类目佣金（示例）

一级发布类目	最低佣金比例	最高佣金比例
Apparel&Accessories（服装和配饰）	5%	50%
Beauty& Health（美容健康）	5%	
Consumer Electronics（消费电子产品）	5%	
Food（食品）	3%	
Mother &Kid（母婴）	3%	
Shoes（鞋类）	8%	

一旦开通联盟营销，全店铺产品都会加入联盟，成交后平台将收取费用。修改主推产品、重新设置佣金等操作，会在 3 天后生效。

（三）速卖通联盟营销操作设置

开通联盟营销之后，全店铺都会以最低的店铺佣金加入联盟推广计划，速卖通卖家需要为联盟渠道的产品支付佣金。同时，为了进行店铺重点产品的大流量推广，可以设置联盟营销主推产品。

联盟营销主推产品创建流程如下。

（1）通过佣金设置菜单设置店铺默认佣金比例。

（2）进入“我的主推产品”，选择接下来要重点推广的产品，并设置比默认佣金比例更高的独立推广佣金比例。

（3）推广一段时间之后，可以通过联盟看板、流量报表、订单报表、退款报表、成交详情报表查看推广费用和效果，以优化推广计划。

五、速卖通客户管理

客户营销是接触第一手客户和市场信息的最主要渠道。从客户身上我们可以获得的重要信息有以下三点：客户评价、购买记录、买家秀。

客户评价：可以通过客户评价，发现客户的性格。例如，评价严格，会阐释产品情况，说明客户对产品要求很严格。

购买记录：发现店铺的平均客单价，寻找重要的客户。

买家秀：通过买家真实评价吸引更多的新买家下单。

我们可以通过速卖通后台工具和其他工具同时来管理营销。常用的速卖通后台工具有站内信等客户管理与营销工具。站外则一般可以通过邮寄小礼品、邮件发送节假日祝福等方式来进行。

（一）速卖通客户营销和管理

通常情况下，客户营销和管理有以下四种分组类型。

①按照国家分。

②按照语系分。

③按照卖家等级分。

④按照购买数量、金额及购买习惯分。

下面先介绍各种分组的小窍门。

（1）按照国家、语系分可以使用“订单批量导出”功能。在速卖通后台“交易”导航栏中找到该功能，订单状态选择结束的订单，时间自由选择，单独勾选出收货地址，这样便于选出国家或语系。

（2）若按照卖家等级分类营销，速卖通后台可以提供客户等级数据。

（3）若按照购买数量、金额分类，可分成大订单客户（批发采购）、中等订单客户（金额大或复购率高）和散客。

当然，客户关系管理和维护最重要的一点就是心与心的沟通。在电商淡季，销量惨淡，我们可以抽出更多的时间来维护客户关系。每周或每月不定时发送优惠券，并通知客户。这不仅能迅速提升店铺的曝光和浏览量，更多的是可以表达自己对客户的关心，提升客户满意度及 DSR 服务分，从而为后期的销售旺季打好基础。

（二）速卖通精准客户营销

速卖通平台如何实现精准客户营销？可以从以下几方面入手。

1. 精准客户营销概述

精准营销的前提是对客户有明确的分类，并能制订不同的营销计划。那么速卖通如何实现精准营销呢？我们一起来看一下。

（1）识别。速卖通有一个 VIP Club 的客户等级区分（见表 3-7），通过查看黄金会员的购买记录，可以发现这个买家是否符合大客户的标准。建议从自己的营销中心发现：对购买频率高、金额大、给好评、利润高、服务简单、发展前景大的客户进行记录。

表 3-7 速卖通 VIP Club 客户等级区分

VIP Level（VIP 等级）	交易金额	交易期限
Platinum（铂金）	≥6 999 美元	90 自然日内
Gold（黄金）	≥3 999 美元	
Silver（银牌）	≥999 美元	

（2）开发。开发已有的、别人的、潜在的客户。

①已有的客户。可以在营销中心的历史客户统计与营销中寻找。盘点购买次数超过 3 次、采购金额超过 50 美元的客户，将其购买记录进行统计。

②别人的客户。例如，在我们的店铺买过 A 产品的客户到别人的店铺买了 B 产品，可以考虑我们能不能也做 B 产品。

③潜在的客户。针对来店铺进行过询盘的客户，在站内信对话中查看，查找客户的采购记录，分析出他是自用客户还是分销类客户。针对分销类客户进行进一步的营销。

（3）销售。销售店铺现有的产品，我们一般以服务和折扣取胜；针对客户想买但是店铺中尚未有的其他家产品，我们可以创建一个新链接，将价格稍微低一些的产品推销给客户。

（4）服务。提供力所能及的最好的服务。提供准确的报价、发票、包裹尺寸，并且保持邮件和客户沟通，同时还可以不定期寄送样品、礼品和感谢信。发货时记住产品重量和包装尺寸、采购和运费成本，及时追踪物流状态。

（5）维护。分析客户采购记录、客户网站、客户对产品的意见，注意时刻与客户保持联系。客户信息用记事本记录，按照行业类别整理，用心收集。

2. 站内信精准客户营销

沟通是处理一切问题的基本方法。在速卖通平台上，常用的速卖通营销渠道是速卖通站内信。它的沟通功能强大而有效。站内信有准确的时间提醒和标识功能，同时有指定黑名单和查看历史订单的功能。那么，怎么回复速卖通站内信呢？我们可以遵从以下原则。

（1）简单明了。

（2）条理清晰，逐点明确。

（3）注意语法，尽量不要有严重错误。

（4）针对潜在客户，可以提供多种语言翻译。

（5）尽量编辑通用型的常用回复。

在进行速卖通客户营销推荐之前，首先要了解的客户的重要信息包括：

（1）客户评价。查看客户的全部评价，了解清楚客户的要求，善于分析和总结客户的信息和需求，并且要学会屏蔽干扰信息，获取有价值的信息。

（2）购买记录。购买记录的评判标准是客户的平均客单价。我们可以在后台的速卖通客户营销中，找到自己的客户进行综合分析。但是对于新手卖家而言，可能没有积累那么多的客户，那么你需要注意下面几类客户，这些客户很可能是你的潜在客户。

①在店铺进行过 3 次以上购买的客户。

②在店铺采购超过 50 美元的客户。

符合这些条件的欧美、东南亚客户要格外留心（因为给这些国家的客户发商业快递投资回报率也很高，不一定要用便宜的邮政挂号小包）。

③善于沟通和回复比较及时的客户。抓住有这些行为特征的客户：在 48 小时内回复我们站内信的客户；会跟我们聊购物以外的事情，把我们当朋友。

案例解析

假如你已经入职一家出口男女服装的外贸企业，该公司的跨境电商部门新开通了一家速卖通店铺。目前，店铺概况如下：运营 1 个月，每天订单量是 12 单，部门主管想把新上的 2018 年春款修身男士长裤 K007 推成爆款，请你设置一个引流营销方案。

分析：案例中是想要打造爆款，直通车和平台活动见效快，同时配合店铺的其他营销手段。具体操作：把 K007 按照活动款定价，加入直通车推广，在有一定销量的基础上，去申报平台活动。同时，每周配合店铺打折和联盟营销推广。

习题演练

一、单选题

1．情人节大促活动属于（　　）。

A．不定期平台活动　B．Today Deals　C．Super Deals　D．俄罗斯团购

2．成功报名速卖通平台活动的技巧不包含（　　）。

A．优化详情　B．提价打折

C．看清楚活动时间　D．看清活动要求

3．（　　）是速卖通上通过点击付费的一种店铺引流方式。

A．全店铺满立减　B．优惠券　C．联盟推广　D．直通车

4．速卖通联盟营销的佣金适用顺序为（　　）。

A．类目佣金 >主推商品佣金 > 店铺默认佣金

B．店铺默认佣金 >类目佣金 >主推商品佣金

C．主推商品佣金 > 类目佣金 > 店铺默认佣金

D．主推商品佣金 >店铺默认佣金 >类目佣金

5．下列不属于站内信精准客户营销原则的是（　　）。

A．简单明了　　B．条理清晰　　C．语法错误　　D．多语言翻译

二、填空题

1．速卖通店铺四大营销利器有全店铺打折、（　　）、全店铺满立减和（　　）。

2．速卖通付费的推广方式有（　　）和（　　）。

3．直通车后台操作包括创建推广计划、（　　）和（　　）。

4．联盟看板、（　　）、订单报表、退款报表、（　　）可以查看联盟推广费用和效果。

5．平台活动中有（　　）和（　　）两次大促。

三、简答题

1．设置限时限量折扣的步骤是什么？

2．如何实现速卖通平台客户管理营销？

实践操作

“95后”卖家创业故事：他是如何在速卖通从0做到同类目第一的

今年22岁的朱黎航一毕业就扎进跨境电商领域。从入驻时的一窍不通到5个月完成蜕变成为银牌店铺，8个月成为金牌店铺，两年内“双十一”销售额增长了近10倍。

在大学里，他学的是广告设计专业，相比于同届学生的“步入正轨”，朱黎航等于选择了一条完全陌生且背离家人期盼的道路。无计可施中，朱黎航向同处跨境电商行业中的叔叔讨教，而这次谈话也影响了他的抉择，让他对便携式照明类目有了进一步的认识。

便携式照明是速卖通灯具这个大类目下增长较快的细分品类。有调查数据显示，经过近几年的发展，中国照明产业其实已经在传统光源向LED转型的过程中取得明显进步，但与欧美等发达国家相比，中国制造在产品设计、工艺技术等方面仍有突破的空间。

未知是初创者面临的挑战，年轻却是“95后”够硬的资本，速卖通为年轻人创造了更多的可能。朱黎航的梦就这样开始了。

开始，他选择了速卖通大学，通过十分系统的运营课程学习，积累了丰富的运营知识并付诸店铺日常实践，同时担任运营、客服、美工及物流等多重角色。针对商品详情页的图片设计，图文结合类型的浏览量、转发量和订单转化率要比纯文字类型或纯图片类型的高50%~150%不等；为增强页面的吸引力，也可以在站内推广和站外推广的过程中搭配图

表、视频的多样化使用。

2017 年，在备战创业以来的第一个“双十一”时，他果断决定从海外仓入手，选择了平台买家数量较为庞大的俄罗斯市场作为尝试，结果几款产品的出单数量涨幅明显。在此之后，他还参加了速卖通行业黑马商家培训计划，对平台整体的运营规划，有了更加清晰的认识。

令人意想不到的是，参照 2017 年的“套路”，2018 年朱黎航的速卖通店铺在“双十一”期间销售额同比增长了近 10 倍，“黑五”期间再次发力，连续 5 天稳坐类目第一。

其中诀窍何在?

在引流推广的阶段中，速卖通平台也提供了较大的帮助。大促前一个月，他通过达人营销联系了当时较有影响力的俄罗斯“网红”，以有偿的方式让其帮忙宣传速卖通店铺产品。“同时借助‘网红’的传播力告诉消费者，我们的店铺有俄罗斯海外仓，收货快，可以尽量避免‘双十一’高峰期时包裹的长久等待。”

“黑五”的营销策略与“双十一”基本一致，配合速卖通平台的互动，朱黎航更加放开了手脚：“今年第一次参加‘黑五’，价格扛得住的都上，大促的成交金额也接近‘双十一’的 60%。接下来，我们还会针对‘黑五’销量较大的国家，布局海外仓，做好引流产品和爆款产品的海外营销和本土化服务。”

思考并回答：

1. 创业初期的朱黎航是如何系统熟悉速卖通平台的？对你有什么启示？
2. 在“双十一”和“黑五”大促中，朱黎航提前做了哪些准备？
3. “网红”营销是跨境卖家用得比较多的一种新营销途径，请你上网搜索在 YouTube 上该如何开展“网红”营销。

子情景四　亚马逊平台

学习目标

知识目标

- 了解亚马逊平台黄金购物车 Buy Box 和跟卖的基础知识。
- 熟悉亚马逊平台的站内促销工具和 CPC 广告。

能力目标

- 能够设置亚马逊平台的店铺促销活动。
- 能够申报亚马逊平台的秒杀活动。

素质目标

- 拥有较好的开拓国外市场的营销思维。

项目背景

亚马逊是美国最大的一家网络电子商务公司，位于华盛顿州的西雅图，是最早开始经营电子商务的公司之一。亚马逊成立于 1995 年，一开始只经营网络的书籍销售业务，现在则扩及了范围相当广的其他产品，已成为全球商品品种最多的网上零售商和全球第二大互联网企业。

亚马逊及其他销售商为客户提供数百万种独特的全新、翻新及二手商品，如图书、影视、音乐和游戏、数码下载、电子和电脑、家居园艺用品、玩具、婴幼儿用品、食品、服饰、鞋类和珠宝、健康和个人护理用品、体育及户外用品、汽车及工业产品等。目前，平台上的产品数量超过 10 亿，网站月访问量 1.75 亿，全球用户已达到 3 亿多。不管是北美地区的美国、加拿大、墨西哥，还是欧洲的英、法、德、意大利等市场，从流量角度来看，亚马逊是跨境电商卖家首选的出口平台。亚马逊主要站点的概况如下。

美国站：美国站是中国卖家在亚马逊上的首选站点，竞争也十分激烈，但美国市场仍保持快速增长的势头，市场底盘足够大，增长空间同样不容小觑。

加拿大站：约 44%的加拿大消费者在亚马逊平台搜索过产品，且目前加拿大的独立访问数达到 980 万人次，可以说非常可观。此外，加拿大也是英文站，因而该站点的产品可以与美国站同步。

墨西哥站：墨西哥并不是人口大国，但是互联网用户数量却在全球排第 12 位，证明该国互联网发展迅猛，该市场潜力值得关注。该站点同样也可与美国站同步。

欧洲站：欧洲站包括英、法、德、意、西五个国家，这五个分站点可以覆盖到欧洲 27 个国家。欧洲市场体量与美国市场不相上下，且消费水平一致，人口越多，市场空间就越大。

日本站：日本站目前大概有 3 100 万人次的独立访问数，跟德国的体量差不多，流量排名也相对靠前，潜力巨大。

分析亚马逊平台在电商市场中的地位和特点，并了解该平台的独特营销渠道。

任务实施

步骤一：分析亚马逊平台在电商市场中的地位和特点

亚马逊的电商 App 只有 Amazon Shopping，它在 14 个国家均开设了零售网站，包括美国、加拿大、英国、法国、德国、意大利、西班牙、巴西、日本、中国、印度、墨西哥、澳大利亚和荷兰。其中，针对印度、中国等发布了不同的本地化 App。除中国和巴西外，亚马逊电商 App 在有业务的地区基本上都取得了较大的市场份额。

跨境电商除了亚马逊，eBay、速卖通两个平台也占据了比较大的市场份额。速卖通主要以发展中国家、欠发达国家为主；eBay 则是成熟市场，对品质要求较高，规则比较偏向买家。其中，速卖通以“价格为王”，卖家一定要价格低才能有优势；eBay 对卖家的要求更严格些，对产品质量要求较高，但同样也拼价格，即产品质量要过得去，价格也要有优势。

在这三个平台中，对卖家要求最高的是亚马逊，它以产品为驱动，就是产品质量必须有优势，还必须有品牌。目前来看，亚马逊的进入门槛是最高的，也是最能盈利的。

步骤二：了解亚马逊平台独特的营销渠道——Prime Day

每年，为庆祝亚马逊成立 *N* 周年，亚马逊都会在 7 月（每年每国的亚马逊有所差别，当时公司于 7 月 16 日成立）推出全球购物促销活动——Prime Day。在这一天，亚马逊将提供上百款秒杀商品和极速、免费的快递服务，网站每 10 分钟更新一次促销活动产品，涵盖电子数码、玩具、游戏、电影、服饰、运动户外等品类。

2018 年 7 月 16 日当天，亚马逊指出，注册订阅其 Prime 会员的用户比公司历史上任何一天都多。亚马逊表示，2018 年在 Prime Day 购物的 Prime 会员（包括来自澳大利亚、新加坡、荷兰和卢森堡的会员）数量创下了历史新高。

2018 年，亚马逊在所有产品类别上都有两位数的市场份额增长，预计 2019 年增长最快的将是食品饮料、服装美容和健康护理及时尚配饰。

知识铺垫

一、黄金购物车

亚马逊中的 Buy Box 是每一位商家都想要抢占的黄金购物车，那么什么是 Buy Box 呢？

黄金购物车（见图 3-31）位于单个商品页面的右上方，是买家购物时看到的最方便的购买位置。只要买家点击“Add to Cart”，页面就会自动跳转到拥有这个 Buy Box 的卖家店铺。亚马逊在每一个商品刊登中，都会选择一位卖家占据这个 Buy Box 的位置，而这位被选中的卖家宠儿则可以享受源源不断的订单和关注。

图 3-31　黄金购物车

简单来说，抢 Buy Box 就是抢订单。据统计，有 82%的亚马逊平台交易都是通过 Buy Box 完成的，也就是说拥有 Buy Box 的卖家卖出产品的概率远远高过其他卖家。对于卖家来说，如何获得 Buy Box 黄金购物车从而增加店铺销量至关重要。当然，新手在 Buy Box 的认知上也有一些误区。

（1）Buy Box 只跟价格有关。其实 Buy Box 不只是跟价格有关。实验证明，在低端产品中，价格与 Buy Box 的联系可能更紧密；而在中高端产品中，这种联系并不明显。因此，不能片面地认为只要低价就可以赢得 Buy Box。

（2）Buy Box 是为亚马逊自有商家准备的。亚马逊将自有商家（也就是亚马逊自己）定位为完美卖家，但这并不表示第三方卖家没有获得 Buy Box 的可能性。据统计，亚马逊上 1/3 的销售都来自第三方卖家。如果第三方卖家的评级也接近完美卖家，并且价格合理，那么他们很有可能和亚马逊的自有商家竞争 Buy Box 的位置。

（一）Buy Box 的运作模式

亚马逊并没有把 Buy Box 给予固定优秀卖家的想法，相反，它将 Buy Box 在众多优秀卖家之间共享，这既能提高卖家店铺的整体竞争力，又能改善买家的良好购物体验。例如，如果有 10 个条件相同的完美卖家竞争同一个产品的 Buy Box，他们可能各占 10%的机会。这意味着每个在 Buy Box 展示商品的卖家都有可能获得 10 个客户访问商品页面的机会。

一般来说，评级较高的卖家有 70%的机会获得 Buy Box，评级中等的卖家有 25%的机会，评级较低的卖家只有 5%的机会。因此，与其说卖家赢得或失去 Buy Box，不如说能获得 Buy Box 的优秀卖家太少。

值得注意的是，Buy Box 的运作并不是时常都有的，它们的发生取决于产品的竞争和每天的时间。此外，由于亚马逊使用 Cookies 来确保每个客户每个小时只能看到一个获得 Buy Box 的卖家，某些 Buy Box 运作被隐藏了起来。但是，如果获得 Buy Box 的卖家因为某些原因指标发生了变化，如产品价格或库存数量发生了变化，亚马逊会在一个小时周期到来前把 Buy Box 转移到另一个卖家。

（二）如何赢得 Buy Box

Buy Box 是评价亚马逊卖家是否拥有完美客户体验的指标，因此，如果一个卖家拥有接近完美的客户体验指标或拥有一个极具竞争力的产品价格，那么它就有赢得 Buy Box 的机会。

1. 影响 Buy Box 的变量

（1）影响力较大的变量。

①配送方式：亚马逊自身配送商品的运输时间、按时发货率以及存货数据评分。运用 FBA 将大大提高卖家获得 Buy Box 的概率。

同等情况下抢占 Buy Box 的顺序：亚马逊自有卖家>FBA>本地发货>中国发货。

②最终价格：卖家将产品运送给亚马逊时收取的价格（包括运费以及关税）。卖家的评级越高，他就可以向亚马逊收取越高的价格，同时还会保留 Buy Box 的位置。

③卖家评级：卖家提供给买家的总体体验。每成功交易一个订单，亚马逊将奖励给卖家 100 分。如果还有一些额外的服务，亚马逊将另外奖励给卖家一些分数。如果配送超时

只能得到 0 分，订单被取消会被扣 100 分，收到差评会被扣除 500 分。卖家总分是一个卖家在过去一年的交易平均分。越是近期的评分，被赋予的比重越大。

④运输时间。运输时间是非常重要的因素，能否准时送达对于获得 Buy Box 非常重要。亚马逊的运输时间分为：0~2 天，3~7 天，8~13 天以及 14 天。

（2）影响力中等的变量。

①订单缺陷率：由三个因素组成，包括差评率、交易保障索赔率以及退单拒付率。分数分为两个部分，即 17~77 天的短期和 32~122 天的长期。过去 17 天的订单不计。无论是长期，还是短期，如果订单缺陷率大于 1%，将大大降低卖家获得 Buy Box 的概率。

②评价分数：买家评分，新的评分影响更大。

③运输历史：相关分数包括按时发货率、延迟发货率、追踪订单的比率。这些比率分为 7 天、30 天和 90 天的范围内计算。

④卖家反馈时间。是否能快速回复买家，也影响卖家获得 Buy Box 的概率。在 24 小时内回复 90%以上买家的问题，才有机会赢得 Buy Box。

（3）影响力较小的变量。

①买家评价数量。

②库存深度以及销售数量。

③取消及退款比率。取消率超过 2.5%会影响获得 Buy Box 的概率。

2. 赢得 Buy Box 的要求

（1）必须注册专业卖家账户。

（2）必须在亚马逊有 2~6 个月的销售记录，拥有一个比较高的卖家等级、送货评级，且是订单缺陷率低于 1%的特色卖家。

（3）商品状态必须是新的。如果是翻新或二手商品，Buy Box 有另一套标准。

（4）商品必须有库存。如果现有满足要求的卖家没有库存了，那么 Buy Box 会自动转到第二位卖家。

3. 赢得 Buy Box 的技巧

（1）迅速管理产品的刊登。

（2）在每个变量上设定目标。将重点放在影响力较大的变量上，但不能忽略任何一个变量。例如，对于产品销量波动较小的卖家来说，虽然没有什么竞争变化可以显示他们的优势，但他们可以选择从运输时间入手，减少运输天数，在仅有少数竞争者中脱颖而出。

（3）抓准时机，有效管理时间，可在夜间进行相关 Buy Box 的操作。

（4）实时优化价格，包括手动调价、规则调价和工具调价。

①手动调价是卖家通过亚马逊后台库存页面或第三方平台进行手动更新价格的方法。这是最简单的重新定价的方法，控制度和可见度高，但工作量非常大，而且效率低。适合手动调价的产品：数量极少的高价值产品、特殊产品或手工制品、与亚马逊没有竞争的产品、由厂商定价的产品。

②规则调价是卖家着眼于竞争者的每一个产品价格根据一定的规则自动调整价格的方法。这是目前最流行的重新定价方法，通过设置一定数量的金额来击败市场产品的最低价格，或者所有产品在最低价格的基础上各降 20%。但这种方法只考虑竞争对手的价格，忽略了其他卖家指标，不够全面（建议利用第三方工具抢占 Buy Box，可以选择 Solid Commerce 或 BQool）。适合规则调价的产品：书籍、电影或其他媒介产品，非特色卖家出售的产品，需要托运的产品，低利润的产品。

③工具调价是卖家根据市场状况运用计算机算法确定产品最优价格的方法。这种定价方法有点类似国际股市的股票抛售，是现时最先进的重新定价的技术。与规则调价不同，工具调价能够影响 Buy Box 的每一个变量，而且能够设置出一个最优价格，保证既能赢得 Buy Box，又能赚取高利润。适宜工具调价的产品：专业卖家或企业级出售的产品、含有高利润的产品、数量成千上万的特殊品、范围广泛且独特的产品及产品线。

总结：掌握游戏规则，利用游戏规则，才能赢得游戏。抢占 Buy Box，要先懂得 Buy Box，研究并利用，才能取得胜利。

二、跟卖

跟卖是指多个亚马逊卖家共用一条 Listing，页面信息包括图片、标题、描述、特性、EAN、UPC 等都相同。但 Listing 所有权归亚马逊，跟卖者只能设置自己的价格和库存数量，所有卖家争抢 Buy Box 购物车。

跟卖能提升用户体验，便于客户简单快速地找到自己需要的产品，减少 Listing 的数量，缩小搜索范围，同时提供同一产品的不同卖家选择。

跟卖产品可以在短时间内迅速提升曝光量，获得大流量，出单快，但它同样有劣势，如价格竞争激烈、利润率低、侵权投诉率高等。

跟卖的基本要求：①产品相同（图片、包装、参数、功能、性能、颜色、大小等），②产品无品牌（不能带 TM、®）。

（一）跟卖的好处

（1）对于刚开的店铺或一直没有流量和订单量的店铺来说，必须选择一条路，那就是跟卖，跟卖最直接的效果就是订单量的增加。后面带来的影响就是流量上升，自己上架的产品也可能卖出去。

（2）不用自己创建页面，只需要填写价格、SKU、库存数量。

（二）跟卖的风险

（1）可能被有授权的卖家或品牌商投诉，导致亚马逊强制关闭账户。

（2）页面被篡改。

（3）恶意竞争。

（三）跟卖的操作流程

第一步：在亚马逊上找到要跟卖的产品，并在产品页面搜索该产品的 ASIN（亚马逊产品的唯一编号）号码，复制此号码。

第二步：进入你的亚马逊卖家中心，点击“Add a Product”。

第三步：在搜索框中输入刚才找到的 ASIN 号码。

第四步：填写好相关栏目，点击“保存”。

（四）如何防止被跟卖

首先，任何卖家在亚马逊后台上传的 Listing 归属权都属于亚马逊而非上传产品的卖家，所以只要在不侵权的大前提下，能提供与这个 Listing 一模一样的产品，那么你就有权利跟卖这个产品。

如果你不想自己的 Listing 流量被分给其他卖家，那么如何防止自己的产品被跟卖呢？

1. 为产品注册商标

如果你有在产品销售地的产品商标，就可以向亚马逊举报跟卖你产品的卖家。当然，跟卖的卖家可以将跟卖的产品自行注册商标，但是这并不意味着注册了商标这个跟卖的链接就会变为你的。因为这个产品的编辑权限不一定在你手中，只有一位卖家对跟卖的产品有编辑修改的权限。如果这个产品的商标到手了，但是这个产品链接的编辑权限属于别人，那么你依然无法对这个产品进行修改，不能换图，不能改描述，所以品牌至少在这个产品链接上起不到作用。

2. 在产品或包装上印自己的 logo

亚马逊认定，如果你跟卖某个产品，那么你提供的产品必须和将要跟卖的产品的 Listing 一模一样，一点儿都不能差。因此，可以通过这种方法来防止其他卖家跟卖。

（五）如何正规跟卖

跟卖有利有弊，在了解如何防止自己的产品被跟卖的基础上，我们需要了解一下如何安全跟卖。

（1）到商标网上查看这个品牌有没有注册商标：

①http://www.uspto.gov/。

②http://www.trademarkia.com/。

（2）跟卖时不要明目张胆地跟卖一些大牌，如跟卖苹果、三星、佳能、爱普生等，跟卖这些大牌等于宣告你在卖假货。

（3）跟卖的 Listing 要每天检查，简单浏览，防止产品被修改。

（4）如果跟卖的 Listing 权利人发 Message，通知需要下架跟卖产品否则投诉等，建议做删除处理。

（5）建议卖家分账号操作，可单独申请一个账号专门做跟卖。

（六）跟卖技巧

1. 绝不跟卖品牌

亚马逊对品牌的保护超乎想象，卖家一旦跟卖有品牌的产品，品牌商一投诉，账号马上就会被封。所以在跟卖之前，卖家要认真检查 Listing 上是否有品牌标识，如果有的话，不建议跟卖。同时要注意，并不是只在跟卖当天才需要检查 Listing，要防止部分品牌卖家为了增加流量在吸引一群人跟卖后，就上自己的品牌，让跟卖卖家“中招”。

2. 依据跟卖者数量

亚马逊跟卖要看跟卖者的数量，如果已经达到 10 个以上，说明竞争太过激烈，往往意味着价格压得过低没有利润，那就没有必要跟卖了。

3. 使用亚马逊自动跟卖软件

亚马逊自动跟卖软件可以自定义跟卖时间，卖家只需要将想要跟卖的商品 ASIN 码输入或批量导入就可跟卖，如酷鸟。

（七）投诉跟卖流程

在店铺被恶意卖家跟卖时，我们该如何发起投诉呢?

首先要具备下列信息和资源：品牌备案（必要）、品牌信息（必要）、test buy 单号、条理清晰会英文写作的员工。具体的投诉流程：打开链接 www.amazon.com/gp/help/reports/infringement，填写公司商标注册信息，找到公司产品购买页的链接或 ASIN，完善投诉信息；如果有 test buy order 可以在 additional information（附加信息）里面附上，最后附上亚马逊官方通知被投诉方删除 ASIN 的截图即可。

三、促销

在亚马逊的运营中，往往会用到两个工具：站内广告（Campaign）和促销（Promotion）。站内广告起到直接引入站内精准流量的作用，而促销是对进入店铺的客户起到鼓励其购买更多数量和金额来拉升销售总金额的作用。这里主要介绍促销。亚马逊的促销活动包括满减及折扣、免运费、买赠三种类型。

满减及折扣（Money Off）：买多少数量的商品或消费满多少金额，就可减免多少金额或享受一定的折扣优惠。

免运费（Free Shipping）：买多少数量的商品或消费满多少金额，就可享受商品免运费。

买赠（Buy One Get One）：购买一定数量的商品可获赠同类商品或其他商品。

特别注意：有 Buy Box 的商品才能做促销，并且由亚马逊配送的商品不参加免运费促销。

通过促销活动的推广，可以为产品引来可观的流量，但是亚马逊卖家在做促销时需要注意参加促销的产品、价格等数据，以及最佳设置方式和最佳时间点。满减及折扣是促销活动中效果最好的一种方式，它的功能非常强大，设置方式有很多种。例如，A 产品做满减及折扣活动，可以直接打八折销售；或者对 A、B 两种产品做捆绑销售的满减，加购买 A 后可八折购买 B 产品；诸如此类的还有满多少立减多少、买两件打八折；等等。亚马逊卖家在设置满减及折扣时可以根据自身的情况，自由组合分配满减及折扣的形式。

（一）Money Off 的设置流程

Money Off 是亚马逊促销方式中的一种满减及折扣活动，也就是我们平时常常遇到的类似“满多少减多少”的常规促销方式。

一般情况下，促销的时机分为以下三种。

①新品上市。

②打造热销款或爆款。

③赠送样品以取得 Review（评论）。

1. Money Off 活动创建概述

设置 Money Off 时，先登录卖家后台。美国站点在“Advertising”下拉菜单中选择“Promotion”进入。而英国站点是在“Inventory”下拉菜单中选择“Manage Promotion”进入。进入上述页面后，点击“Create”，即进入“Money Off”（或“Percentage Off”）的促销规则设置页面。

（1）Conditions（促销信息填写）。这里需填写 Buyer purchases、Purchased Items、Buyer gets、Applies to 及 Advanced Options 五项内容。

①Buyer purchases。这个下拉菜单中有三个选项（见图 3-32），可以根据实际的促销活动进行选择，但需要提醒的是，它决定着整个活动的设定，填写的优先顺序是从上到下，上层的设置会影响下方的选项。

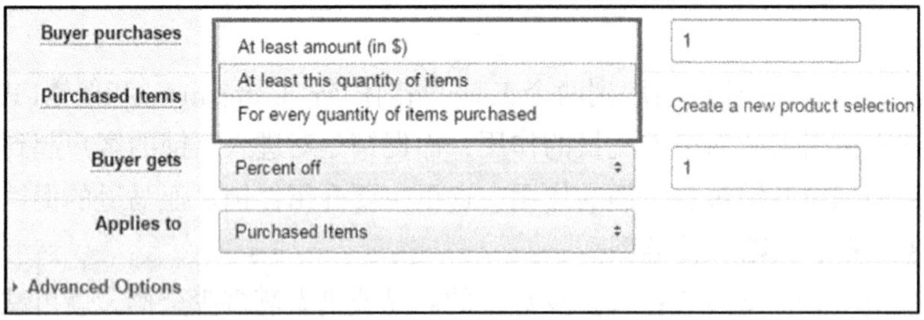

图 3-32　Money Off 的 Buyer purchases 页面

A. At least amount(in $)（至少××金额）：表示此促销方案只有在消费者购买至少××金额的商品时方适用，即买家最少要花费××费用才能享受此促销活动。

B. At least this quantity of items（至少购买××件商品）：表示此促销方案只有在消费者购买××件商品时方适用，后面的框内必须填入数字。

C. For every quantity of items purchased（每××件商品）：表示买家一次购买××件商

品就可以有优惠。假如设定一次购买 5 件某商品有优惠，那一次购买 5 件该商品的买家就会有优惠。

②Purchased Items。Purchased Items 选项页面如图 3-33 所示。

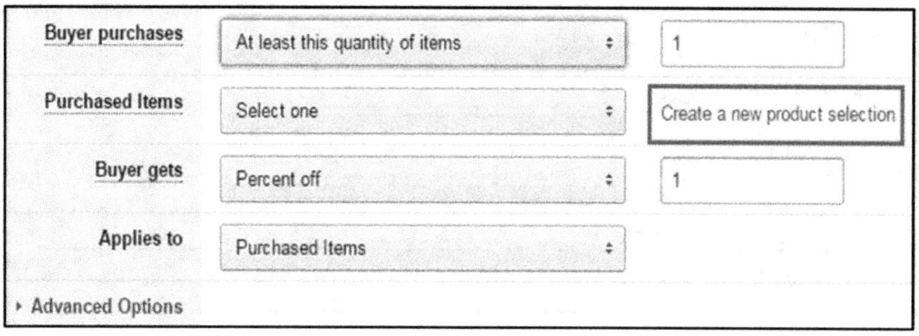

图 3-33　Money Off 的 Purchased Items 页面

卖家在此页面选择要参与促销的商品。如果卖家只想对在售商品中的部分商品做促销的话，需要先创建产品列表（Create a new product selection），以便系统识别是哪些商品包含在促销的内容里面。那系统如何找到这些商品呢？卖家可以通过给系统提供 SKU 列表、ASIN 列表、品牌名称等来让其识别。所以，卖家可以从不同的角度出发来创建想做促销的产品列表。

③Buyer gets：填写优惠内容。Percent off（打折）即享受多少折扣优惠。例如，你想打 99 折，后面框内就填上数字 1（见图 3-34）。

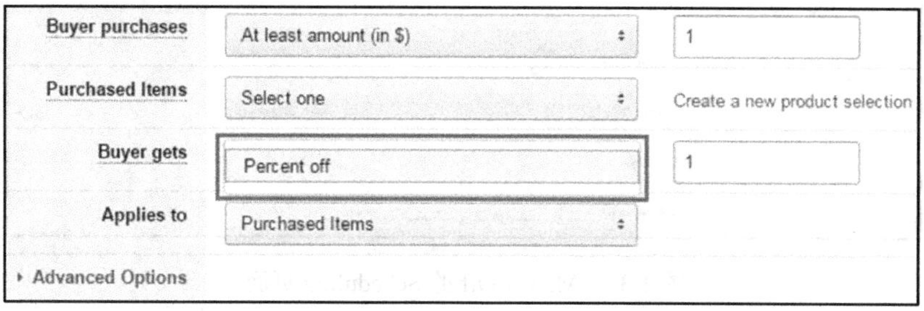

图 3- 34　Money Off 的 Buyer gets 页面

④Applies to：促销适用哪些产品。同样有两个选项（见图 3-35）。

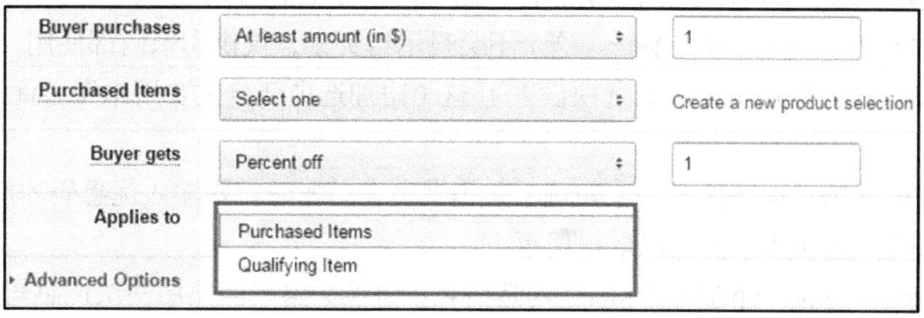

图 3-35　Money Off 的 Applies to 页面

A. Purchased Items（购买的商品）：一般默认的就是该选项。

B. Qualifying Item（指定的商品）：如果选择了这个选项，点击 Select an ASIN，表示当买家购买了某个选定的商品后才能享受优惠（见图 3-36）。

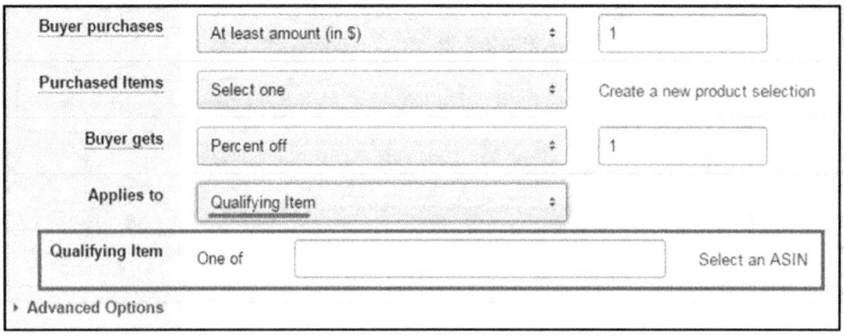

图 3-36　Money Off 的 Qualifying Item 页面

⑤Advanced Options：高级设置。在这里可以根据自己的需要，添加多个促销的区间，如满 50 减 5 元、满 100 减 15 元等。

（2）Scheduling（活动时间设置）。该步骤即设置促销的起止时间（见图 3-37）。注意，促销活动创建后 4 小时才会生效。此外，这个时间是美国的时间，也就是说要到美国的这个时间才会生效。当然，你可以到 Manage Promotion 去查看目前这个促销是 pending（等待展示）还是 active（展示中）状态。

图 3-37　Money Off 的 Scheduling 页面

①Start Date：开始时间。

②End Date：结束时间。

③Internal Description：促销识别名称，用来区分促销活动。

④Tracking ID：促销追踪编码。这个不会显示给买家，仅供卖家内部使用。

（3）Additional Options（高级选项设置）。这个附加选项部分主要用来完善促销活动（见图 3-38）。

①Claim Code：促销优惠码。勾选后，消费者在结账时需要输入优惠码才能享受促销优惠。主要用来限制买家使用以取得优惠。

A. One redemption per customer：勾选后表示每位买家只能使用一次优惠码。

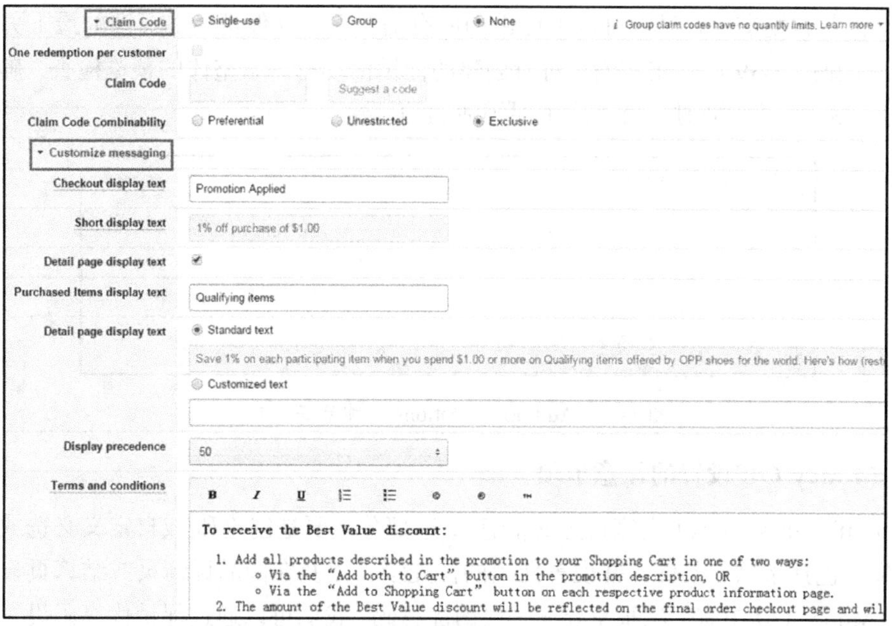

图 3-38 Money Off 的 Additional Options 页面

B. Claim Code：即买家购买时需要输入的优惠码，卖家可以自己设定，也可以随机设定。

C. Claim Code Combinability：优惠码类型。有三个选项，分别是 Preferential（优先使用）、Unrestricted（无限制）及 Exclusive（排他性）。建议新手卖家还是选择系统默认的 Exclusive，意思就是买家使用了这个优惠码后就不能享受其他的促销活动了。当然，等后面对促销活动运筹帷幄的时候可以依据具体情境而定。

②Customize messaging：卖家自定义信息。创建给买家的信息，并设置展示的先后顺序。需要设置的内容主要包括以下几项。

A. Checkout display text：结算时显示的文字。

B. Short display text：短显示文本。搜索页面时显示的信息。

C. Detail page display text：商品详情页面显示文本。勾选后，商品详情页里会显示促销信息，否则不显示。如果不勾选的话那么每位到你店里的访客都能享受优惠。这点需要注意，这里一般适合清理库存时使用。

D. Purchased Items display text：需购买商品显示文本。即显示需要买家购买的商品的信息。

E. Detail page display text：详情页面显示的促销信息，有两个选项。

a. Standard text（标准文本）：系统自己推荐的促销文本信息。

b. Customized text（自定义文本）：自己编辑促销信息。

F. Display precedence（此促销的优先级）：数字越小，此促销越优先生效。适用于同时有多个促销活动进行活动排序时。

（4）预览并提交。在设置好以上促销的所有信息后，在促销活动页面的最下方有一个“Review”（见图 3-39），点击查看，对所创建的促销活动有一个整体的预览检查，确认无误后，点击“Submit”。此时，就完成了促销活动的创建。

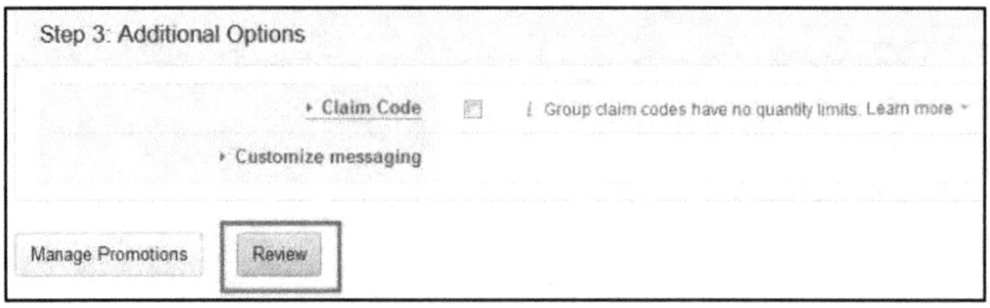

图 3-39　Additional Options 的预览提交页面

2. Money Off 设置的注意事项

Customize messaging（卖家自定义信息），这部分主要是创建和/或自定义必选或可选的信息类型，包括条款与条件，并设置促销的优先级，以及在商品详情页或结算页显示的促销内容。Money Off 中有一项很重要——促销优惠码，我们可以通过促销优惠码设置给予客户优惠以换取客户的好评。

如果做定向促销，如为了索取评论而专为特定人群（top reviewers 等）做的促销活动，那该项后面的复选框即 Detail page display text 必须取消勾选（系统默认是勾选状态）。如果因为马虎或不懂而没有取消勾选，那卖家的促销优惠码就会出现在 Listing 详情页面上，也就是说，所有人都会看到这个促销优惠码，并用它来参与促销活动，千万谨记。

（二）Free Shipping 的设置流程

登录卖家后台，美国站点在“Advertising”下拉菜单中选择“Promotion”；英国站点在“Inventory”下拉菜单中选择“Manage Promotion”，点击“Creat”，进入“Free Shipping”设置页面。

1. Conditions（促销信息填写）

温馨提醒：卖家在设置 Promotion 时，填写的优先顺序是从上到下，因为上层的设置会影响下方的选项。

这里需要设置七项内容。

（1）Buyer purchases：设置包邮条件，即达到多少金额享受免邮或者买多少数量的商品享受免邮。

（2）Purchased Items：卖家选择一些商品作为 Free Shipping 的对象。

（3）Buyer gets：买家优惠，默认为 Free Shipping。

（4）Applies to：哪些产品适用 Free Shipping，默认为买家购买的商品。

（5）Qualifying Shipping Options：卖家可以选择免邮的运货方式。

（6）Advanced Options：进一步选项，即在前面的设置基础上再添加一些条件才能得到促销优惠。Advanced Options 包括 Tiers（等级，只适用于 Money Off ）和 Exclude Items（排除项目）。

（7）Advance Options-Exclude Items：卖家在此设置不参加 Promotion 的商品。

2. Scheduling（活动时间设置）

设置 Free Shipping 活动开始和结束的日期，以及命名本次 Promotion 活动。

3. Additional Options（高级选项设置）

这部分用来设置商品页面上的促销信息。卖家可以自行更改这里面的内容，如果不想要自己改写促销信息的话，使用亚马逊的默认设置就行了。如果卖家需要使用 Claim Code 的功能，也可以在此启用。

三个步骤完成后，可以预览（Review）此次 Free Shipping 的设定，确认后再点击提交（Submit）结束设置。

（三）Buy One Get One 的设置流程

登录卖家后台，美国站点在“Advertising”下拉菜单中选择“Promotion”；英国站点在“Inventory”下拉菜单中选择“Manage Promotion”，点击“Create”，进入“Buy One Get One”设置页面。

温馨提示：此操作是对整个店铺做买赠促销。如果要对部分产品或类目做买赠促销，则要选择“Create a new product selection”。

1. Conditions（促销信息填写）

这里需要设置六项内容。

（1）Buyer purchases：买家至少购买××件商品。

（2）At least this quantity of items（至少购买数量）：表示此促销方案只有在消费者购买××件商品时方可采用，此处必须填入数量。

（3）For every quantity of items purchased（每××件商品）：消费者每购买××件商品即可适用此促销方案。这个选项仅适用于 Money Off 与 Buy One Get One 的促销类别。

（4）At least amount(in $)（至少××金额）：表示此促销方案只有在消费者购买至少××金额时方适用。

（5）Purchased Items（购买的商品）：指买家购买 A 商品赠送 A 商品（例如，买了苹果，送的还是苹果）。

（6）Qualifying Item（指定的商品）：指买家购买 A 商品赠送指定的商品（例如，买的苹果，送的是梨）。

2. Scheduling（活动时间设置）

自行设置该促销活动开始和结束的时间。

3. Additional Options（高级选项设置）

这里一般使用亚马逊的默认设置就行了。最后点击“Review”，检查之后再点击“Submit”进行提交。

四、秒杀

亚马逊的秒杀是一种限时打折优惠的促销活动，它精选来自各品牌最新的特价打折促销商品，以最实惠的价格让消费者买到满意的商品，提升购物体验。

（一）亚马逊平台秒杀活动的类型

1. Lightning Deals

特惠秒杀，简称 LD，是一个具有时效性的秒杀活动，一般持续 4~6 小时。亚马逊第三方卖家（Seller）和亚马逊供应商（Vendor）会有所不同，Seller 为 4 小时，Vendor 为 6 小时；不同站点之间也有差异，美国站为 4 小时，欧洲站为 6 小时。卖家需要为每个 ASIN 缴纳 150 美元的报名费用。

如果参加 Lightening Deals，FBA 数量至少要大于 100。一般适合该类秒杀的产品应受众广、季节合适、变体不宜太多、页面质量好、标题清晰、图片合规，且价格在 50 美元以下的产品的促销效果较好。

亚马逊明确规定，电子香烟、酒精、成人用品、医疗设备、药品、婴儿配方奶粉等产品类型不能参加 Lightning Deals 活动。

2. Best Deals

周秒杀，简称 BD，免费，一般可以持续两个星期，涵盖美国站和日本站。

3. Deals Of The Day

今日秒杀，简称 DOTD，免费，时间为一天。这是亚马逊站内秒杀活动的“王中王”，是最难申请的，每天只有三个广告位，极为稀有。在移动端打开亚马逊 App 的时候，第一个显示的就是 Deals Of The Day。

亚马逊站内的秒杀活动都在 Today’s Deal 显示，具体网址为 http://www.amazon.com/gp/goldbox/ref=nav_nav_cs_gb。

（二）亚马逊平台秒杀活动的申请渠道

1. Lightning Deals

有两个渠道可以申请该活动。

（1）后台出现 Lightning Deals 的推荐时，卖家可以直接在后台进行申请。通过“seller central”中的“ADVERTISING”“Lightning Deals”，如图 3-40 所示。

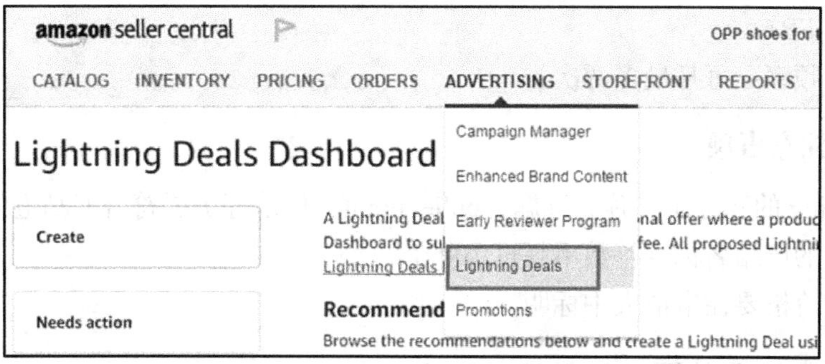

图 3-40 Lightning Deals 申请页面

（2）根据招商经理的表格要求填写申报，主动联系招商经理申请参加。提交申请表格后，后续还是到卖家后台查看。

2. Best Deals

只能通过招商经理的渠道去申请，亚马逊会对卖家的产品以及整个店铺的表现进行审核。

3. Deals Of The Day

该促销暂不对卖家开放，无法申请。

所有秒杀活动申请成功以后会收到亚马逊平台发来的邮件，通知卖家活动的参与时间，如果卖家发现这个时间段不合适可以选择取消后再次申请。

（三）亚马逊平台秒杀活动的申请条件

1. Lightning Deals

（1）Review（消费者评价）要求细节。

①有消费者评价且越多越好，电子产品、家装产品、办公产品要求 10 个以上。

②至少 3.5 颗星以上推荐的概率高。

③新品转化率较高，也有被推荐或抓取的概率。

（2）通常为 Prime 会员服务，配送必须是 FBA。

（3）价格要求：目前购物车售价的 8 折或更低［不是在 List price（厂商建议零售价）的基础上，而是在目前的购物车售价的基础上打折］。

（4）报名频率：每月一次。

如果后台活动申请已经提交，那么亚马逊平台会先审核。相关的费用会在申请通过后才收取。

2. Best Deals

（1）消费者评价至少 3 颗星以上。

（2）当前购物车售价的 8.5 折或更低。

（3）使用 FBA。

（4）报名频率：每月最多两次。

3. 其他注意事项

（1）Lisiting 的刊登（图片、标题、bullet point、秒杀等）要符合亚马逊的要求。

（2）填表的产品名称字符数不超过 100 个。

（3）折后价格要在申请表中标明。

（四）欧洲站和美国站秒杀活动申报

1. 美国站秒杀活动申报

（1）选品。卖家根据自己的产品销售情况及需求，提报符合亚马逊秒杀规则的 ASIN。请参照秒杀产品自检产品的 4 个图是否符合平台要求。

（2）填写秒杀提报模板。卖家根据提报表的提示，认真填写提报表。

（3）将提报表提交至客户经理，等待审核结果。将秒杀申报表提交至客户经理处，客户经理将 ASIN 提交至共享文件夹进行预审。

（4）准备 FBA 入仓事宜，并入仓完毕。产品通过预审，卖家可进行入仓准备，并完成入仓，全部显示可售并由亚马逊配送。

（5）由客户经理提报最终版本申请至美国秒杀团队，进行最终审核。由客户经理进行最终提报，确定秒杀上线时间。

（6）秒杀上线。

2. 欧洲站秒杀活动申报

（1）打开秒杀活动报名链接，了解秒杀活动的要求。

（2）填写卖家信息，如邮箱等。需要注意最下方有两个选项，卖家可以选择单独上传或批量上传。

（3）填写产品信息，主要是填写站点及卖家想参加秒杀活动的产品 SKU 和 ASIN。

（4）填写活动页面产品标题、该产品的秒杀间隔、价格、数量。设置完成之后，提交报名。

五、CPC 广告

CPC（Cost-Per-Click）被称为“按点击付费”，是亚马逊卖家需要掌握的一种站内推广形式。它通过向目标人群投放广告让 Listing 得到更多的曝光量和浏览量，在 Listing 符合买家需求、描述清楚到位、图片足够吸引的前提下，有助于爆款的打造和形成。尤其对于竞争少、售价高、利润高的产品，更应当优先考虑投放 CPC。目前，美国站最低起投价为 0.02 美元，每次加价最低为 0.01 美元。英国站最低起投价为 0.02 英镑，每次加价最低为 0.01 英镑。

（一）CPC 投放的基本要求

（1）推广的 Listing 需要拥有 Buy Box（黄金购物车），没有获得 Buy Box 的 Listing 是没有机会申请 CPC 活动的。

（2）卖家销售计划必须是 Professional seller（专业卖家），个人卖家需在后台升级为专业卖家后才能投放 CPC。

（3）不要将竞争品牌设为竞价关键词。认真筛选和设置竞价关键词，注意不要将竞争对手的品牌词添加进去。例如，卖服装，不能将香奈儿的衣服设置成爱马仕和乔治·阿玛尼。要实事求是，不能侵权。

（4）不要设置与自己产品完全不相关的关键词。不要为了曝光率而设置与产品完全不相关的关键词。例如，卖衣服，设置的关键词却有 computer（计算机）、shoes（鞋子）或 mobile phone（手机），这是不允许的。

（二）创建 CPC 的方法和步骤

（1）登录卖家中心，依次选择 Advertising—Campaign Manager—Create a Campaign，含义分别为广告—竞价管理—创建活动。

（2）进入竞价广告创建页面，按照图片的提示分别填入 Campaign name（活动名称）、Average daily budget（每天的平均预算）以及活动的 Start date（起始日期）和 End date（结束日期）。活动名称和广告组的字数限制为 255 个字符，一个广告组里关键词的数量为 200 个。

（3）接下来选择关键词的获取方式。亚马逊目前有两种获取关键词的方式：Automatic targeting（自动生成）和 Manual targeting（手动键入）。自动生成会根据你的产品匹配所有相关搜索词，增加产品的曝光率和点击率，但精准度方面会弱一些，是广义匹配、泛匹配。手动键入则需要卖家自己输入竞价关键词，这需要卖家非常熟悉自己的产品，非常了解当地消费者的搜索习惯，综合要求比较高。

（4）最后点击保存，竞价活动就设置成功。在竞价活动设置成功一小时后，买家就能点击。

（三）影响 CPC 排名的因素

（1）出价（Bid）。在一定范围内，出价越高，排在前面的可能性就越大，但是这有一个限度。Bid 竞价只是次要因素，后台广告促销管理中可以查看到每个关键词的预测竞价与每次点击费用。CPC 的点击价格是由“第二名的出价+第一名与第二名之间差价的百分比+卖家的表现”综合得出的。

（2）表现（Performance）。归结于一点，就是看转换率，它的权重是远远高于出价的。转化率可以从两个方面看，一个是点击转化率（Click-Through-Rate，CTR，即点击量除以展示量），另一个是广告成本销售比（Advertising Cost of Sale，ACoS）。这些指标都可以从广告报表里看到，也可以从后台看到。这两个指标表现得越好，卖家产品的竞争力也就越强，对买家越有吸引力。

转化率永远是自然搜索排名与广告搜索排名的第一决定因素，转化率越高，展示位置越靠前。不断地筛选表现好的关键词，不断地优化 Listing，就能提升转化率，广告的表现也就越来越好了。

（四）CPC 广告效果分析

1. CTR（Click-Through-Rate）

它是决定广告展位的权重较大的影响因素。有多少展示量，有多少人感兴趣点击进去，都可以通过 CTR 得到反映。同时，CTR 和 ACoS 的动态评估是关键词广告的核心标准。

（1）CTR 低，说明：

①广告质量不高，首图不够有吸引力；价格可能没有竞争力。

②关键词匹配度差。评估关键词是否为大词、泛词，尝试精准长尾词，去除无关流量。

③品类竞争可能过于激烈。评估广告投入是否合理。

（2）CTR 高，那么卖家需要关注是否是展示基数小，并评估该关键词的搜索量。

2. 订单转化率

订单转化率永远是自然搜索排名与广告搜索排名的核心因素。在产生了点击后，有多少人会买该产品，决定因素就是产品的详情页面。

（五）CPC 关键词匹配方式

亚马逊广告关键词的匹配方式分为广泛匹配（Broad Match）、短语匹配（Phrase Match）和精准匹配（Exact Match）。

1. 广泛匹配

这种匹配方式会给产品带来最大限度的曝光。如果客户搜索词包含所有的广告关键词或其同义词，就会被匹配从而激活广告。可以匹配拼写错误、单复数、相似关键词、顺序不同等。

例如，belt 可以匹配 leather belt、black belt for men 等。再如，leather belt 可以匹配 black leather belt for women、mens belt black leather（打乱顺序也可以）。单词拼错的情况下也能够识别。例如，你设置的是 bslt，亚马逊也可以匹配 belt，当然最好不要拼错。

（1）优势：这是一种既进行高针对性的投放，又接触广泛受众群体的有效方法，能够为客户带去更多的潜在用户访问。

（2）劣势：点击访问的针对性不足，转化率不如精准匹配和短语匹配。有可能带来大量点击，触发较多的点击消费。

如果卖家的产品比较冷门，受众非常少，可以用广泛匹配提高展示量和点击量。

2. 短语匹配

在设置的关键词的前后卖家可添加一些单词，其中包括识别单复数、ing、介词等。但搜索词条的关键词必须与输入广告组的关键词保持顺序一致。以 coffee cups 为例，这些词都会显示广告：coffee cups、blue coffee cups、coffee cups blue、red coffee cups for traveling、coffee cup（单数）、cofee cups（错误拼写）、cups coffee（顺序不同）。

它比广泛匹配的限制性大，广告一般会投放给相关性高的匹配。

（1）短语—精准包含。

①优势：短语—精准包含能更精准地定位潜在客户。

②劣势：获得的展示次数较少，可能丧失大量的转化机会。

（2）短语—同义包含。

①优势：与短语—精准包含相比更为灵活且能获得更多的潜在客户访问。

②劣势：获得的展示次数介于短语—精准包含匹配与短语—核心包含匹配之间，转化率没有精准包含匹配高。

（3）短语—核心包含。

①优势：与短语—精准包含和短语—同义包含匹配相比更为灵活且能获得更多的潜在客户访问。许多之前不能展现的词，现在可以展现了。不必再绞尽脑汁提词，不必再对每个词做各种变体枚举。匹配质量优质，点击率提高。

②劣势：定位潜在消费者的精准率不如短语—精准包含和短语—同义包含高。

3. 精准匹配

客户搜索词必须与广告关键词完全匹配，或者与广告关键词十分接近的词匹配，才能显示广告。这种类型只能识别单复数、ing 等简单的形式。如果广泛匹配的转化率高于短语匹配和精准匹配，那就说明卖家的账号中没有与搜索词相对应的关键词，卖家可以下载报告，将它们添加进去。

精准匹配是限制性最大的匹配类型，但与消费者搜索的相关度最高。

（1）优势：可获得最具针对性的点击访问，转化率较高。

（2）劣势：会降低创意的展示次数，获得潜在客户的范围较窄。

对于三种关键词匹配的方式，并不限于使用某一种，卖家可以结合自己的产品和关键词及运营的需求结合使用。当卖家没有该产品的关键词的相关数据的时候，不知道哪个词展示和点击比较多，可以先选择广泛匹配，这样被搜索到的可能性更高，然后将其收集到的数据作为参考。

（六）CPC 关键词优化技巧

初次做亚马逊 CPC 关键词，建议先进行小批量测试，然后逐步优化，因为只有足够多的数据做基础才能让大批量的 CPC 投放更有效果。

（1）新手设置广告的关键词的技巧。

①借助一些关键词工具选择关键词。

②参考亚马逊搜索框引申出来的词。

③参考与产品属性相关的热搜词或其他热卖品牌词（这些词的转化率一般比较低，产品足够有吸引力的话可以选择添加这类词）。

④参考亚马逊平台的 Best Sellers 的标题所用到的词语。

⑤对于销量好、搜索排名高的产品，可以多用一些大词；新产品可以多用一些定位比较精准的长尾词提高转化率。

（2）小批量测试时，可以使用 Automatic targeting（自动生成），而非 Manual targeting（手动键入）。每天通过后台下载的自动投放报告来确定哪些关键词转化率最高，将它们筛选和整理出来，同时进行手动投放，持续优化 CPC 关键词和 Listing，逐渐累积权重。

（3）观察和总结消费金额和流量之间的关系，找出一个最佳平衡点，即二者之间的投资回报率（Return On Investment，ROI），从而实现 CPC 关键词投放的利益最大化。这需要通过对关键词的不断调价来获得，通常通过 5～10 天的测试，基本上就可以确定一个合理的数值了。

（4）在高转化率的关键词都被找出来、ROI 也保持一个合理的平衡后，卖家可以利用关键词工具来细致挖掘长尾关键词，从而继续提高成交率和销售额。

（5）参考一些当地受欢迎的自营平台或第三方平台，借鉴其标题、描述和关键词等，如英国的 Argos、美国的沃尔玛等。

（七）CPC 广告投放需注意的误区

误区一：只投放手动广告

很多新卖家在广告投放时担心自动广告带来无效流量，就不投放自动广告，只投放手动广告，而且设置为关键词精准匹配的方式进行投放。表面上来看，这是将广告辐射的范围缩小了，但这也让卖家在无形中错过了很多潜在的有效流量。在广告界有句话：你的广告一半被浪费了，但你不知道是哪一半。这句话对于亚马逊站内广告来说同样适用。和手动广告对曝光量的限制不同的是，系统会根据 Listing 详情的相关内容，将自动广告的 Listing 主动地展示在相关度高的产品的详情页面中间位置。按照通常的逻辑，能够浏览一个页面的用户对该产品的购买意向是很强的。此时，鉴于关联性，让自己的产品展示在针对性强的客户面前，对于投放自动广告的卖家来说，这是非常好的流量入口。所以，一般来说，卖家广告的投放要以自动广告和手动广告结合的方式投放。

误区二：所有产品均投放广告

不同卖家的店铺里的产品数量也会有不同，虽然亚马逊讲究精品化运营，但现实是仍有不少卖家店铺里面动辄有几十种甚至几百上千种产品。一些新卖家习惯性地认为自己的产品既然上了就应该投放一定的广告进行引流，于是对所有的产品设置广告，然后把广告预算均分到每个产品上。这样产生的结果是，广告投放了不少，所有产品都在广告中出现，可惜每个产品每天的广告预算只有那么区区的一两美元。可想而知，广告所能带来的产出必然不好，很多都被浪费了。广告投放的正确操作应该是精选产品进行投放。只对自己重点打造的产品投放广告，对于非重点产品或暂时无精力顾及的产品先不用投放广告。集中精力打造重点，在一个样板工程被打造出来、自己掌握了广告的运营技巧后，再把广告拓展到其他产品上也不迟。

误区三：不对广告进行任何后期的跟进和优化调整

每一个广告的投放首先意味着成本的支出，而想要让广告为运营加分，就必须让广告的转化划算，即投入产出比是合理的，那怎样才能达到广告投入产出比合理呢？卖家需要在广告投放的过程中持续对广告进行优化调整。对于正在运行的广告，卖家要看广告数据，根据数据报表反馈的情况对广告关键词进行筛选，该添加的添加，该删除的删除。同时，根据转化情况，适当调整不同广告计划的日预算等，只有持续进行广告优化，广告的效果才能越来越接近期望的水平。

误区四：低价产品却想依靠广告来拉动

有些卖家选品价格偏低，却也单方面认为既然广告在引流方面如此重要那就投放广告。殊不知广告虽然可以引入直接的流量，但对于卖家来说，结果才是最需要关注的。低价的产品投放广告往往会因为转化不划算，ACoS 居高不下。广告带来了流量和订单，但也带来了亏损。针对这种情况，卖家完全没必要投放广告。在运营中，不划算的广告就应该停止，运营的方法有千万条，站内广告只是其中的一条而已。

误区五：优化没做到位就盲目投放广告

很多卖家只看到了广告的作用，却忽略了广告的基础是 Listing 优化。在 Listing 优化没有做到位的情况下就投放广告，因为产品展示效果差，即便广告带来了曝光和点击，但并不能转化成订单，因而白白浪费了很多广告费。所以，卖家在对一个产品投放广告前，一定要做好产品的 Listing 优化，只有产品页面的各个细节能够吸引人时广告的投放才是有意义的。

案例解析

浙江淘趣网络科技有限公司隶属于国内著名的民营企业、世界最大的饰品制造集团——新光控股集团，是新光旗下集互联网专业化运营、营销、服务于一身的电子商务部门。淘趣网络科技承接新光饰品及旗下 EVE、neos、SU 素的电子商务运营，立足全渠道运营，在多个渠道进入流行饰品类目前三甲；同时在跨境电商领域布局，已经进入阿里巴巴全球速卖通流行饰品类目前三，并在亚马逊美国站、英国站及 eBay 开设店铺。请结合本情景所学，讨论该公司新店如何开拓亚马逊销售市场。

分析：通过设置三种不同的站内促销方式及 CPC 广告来获取前期的流量。当然也要结合亚马逊的特点，如跟卖、运用 FBA 等，来开展一些适合该平台的活动。

习题演练

一、单选题

1．下列关于亚马逊 Buy Box 的描述，错误的是（　　）。

A．Buy Box 只跟价格有关

B．亚马逊自有卖家能抢占的概率大于 FBA

C．成交价格也会影响 Buy Box

D．运输时间越短对抢占 Buy Box 越有利

2．亚马逊专业卖家每个月需缴纳（　　）美元的店铺费用。

A．35　　B．16

C．39.99　　D．39

3．下列关于跟卖的说法，不正确的是（　　）。

A．共用其他卖家页面信息　　B．价格和库存可以自己设定

C．共同争抢 Buy Box 购物车　　D．产品标题和图片需自己设定

4．下列不属于亚马逊促销活动的是（　　）。

A．全店铺打折　　B．满立减

C．满赠　　D．优惠券

5．下列关于亚马逊跟卖优势的描述，不正确的是（　　）。

A．削弱用户体验感

B．亚马逊可以减少相同 Listing

C．卖家通过跟卖可以快速出单

D．为用户提供相同产品的不同卖家选择

二、填空题

1．亚马逊站内促销手段有 Free Shipping、（　　）和（　　）。

2．亚马逊秒杀活动有 Best Deals、（　　）和（　　）。

3．Lightning Deals 通常是为 Prime 会员服务的，配送（　　），活动价为目前购物车售价的（　　）折或更低出价。

4．影响 Buy Box 的变量中配送方式排序是（　　）。

5．Lightning Deals 申请条件中（　　）行业要求有 10 个以上的评论。

三、简答题

1．如何投诉跟卖卖家?

2．如何抢占 Buy Box?

实践操作

亚马逊站内引流不止做广告，全方位引流才是上上之策

亚马逊产品如果没有流量，就没有销量，那除了广告，还有什么其他技巧能让流量快速增长呢？下面我们一起看一下如何进行站内引流。

亚马逊站内流量来源：搜索流量、分类排名流量、关联流量和节日活动流量。

1. 搜索流量

主要依靠产品 Listing 权重排名。除展示界面的优化以外，还有一个方法就是通过变体引流。同款热销的产品可以帮助其他产品进行引流，增加消费者在页面的停留时间，同时还有以下三大优势：

①增加评论。因为对变体中每个单品的评价都会汇总在一起，可以增加消费者对产品的信任度。

②提高转化率。可供消费者选择的产品越多，购买概率就越高，转化率也会随之上升。并且变体产品在前台显示的时候会多一个小按钮提示更多颜色或尺寸可选，进一步促进消费者购买。

③提高排名。变体的 Listing 排名更加靠前。如果一款产品没上变体，其他卖家有变体，因为产品属性相对较多，亚马逊会将多变体的 Listing 排在前面，这不仅让排名有优势还会增加点击率。

2. 分类排名流量

亚马逊上面有非常多的类目，不同的类目之间流量差别巨大。同一款产品可以选择放在很多个类目之下，所以我们经常可以看到相同的产品却有多个 Best Seller。卖家在选择分类的时候，最好放在流量入口大的类目之下。

3. 关联流量

亚马逊算法会根据用户的购物习惯，在其点击某款产品的时候，向其推荐几款产品。关联流量是自动生成的，这项功能对于提升产品的销量很有帮助。它可以提升产品的曝光率，也增加了流量的入口。关联就是和其他热门产品捆绑到一起，如两个一起买有折扣。

经常把类似产品放到一起做促销，被客户同时购买或点击的次数越多的产品出现在关联推荐的可能性越大。一般测试的结果是每两款产品 5 次以上被同时购买，出现在关联推荐的可能性就大。

4. 节日活动流量

产品参加促销需要有购物车，其中满减和折扣对消费者的吸引力最大，可以快速帮助新品引流，并且这一功能也能帮助卖家清空产品的库存。在销售旺季，消费者的购物欲望会更加强烈，产品打折促销会让消费者产生一种“买到就是赚到”的心理。

综上所述，亚马逊产品站内引流的方法，不能局限于做广告，只有全方位引流才能让更多的消费者看到产品。当然，引流的同时要优化 Listing 的标题、图片和卖点，因为引流

也是为了最终把产品卖出去。

思考并回答：

1. 亚马逊站内流量分为哪几类？
2. 请打开亚马逊官网，搜索关键词 backpack，看一下哪个分类下面的产品销量最好。
3. Prime Day 作为亚马逊的盛大节日，该为此做哪些引流准备？

子情景五 Wish 平台

学习目标

知识目标

- 熟悉 Wish 平台的特色。
- 了解 Product Boost 的基本内容。

能力目标

- 能够设置 Product Boost 广告活动。
- 能够说明 Product Boost 关键词设置要点。

素质目标

- 能够分析 Product Boost 广告推广效果并提出优化方案。

项目背景

2018 年以来，Wish 新政频频，从虚假物流单号受罚再到误导性产品政策，再到近期引起卖家强烈反响的欺骗性履行订单的新政策（每次违反该政策会有 10 000 美元的罚款），这些条款无不在触动着卖家的神经。

一位杭州 Wish 卖家在运营群里贴出了自己 5 月 2 日当天的部分罚款。这份清单中，大部分被罚款原因是“店铺内有产品侵犯了知识产权”，还有部分是“在产品中检测到不合适的内容”，仅上午 10 点钟后的 10 分钟内，这位卖家就收到了 130 美元的罚款。

在 Wish 运营群里，一位深圳大卖家也讲了自己的情况，贴出了自己的天价罚单：4 月 24 日，在产品中检测到不合适的内容，被罚款 1 287 美元；5 月 1 日，再次在产品中检测到不合适的内容，被罚款 5 932 美元……7 200 多美元就这样不翼而飞，卖家已经欲哭无泪。

此外，也有不少卖家收到一条消息：“Inappropriate content detected on product listing.This product has been fined $10.” 被罚款的原因一样，因为 Listing 中被检测到不合适的内容，该产品已被罚款 10 美元。

4 月 17 日，Wish 发布了《关于虚假广告的政策通知》，公告：自 2018 年 4 月 17 日起，凡被检测为虚假广告的产品将被 Wish 系统下架，并处以罚款。若产品被检测为存在误导性，对于其在 30 个自然日内的相关订单，商户将被处以 100%订单金额的罚款，罚款最低为 100 美元。

5 月 2 日，Wish 再发“误导性产品政策 2.10 更新”，公告：自 2018 年 5 月 2 日起，若产品被检测为存在误导性，对于其在过去 30 个自然日内的相关订单，商户将被处以 100%订单金额的罚款，外加单个订单 100 美元的罚款，总罚款金额最低为 100 美元。

最近，Wish 的不良卖家有一种新玩法：超低价引流，疯狂抢流量、抢转化。同时，“发空包”或“挂羊头卖狗肉”（如主图是手机，实际卖出的是手机支架），销量上升后伴随着流量暴涨，再改前台价格。

Wish 这两则公告针对的正是平台上“发空包”与“挂羊头卖狗肉”的不良商家。

Wish 有明确的平台规则，产品营销与引流也有正规的渠道，但是部分卖家“挂羊头卖狗肉”，或者售卖侵权产品为新店引流，于是收到了平台的天价罚单。

请分析 Wish 平台的罚款政策，并说明在 Wish 平台应如何正确引流。

任务实施

步骤一：分析 Wish 平台的罚款政策

1. 出售仿牌伪造产品

Wish 严禁在平台出售伪造产品。如果商户推出伪造产品进行出售，这些产品将被清除，并且其账户将面临罚款，可能账号还会被暂停。

2. 多次侵犯他人知识产权

如果商户多次侵犯他人知识产权，账户将面临被暂停或终止的风险。

3. 仿牌被抓

平台将会罚没货款。例如，商户在 1 月 6 日被发现仿牌，所有 1 月 6 日之前的订单，只要买家没有确认收货，物流没有显示妥投，货款全部没收。如果已经显示确认收货或妥投，买家未投诉，那么 1 月 6 日之前的订单就不会被罚款。在 1 月 6 日起的 2 年内，无论什么原因，针对该仿品所有的退款都从该款项中扣除。如果要得到部分货款返还，前提条件必须是被罚款的店铺一年之后还存续着。

正在出售的产品、优化产品也需要进行二次审核：在商户更改产品名称、产品描述或产品图片后，已经过审批的产品也要再次审核，看其是否为伪造品或是否侵犯了知识产权。在产品复审期间，产品正常销售。如果编辑后发现某产品违反了 Wish 政策，商户可能被处以 100 美元的罚款，此产品将被删除，且所有付款将被扣留。

4. 黄钻产品下架

若过去 9 天的销售额超过 500 美元，则处以 50 美元罚款，但不会计入子 SKU。

步骤二：说明 Wish 平台的正确引流方式

Wish 是一个移动端平台，它与速卖通、亚马逊不同，该平台的产品是根据用户习惯推送的。基于精准推送的属性，Wish 上的店铺概念很弱，主要是凭借产品出单。

1. 站外引流

（1）Facebook：Facebook 是 Wish 的发源地，是 Wish 粉丝的聚集地，是流量来源与买家互动的平台。

（2）YouTube：有买家帮你做了产品视频后，很有可能你的产品会被 Wish 的几百万粉丝看到，所以有没有买家秀的视频非常重要。

2. 站内引流

（1）客服体验。客服的响应时间要控制在 10 小时内，越快越好。

（2）物流服务。买家下单后一定要选择最好最快的物流方式。切记不要使用没有跟踪单号的物流。发货后标记物流单号和跟踪单号。尽量缩短妥投时间。

（3）Tag（标签）的搜索权重很高。Tag 有 10 个，要全部写满。

（4）使用 Product Boost 进行推广。

知识铺垫

一、Wish 平台基本情况介绍

Wish 是基于手机端 App 的跨境电子商务网站，买家通过移动端进行浏览和购物，它是北美最大的移动购物平台。Wish 目前主要的销售类目有服饰、美妆、配件（手表、饰品、3C）、母婴、家居等。

目前，Wish 的注册用户超过 1 亿，日活跃用户已超百万，每天平均浏览时间为 32 分钟，90%是年龄 15~35 岁的消费者，男女比 3∶7，男女销售交易额比为 3∶2。

Wish 用户以欧美国家为主，其中北美用户占 50%，欧洲用户占 45%，在亚洲、巴西、澳大利亚等许多国家也有众多用户。

Wish 虽然本质上也是提供交易服务的电商平台，但其专注于移动端“算法推荐”购物，呈现给用户的商品大都是用户关注的、喜欢的，每一个用户看到的商品信息不一样，同一用户在不同时间看到的商品也不一样。因此，用户在 Wish 上的购物体验优于其他电商平台，并呈现如下独特的特点。

1. 娱乐型购物

买家能从在 Wish 平台的购物中获得快乐，这有助于刺激买家频繁购物。

2. 发现型购物

Wish 平台拥有自己独特的推送法则。平台根据用户的基本信息和产品购买行为给用户贴上“标签”。借助不断记录、更新用户在 Wish 上的行为，Wish 能够为用户创建多个维度的兴趣标签，然后根据推荐算法按用户多维度兴趣标签，进行相关产品的推荐。

用户本来是无意识地浏览网页，但是浏览的过程中就会惊喜地发现自己想要的东西，从而造成用户冲动性购买。Wish 就是如此神奇的一个平台。

二、Wish 平台的营销活动

Wish 平台目前只有 ProductBoost 一项营销推广活动，其宣传页面如图 3-41 所示。

图 3-41 ProductBoost 宣传页面

ProductBoost 结合了商户端的数据与 Wish 后台算法，从而增加相关产品的流量。商户需提交相关产品参加为期一周的活动。参加 ProductBoost 的产品，如果和 Wish 消费者有着高度的关联性，同时花费更高的 ProductBoost 竞价，便可获得更高的产品排名。高质量和极具吸引力的产品会在活动期间获得更多的流量。

Wish 对加入 ProductBoost 的产品只有一个要求：必须是诚信店铺产品。目前已有部分诚信店铺的卖家收到了 Wish 的邀请。值得注意的一点是，Wish 并不保证每一个提交了 ProductBoost 的产品都会被推送，它只会推送那些系统监测到有用户市场的产品。

因此，诚信店铺可优先加入 ProductBoost。在导航进入页面，点击“现在加入”按钮即可加入，参与店铺需同意 Wish Media 服务条款。提交的 ProductBoost 活动产品，即被视为自动同意 WishMedia 服务条款。如果你提交的活动产品与用户相关，且你的出价较高，该活动产品的排名将得到很大的提升。

（一）创建 ProductBoost 活动

（1）从 ProductBoost 菜单栏中选择“创建活动”（Create Campaign）选项。

（2）在“活动设置”（Campaign Settings）区进行设置（见图 3-42）。

①活动名称：这是你识别活动的方式。所有的活动都有一个唯一的活动 ID，可通过活动链接地址找到。

②预算（Budget）：活动期间你同意支付的最大流量购买金额。如果你希望取消活动预算上限（不限制预算），请输入“0”。

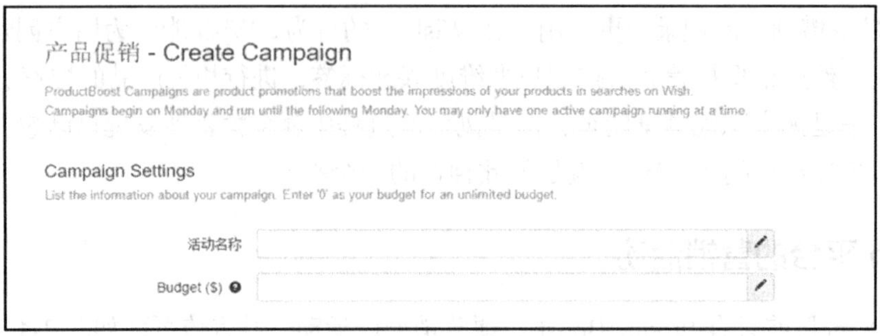

图 3-42　ProductBoost 活动名称和预算设置页面

（3）设置“活动计划时间”。活动起讫时间：该系统自动填入的起讫时间显示活动计划进行的周期。活动于每周一 00：00（太平洋时间）开始，并持续一周。提交活动的时间需在活动开始前的周五 23：59（太平洋时间）之前。

（4）设置“促销产品”（Products to Promote），如图 3-43 所示。

图 3-43　ProductBoost“促销产品”设置页面

①产品 ID：你希望提交参与 ProductBoost 的产品。每行仅限输入一个产品 ID。如需添加更多产品，请点击“添加其他产品”。每次活动中你最多可提交 200 个产品 ID。每个参与活动的产品支付 1 美元的报名费。

②竞价（Bid）：你同意为该活动产品的每 1 000 流量所支付的费用。最低竞价价格为 0.1 美元/1 000 流量。

③关键词：与你产品相关的关键词。请使用逗号分隔关键词，如“fashion，summer dress，striped dress”。每个产品最多提交 20 个相关的关键词。

（5）点击“保存”，储存你填写的活动内容；点击“保存并提交”，提交预设开始时间的活动。

（6）创建成功后可导航至“ProductBoost”标签下的“List Campaigns”页面查看正在进行中的活动（见图 3-44）。

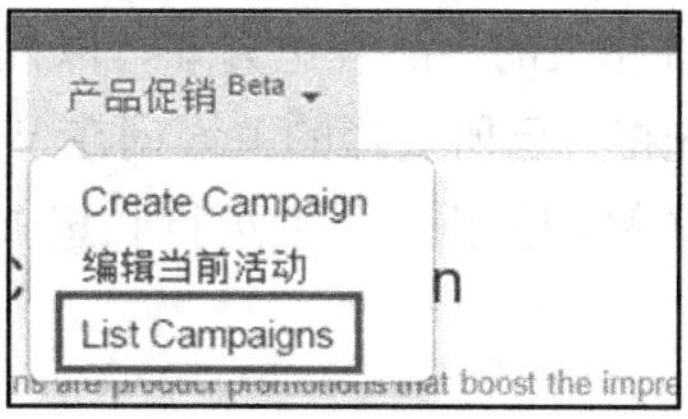

图 3-44　List Campaigns 页面

（二）ProductBoost 的设置技巧

如何设置比较有效的 ProductBoost 活动呢？首先我们需要了解我们参与活动的维度，需要考虑的维度包括：①总预算金额；②产品关键词；③竞价。

1．总预算金额

对于总预算金额来讲，需要考虑的是自身的竞价、产品数量和关键词的数量。最好的结果是金额刚好使用完。如果竞价太高、关键词太多，预算又不够，会出现活动才刚进行金额就用完了的情况，这样活动会直接停止，从而浪费了这次的测试机会。所以一般我们会按照自己账户实际留存的金额来设置参加活动的总金额。有些新账号因为账户留存金额很少，在账户留存金额少于参加 ProductBoost 活动的预算金额时也会停止活动，所以还是需要控制整体的预算成本。每次活动的金额可以限定在 200 美元左右。

2．产品关键词

产品关键词是核心的主干词。对于跨境平台的卖家来说，产品关键词一点儿也不陌生。这里需要说明的是，产品关键词与 Tag 并没有关系。Tag 是 Wish 平台上的商品与消费者之间联系的工具，是 Wish 系统对我们产品认知的标识，而关键词则是消费者在平台上搜索时常用的单词。我们会看到很多 Tag 是用“&”符号连接的，但是实际中极少有用户会用带有“&”符号的词来进行搜索。

通过对后台关键词工具的分析可以发现，关键词分为被搜索的次数非常高、高、中等、低、非常低五个档次。非常高的词的搜索量最高会达到将近 10 万次，其他的也有几万次之多，非常低的词一般是 1 000 次的基本搜索量。而且，我们发现，搜索量高于 10 000 的词只占所有关键词的 1.5%左右。所以，热门词的竞争是非常激烈的，这些热门词，也是相对来说非常宽泛的词。

建议不要集中选取热门词，因为搜索这类词的消费者通常目的不是非常明确，所以产品的转化概率会比较小。而且，热门的关键词都集中在目前 Wish 平台上热门的品类，如果你的产品是新兴的品类，也很容易被淹没在大量产品之中。

此外，小语种的词通常卖家使用数量较少，但是买家端的搜索频次相当高。例如，西班牙人购买衣服会用 vestidos、vestidos de fiesta 等关键词搜索，葡萄牙人购买手机、手表会用 celulares smartphone、celular、relogio masculino、relogio feminino，法国人购买鞋子习惯用 chaussure femme、francais 等。这些都是搜索量很高但是跨境卖家很少去用的关键词，我们可以深度挖掘这些与小语种相关的产品表达方式，以提升关键词的丰富度。

在填写关键词之前，最好先将自己所选择的关键词在 Wish 的前台进行搜索，以了解相关联想关键词，或者在谷歌的关键词分析工具上进行联想查看，最好不要按照自己的猜测来决定关键词。

3. 竞价

我们可以通过一些关键词分析工具发现，热门关键词的竞价越来越高。同时，我们也发现很多搜索词的搜索量并不大，但是竞价依然很高。例如，wave ring、license plate、oxfords shoes、blues、casual t-shirt、opals、engagement 等，这些相对长尾的词竞价也达到了 10 美元。我们相信，使用这些词的商家并非没有进行过调研，而是他们不太清楚在填写后台的关键词和竞价时，其中的竞价为所填写的每个关键词的竞价。例如，商户在设置一个产品时添加了 5 个关键词，竞价填写 10 美元，则 5 个关键词的竞价都是 10 美元。这其实是一种浪费，会导致总预算金额很快被消耗掉。

竞价时的关键词通常选取热门词和长尾词相结合的方式，包括小语种的词，数量在 5~10 个。竞价是按每周活动递增的形式来进行的，也就是说在第一期新产品做 ProductBoost 时，不需要提供太高的竞价，前提是关键词要相对精准，并且是常用词库里的词。在活动结束之后，对于效果好的产品在下一轮活动中可以相应提高竞价，争取到更多的流量；对于表现不好的产品进行分析和产品链接的优化。常此往复，交替进行，逐步积累关键词的选取方法和竞价方法。

竞价的目的是在 Wish 的搜索结果中，争取一个靠前的展示窗口。第一页被展示的产品往往获得的流量最大，但是我们需要知道 Wish 手机端的展示位一页只有 4.5 个产品，产品页下拉的概率远远高于 PC 端。客户通常最多会下拉 10~15 次，也就是排名前 50 的产品都有曝光展示的机会。重要的是，产品的首图、价格、Rewiew，以及是否海外仓发货等这些因素能否取胜于其他卖家。

ProductBoost 项目是 Wish 于 2017 年 4 月推出的，至今时间也并不长，因此未来也一定会有很多的变化。目前，后台可以直观地看到单次活动和单品的流量订单和销售额转化，相信会很快推出更详细的数据模块，并不断完善 ProductBoost 的各项功能。

案例解析

浙江子不语电子商务有限公司是一家跨境电商出口公司，通过速卖通、亚马逊、Wish、eBay 等平台向全球市场销售流行服饰。公司专注于国际潮流女装，形成了从产品研发、设计、生产到销售为一体的快速反应的供应链体系。现已有销售和研发团队 300 多人，在职员工总数达 1 000 多人，已发展成为国内跨境电商服装类规模最大的公司。目前，该公司的 Wish 运营部门正在考虑招聘 Wish 运营助理，面试时经理请你谈谈 Wish 平台的特征以及你对跨境电商行业的理解。

分析：首先，应了解 Wish 是移动端 B2C 平台，主营品类有服饰、美妆、配件（手表、饰品、3C)、母婴、家居等，用户男女比例为 3∶7。然后，根据本部分所学内容及网络信息收集来展开思路即可。

习题演练

一、单选题

1．Wish 平台是（　　）的移动电商平台。

A．美国　　B．加拿大　　C．中国台湾　　D．英国

2．下列不是 Wish 平台的热销品类的是（　　）。

A．美妆　　B．服装

C．母婴　　D．大型机械设备

3．下列关于 Wish 的论述，正确的是（　　）。

A．经营店铺不需要押金　　B．有独特的推送法则

C．Wish 的印度客户很多　　D．男性是主要的消费群体

4．下列有利于 Wish 平台的产品引流的是（　　）。

A．重标题轻 Tag　　B．优化产品标签

C．多款产品使用相同的产品标签　　D．在 Face book 上发表产品帖子

5．下列关于 ProductBoost 的说法，错误的是（　　）。

A．诚信店铺的产品才能参加

B．能增加更多流量

C．每次活动最多可提交 250 个产品 ID

D．ProductBoost 竞价体系中出价越高排名越靠前

二、填空题

1．Wish 用户以欧美国家为主，其中北美用户占（　　），欧洲用户占（　　），在亚洲、巴西、澳大利亚等许多国家也有众多用户。

2．Wish 购物的特点是（　　）和（　　）购物。

3．ProductBoost 需要考虑的维度包括活动总预算金额、参加产品的数量、（　　）和（　　）。

4．Wish 消费者年龄在（　　）岁，男女占比为（　　）。

5．（　　）可优先加入 ProductBoost，在导航进入页面，点击“现在加入”按钮即可加入。

三、简答题

1．Wish 在哪些方面区别于其他电商平台？

2．请比较 Wish 的 ProductBoost 和阿里巴巴国际站的外贸直通车。

实践操作

1．打开物托帮官网，查找目前在 Wish 平台热销的 3C 类目产品。
2．请说明 Wish 邮和 Wish Express 的差别。
3．请拟写一个 Wish 产品在 Facebook 平台上的推广活动方案。

子情景六　eBay 平台

学习目标

知识目标

- 熟悉 eBay 平台的特点。
- 了解 eBay 平台的站内引流方案。

能力目标

- 能够阐述 eBay 平台的促销类型。
- 能够掌握 eBay 平台的促销工具。

素质目标

- 能根据 eBay 运营现状综合采用营销推广手段，并进行数据分析和优化。

项目背景

深圳卖家 Cathy 的 eBay 店铺运营经验

我是深圳小卖家 Cathy，店铺主营手机周边配件，在华强北商城拿货。以下是我经营 eBay 店铺到现在总结出来的一些小经验，分享给大家。

经营 eBay 店铺首先需要具备一定的外贸知识、货运知识和英语基础。但是具备这些也只是作为基础，实际中想要经营好店铺的话，还要花很多心思。不过，比较便捷的是可以找个 eBay 的第三方软件来操作。软件方会指导我们注册 eBay、注册认证 PayPal 以及发布上架产品。

1．市场调查

在产品上架之前一定要进行一些市场调查，包括产品品类和相应价格。这里的市场指的是 eBay 卖场。可以到相应目标市场国的 eBay 网站上搜索一下相应的产品的关键词，了解一下什么价位的产品客户买得比较多。

2. 选产品

最好选自己熟悉的产品来做。如果是新手，对 eBay 的制度、拍卖方式、收费、拍卖排序等不是很了解的话，最好选择低价值的产品先来探路。这样即使亏损了也不会很多，完全可以承受，而且可以从实战中得到经验。

3. 进货

最好采用批发的形式，这样可以降低成本，保证产品可以打开销路，但是最小批发量也不要太高，太高就会有库存风险和资金积压。建议开始时可以从阿里巴巴 1688 网上进货！

4. 上货时间与拍卖时间

了解一些时差常识，按照你的目的市场国时间来上货。例如，德国，选择在下午 3 点以后上货；美国，选择在晚上 8 点左右上货。此外，因为周末到网上进行拍卖的人比较多，所以拍卖的结束时间最好是周末或接近周末。

拍卖时间不要太短，设置 5~7 天较好。

5. 货物描述

简洁，明了，正规，漂亮。标题及描述要尽可能多地包含这个产品的热门关键词。因为一个产品的英文说法通常有好多种，前期做调查的时候也可以多了解一些本类产品的热门搜索关键词。不过不要为了搜索效应，把其他热门产品的关键词也加进来，这可能起反作用，把自己在经营的产品的关键词都包括就可以了。

6. 价格与成本

eBay 平台上上货、上传额外的图片、添加特殊效果如边框、放大等都要收费。所以在刚开店时为了吸引客人和降低自己的成本，可以把价格设在 0.01~0.99 美元，而把货物的成本、少量的利润、运费一起都设到运费上。这样如果有人拍卖，能拍高到多少，拍高的价格就是你的纯利润，同时还减少了你的成交费用。因为 eBay 会收取成交费，所以你的起价越低成交费就越低。但这只适合小额产品，产品价值太大，把所有的费用都设到运费里，买家会怀疑，eBay 也不准你拍卖。

7. 推广营销

我的营销法宝：使用 Promoted Listings 广告、加入 eBay 联盟营销、使用降价管理器。

eBay Promoted Listings 能提高卖家商品在搜索中的可见度，这是 eBay 店铺的付费推广。当大量产品使用 Promoted Listings 推广时，卖家销售额可能获得巨大增长。优秀评级卖家（Top Rated Sellers）和超级店铺（Anchor Store）都能收到一个季度的 Promoted Listings 广告券。卖家可以在推广产品的同时，了解广告是如何发挥作用的！

eBay 联盟营销指的是通过 eBay 合作伙伴的网络，卖家进行简单设置，就能让自己的博客显示一些产品广告，开始赚取佣金。在创建 eBay 店铺时，加入几个联盟营销网站，能让品牌和店铺更快进入市场。

降价管理器（Markdown Manager）是 eBay 提供的一个出色的促销工具。它能让卖家轻松给一组产品添加小折扣或激励措施，有效推动销量。降价会激励客户快速购买产品，而 eBay 也会提高打折商品的搜索排名。如果卖家不想因降价亏本，只需提前一段时间进行设置，抬高产品价格，然后再通过 Markdown Manager 打折，既能拉动销量，也不会失去利润。

请根据 Cathy 的介绍分析 eBay 平台的特点，并说明 eBay 平台流量的来源。

任务实施

步骤一：分析 eBay 平台的特点

对于 eBay 的理解基本上可以等同于国际版的淘宝。对于涉及国际零售的外贸人来说，eBay 的潜力不可小觑，因为它的核心成熟市场在美国和欧洲。eBay 的操作比较简单，投入不大，适合有一定外贸货源的人运营。

eBay 店铺成功的关键是选品。由于 eBay 主要的市场是美国和欧洲，所以经营 eBay 店铺前应先做市场调研。我们一般可以通过如下几个方法进行。

首先，通过 eBay 总体研究一下整个市场的行情，选择一些在 eBay 上热销的产品，从产品渠道、产品价格仔细研究，然后结合自己的供应链特点分析自己的优势所在。

其次，综合美国、欧洲市场的文化、人口、消费习惯、消费水平等因素，选择有潜力的产品，并研究热销产品的市场优势和未来的销售潜力。

eBay 平台有自己的优势与劣势，卖家应平衡好其中的利弊。

（1）平台优势：

①排名相对公平、专业客服支持。

②新卖家可以靠拍卖曝光。

③开店门槛比较低，但规则烦琐，需要研究。

（2）平台劣势：

①买家保护政策强势，遇到买卖争议时多半偏向买家，卖家损失惨重。

②英文界面不友好，上手操作不容易。

③费用不低。开店是免费的，但上架产品需要收费，商品成交费用和刊登费用共计 17%。

④严苛的卖家标准（针对假货等商品），遇到投诉会被封店。

⑤一般采用 PayPal 付款，具有一定的风险。

⑥审核周期长，只能拍卖，产品数量有起始限制，需要积累信誉才能越卖越多；出单周期也长，需要慢慢积累。

（3）影响平台排名的因素：卖家表现、产品数量和更新速度、产品价格。

步骤二：说明 eBay 平台流量的来源

1. eBay 站内流量

平台给予的流量：

（1）新上架的 Listing，无论是拍卖还是固价，eBay 会给予卖家额外 48 小时的曝光。每天上架 10~20 个新品有利于带动店铺的活跃度。

（2）平台会额外给予新账号 20%~30%的流量。作为一个新的卖家，eBay 会给予相应的扶持。卖家在平台上出售产品，平台希望卖家多多赢利，从而平台也可以收取可观的费用。

（3）平台会给予主推的分类额外的自然流量，如汽配。近几年来，eBay 的各大分类的销售额都处于下滑的趋势，只有汽配，每年保持超高的增长率。

（4）店铺活跃度。eBay 对店铺有一个新品活跃度的考核，店铺里面每天要有新的产品上线，来带动整个店铺的曝光。

（5）拍卖引流。拍卖是 eBay 出单最快的方法，低价拍卖可提高排名和店铺活跃度，同一款产品的拍卖如果效果好的话可以提高固价的销售。

（6）Promoted Listings。Promoted Listings 是一种广告服务，帮助 eBay 卖家将产品推广给更多买家。这种推广服务能提高产品曝光度，增大卖出的概率。卖家只需在推广产品获得点击并成功出售之后才需支付广告费。

（7）促销工具。eBay 促销工具可以让卖家轻松呈现需推出的优惠促销活动，帮助卖家获得更多曝光机会，扩大订单量。Markdown Manager 只能对单个 Listing 进行促销，而 Promotions Manager 可对整个店铺进行关联促销，如买一送一活动等。

2. eBay 站外引流

eBay 平台以外的流量来源有社交媒体（如 Facebook）、谷歌、视频推广（如 YouTube）以及其他流量渠道（联盟营销等）。

知识铺垫

一、eBay 平台站内引流

eBay 是一个可让全球民众上网买卖物品的线上拍卖、购物网站，类似国际版淘宝网。每天都有数以百万计的家具、收藏品、电脑、车辆在 eBay 上被刊登、贩售、卖出。有些物品稀有且珍贵，然而大部分的物品可能只是个满布灰尘、看起来毫不起眼的小玩意儿。这些物品常被他人忽略，但如果能在全球性的大市场贩售，那么其身价就有可能水涨船高。

注册 eBay 是完全免费的，并且 eBay 不设任何月租费或低消费限额。所有费用都将取决于卖家的使用情况。只要物品不违反法律或在 eBay 的禁止贩售清单之内，即可以在 eBay 刊登贩售。服务及虚拟物品也在可贩售物品的范围之内。eBay 推翻了以往那种规模较小的跳蚤市场，将买家与卖家联系在一起，创造了一个永不休息的市场。

目前，eBay 也是跨境卖家的首选平台之一。

（一）eBay 店铺引流

1. 利用“拍卖”（Auction）及“一口价”（Buy It Now）物品推广店铺

最成功的 eBay 卖家，往往通过“拍卖”及“一口价”物品推广自己的店铺，因为这些物品会出现在 eBay 的基本搜索结果和类别页里。在“物品说明”（Item Description）中可以加入店铺页面的链接，如首页、店铺类别、店铺长期刊登产品的链接等。也可在“产品说明”中，利用店铺招牌加入店铺的视觉特色（颜色、商标、背景主题），突出店铺。

2. 运用店铺推广工具

eBay 提供了一些可以用来推广店铺的工具，包括卖家直销电邮、自订店铺招牌、推广传单、连带推广和物品 RSS Feeds。只要点击一下“我的 eBay”中的“推广工具”链接，就可以使用这些工具。

3. 建立店铺招牌

建立店铺招牌，在物品页中推广自己的店铺，打造本店品牌形象，给买家提供更好的购物体验。

4. 利用“我的档案”页面

建立店铺专用的“我的档案”页面，描述公司的主营业务、优势产品，同时加入店铺链接、对店铺进行装潢设计等。完成这个页面建设，买家再按公司会员账号旁的“我的档案”图示，就可以进一步了解店铺。

5. 提高登记使用等级

提高登记使用等级，可有效增加产品在 eBay 店铺搜寻页及其他页面的曝光率。

6. 在“讨论区”（Discussion Boards）发表意见时，加入店铺名称

在运营 eBay 的过程中，在讨论区进行学习和交流也是非常必要的。在讨论区认识 eBay 的其他卖家可以帮助我们更快地进步。同时，讨论区也存在营销的功能，在与其他 eBay 社群沟通时，可加入店铺名称和网址，作为签名的一部分。

（二）eBay 促销管理工具

eBay 促销管理工具能更好地化繁为简，让卖家轻松呈现推出的优惠促销活动。它不仅可帮卖家扩大订单，更能让买家享受更多优惠和折扣，从而成为回头客。

1. eBay 促销管理工具的优势

（1）帮卖家扩大订单和增加收入。

（2）鼓励买家购买更多物品，而不转向其他店铺。

（3）通过促销相关物品，获得更多曝光机会。

（4）整合捆绑订单，可以有效降低运费并提高利润。

2. eBay 促销管理工具的优惠类型

在 eBay 促销管理工具中，可创建多种优惠类型，还可根据目标更加灵活地选择促销策略。

（1）订单促销（Order Discount）：用于促销整个店铺的产品、一个分类下的产品或一组产品。订单促销是一种操作简单的促销方式，可为买家在购买多件产品（或在每笔交易中消费超过一定金额）时提供一定的金额或百分比的折扣，还可附赠赠品或以赠品加折扣的方式（例如，买一送一，再优惠 50%）促进买家购买多件产品。

（2）降价活动（Sales Event）：用于推广所有的打折产品，方便买家购买。可选择价格优惠的产品将其自动显示在打折页面，同时每件产品在主要的购物页面上都有链接，吸引买家访问此页面，可将通常会一起购买的产品或作为补充产品进行分组促销。

（3）优惠通道（Codeless Coupon）：通过优惠券吸引买家。优惠券可通过电子邮件以链接方式发送给买家，也可刊登到社交媒体网站和店铺等。优惠不会出现在自然搜索中，只有点击链接的买家才会看到。

（4）运费折扣（Shipping Discount）：用于推广设置免运费规则的所有产品刊登。通过提供促销运费规则（如购买 2 件以上免运费等），可推广符合条件的产品以扩大订单。

（5）捆绑销售（Accessory Discount）：用于激励买家购买经常会一起购买的特定产品。通过将相关的产品捆绑到一件主要产品上，关联产品优惠可在产品刊登中促销特定的 SKU（如卖单反机可以推荐特定相机的镜头）。只要买家购买主要产品，每种关联产品即可按不同百分比的折扣购买。

重点来认识以下几个促销大招。

第一招：订单促销（Order Discount）。根据调研，66%的卖家认为最有效的订单促销可以达到扩大订单的目的。作为认可度最高的一种促销方式，其设置模式也非常丰富。卖家可以根据自己产品的利润、客单价、促销目的来设置促销规则。选择要做促销的产品时可设置规则：店铺全部产品、eBay 分类、店铺分类，当然也可以自行设定筛选条件。

第二招：降价活动（Sales Event）。在设置 Sales Event 活动前，我们首先要明确一点，这个降价活动并不是针对产品具体的折扣设置，而是设定折扣的集合来扩大打折的效果。每件产品都需要用 MarkDown 先单独做好打折，然后放在一起做一个降价活动。

卖家可以形象地将其理解为商场外挂的广告，如“最低 3 折起”，而商场内的产品折扣可以是 4 折或 5 折。降价活动的标题是买家可见的，所以一定要取一个具有吸引力的标题。长期的促销活动，最好是店铺里不同品类的产品进行轮换。

MarkDown（直接对刊登设置折扣）设置方法：

无 Seller Hub 路径：My eBay→Account→Manage My Store→Manage Promotions→

MarkDown Manager→Create a Sale。

Seller Hub 路径：My eBay→Marketing→Promotions→MarkDown Manager→Create a Sale。

第三招：优惠通道（Codeless Coupon）。优惠通道的促销方式同样可以设置以金额或数量为规则，但是不同于其他促销方式的是优惠通道是卖家自己设置一条链接发送给特定的买家来享受这个折扣。只有通过点击这条链接才能看到促销产品，常规搜索浏览是无法看到这个折扣设置的。因此常被用于给一些重复购买较高的买家或店铺 VIP 定期发送专属的优惠以及邮件营销的时候。操作步骤：

第一步，设置最低消费金额。

第二步，设置优惠金额。

第三步，设置单笔交易的优惠次数；或者选择以总订单金额设置折扣百分比。

第四招：运费折扣（Shipping Discount）。我们先做一个思考：为什么用合并订单免运费的促销形式而不是免运费？合并订单免运费是买家通过购买达到一定的金额或数量时获得的物流服务的升级。当买家对于拿到产品有迫切需求的时候，而你又提供了更快速的物流选项，二者相契合可以让消费者增加单次购买量来获得更快速的物流方式。

3. eBay 促销管理工具的基本应用

在店铺管理页面中会有一个专门的促销管理选项，可通过此选项进入“促销管理”页面，进行促销设置。可按照下面的步骤进入 eBay 促销管理工具。

第一步：以 eBay 美国站点为例，完成登录，进入“My eBay”页面。

第二步：点击“My eBay”页面左侧边栏中的“Selling Manager Pro”，进入“专业版售卖专家”页面。

温馨提示：请先开通“Selling Manager Pro”，即“专业版售卖专家”，才能进行此步骤。如果已登记使用“精选商店”或“超级店铺”，可免费使用“专业版售卖专家”。

第三步：在“Selling Manager Pro Summary”页面右下方的“Manage My Store”模块中点击“Manage My Store”按钮，进入“管理店铺”页面。

第四步：如未开通“Selling Manager Pro”，可在“My eBay”页面下点击“Account”，进入“账户”页面，在左侧边栏中点击“Subscriptions”进入“订阅”页面。如已开通“eBay店铺”，可在“Active Subscriptions”模块中找到当前开通的各级别的店铺（“Basic Store”或“Premium Store”或“Anchor Store”）。以“Basic Store”为例，点击“Basic Store”对应的“Manage My Store”，进入“管理店铺”页面。

第五步：在“Manage My Store”页面中点击左侧边栏 “Manage Promotions”，进入“促销管理”页面，开始设置并管理店铺促销信息。

第六步：在“Manage Promotions”页面中点击左侧边栏 “Dashboard”下的“Promotions”进入“促销活动管理”页面。点击“Promotions”下的“Order Discount”进入“订单促销”页面；点击“Codeless Coupon”进入“优惠通道”页面；点击“Shipping Discount”进入“运

费折扣”页面；点击“Sales Event”进入“降价活动”页面；点击“Accessory Discount”进入“捆绑销售”页面；点击“Reports”下的“Promotions”进入“销售报告管理”页面。

（三）eBay 促销刊登

eBay 产品的出售方式分为一口价和拍卖。一口价方式下的产品推广可以选择促销方式。那么，什么是 eBay 促销刊登呢？

促销刊登是针对买家和卖家在 eBay 平台上购买和销售的产品专门开发的一项广告服务。通过促销刊登将自己最好的产品（包括新产品刊登、畅销品、季节性必需品）推到更多正在 eBay 平台上搜索和购物的在线买家面前，使物品曝光率提升 30%，从而增加产品售出的可能性。

1. eBay 促销刊登的好处

（1）产品曝光率提升 30%。促销刊登会将产品推到更多购物者的面前，使产品曝光率提升 30%，从而增加产品售出的可能性。

（2）产品售出后才需付费。仅当买家点击卖家投放的广告，并在 30 天内购买卖家的产品后，卖家才需要支付广告费。

（3）监测广告表现。通过相关数据来监测广告表现，并对卖家的促销刊登活动进行调整，根据数据表现来调整广告投入和关键词、出价等，以实现销售额最大化。

（4）促销刊登补贴额度。超级店铺卖家每个季度将免费获得 25 美元的促销刊登补贴额度。超级店铺卖家只需开始使用促销刊登服务即可，eBay 将自动返还该金额。

2. eBay 促销刊登的适用范围

促销刊登目前适用于 eBay 美国站、英国站、德国站和澳大利亚站所有现有的 eBay 店铺卖家。目前，该服务仅适用于汽车工具及用品、古董、婴儿用品、手机及配件、照相器材、服装、钱币及纸币、收藏品、消费电子产品、计算机/平板电脑及网络、工艺品、娃娃及熊类玩偶、健康及美容、家居与园艺、珠宝首饰及钟表、乐器及工具、宠物用品、陶器及玻璃、鞋及配件、体育用品、体育纪念品、卡片及球迷商店、邮票、旅游、视频游戏、游戏机及零配件的部分子类目。

3. eBay 促销刊登的费用

在设置促销刊登活动时，卖家针对每件产品可以自行设定一个广告费率，即促销该产品所支付的产品成交价的百分比。eBay 向卖家收取广告费时，将首先查看成交时间，然后确定成交时间是否在买家首次点击后 30 天内。收费基于广告首次显示时卖家设定的广告费率收取。举例来说，如果你为自己的一件物品选择 3%的广告费率，广告费将为物品最终成交价的 3%（运费和销售税除外，除非物品免运费，卖家已经将运费包含在物品价格中）。对于并非通过促销刊登广告实现的销售，不会产生费用。

广告费不包含在卖家在 eBay 平台上支付的其他刊登和销售费用中。所有广告费将显示在卖家的 eBay 每月发票上，卖家可以继续使用自己偏好的自动付款方式来支付发票。如果卖家在产品成交时接受了一个议价价格，eBay 将基于该议价价格收取广告费。超级店铺卖家切勿忘记充分利用每季度 25 美元的促销刊登补贴额度。

eBay 店铺的免费额度不仅和卖家可免费刊登的数量有关，也对应着可设置促销的数量。初级店铺、高级店铺、超级店铺分别为 250 条、2 500 条、5 000 条。大部分促销活动的主要目的是让消费者多买，所以卖家不仅要有更大的折扣力度，更要在数量上达到一定规模。拥有更高额度的店铺就可以一次设置更多的促销刊登。

4. eBay 促销刊登策略

（1）促销战略：明确目的。促销的本质，就是为了使消费者产生购买冲动。大部分消费者的最后一道防线都是价格。任何品类都有一个适用于高、中、低三类人群的“适销价格点”。尽量控制成本使产品定价处在一种适销价格点上，从而增加产品的售出概率。这样新货带动旧货，库存迅速清完，也为下季的上新做好准备。

（2）促销战术：精准促销。想要使自己的促销设置取得预期的效果，那么从一开始就要用对方法。首先，进行资料收集和市场研究，制定一个针对自己销售情况的消费者“购买点”。统计客单价落在哪个区间，以此为标准，这样可以激发更多的潜在买家购买。客单价如果定不准，促销效果就会有天壤之别：高了，促销没有效果，因为买家如果“够”不到，就不会去“购”了；低了，销售就不能最大化。促销活动要提供刺激性，这正是这个打折活动的关键点。其次，当促销活动进行了一段时间之后必须对效果做出评估并改进，卖家可以通过“Seller Hub”中“Marketing”的下级菜单“Promotions”来查看促销的详细数据。

（3）促销战果：动态调整。当促销活动进行了一段时间之后，卖家可以在 eBay 管理促销界面查看数据详情。这不仅是为了让卖家了解促销成果，也可以让卖家根据实际效果对促销进行调整。卖家可以清楚地了解通过促销活动获得了多少销售额，以便于进行动态调整。例如，当促销效果明显时可选择扩大参与促销活动的产品范围或力度，效果不佳时则查看促销设置是否具有吸引力。通过这样不断地调整来达到一个理想的效果。

（4）促销获益：“附加值”。促销不仅可以用让利的方式来增加销量，还可以解决各种运营问题。例如，当账户处于低于标准商户的状态时可以通过促销来降低买家不良体验率，当转化率下滑时善用促销方式也可以提升售出概率。同时，促销更容易让产品累计销售量进而形成爆款。

二、eBay Promoted Listings

eBay Promoted Listings 是为了让卖家的热销产品获得更多销量，让中等销量产品通过有机搜索转变为热销产品，提高新 Listings 的销量，并在众多的竞争产品中脱颖而出。但是，卖家最好不要通过该服务推广销量不好的产品（如滞销品）。

Promoted Listings 的设置非常简单，但一定要注意如下要点。

（1）只有产品售出时才产生广告费，而不是点击就有广告费。

（2）必须订购了 eBay 店铺才有资格使用。

（3）支持站点：美国站、英国站、德国站、澳大利亚站。

（4）广告费比例为 1%~20%。注意：只针对售价收取一定比例的广告费，运费部分不收。

Promoted Listings 的设置步骤如下。

（1）打开 https://pls.eBay.com/plsweb/item，进入付费广告页面，注意如果不是美国站，使用如下一些网址。

①英国站：https://pls.eBay.co.uk/plsweb/item。

②德国站：https://pls.eBay.de/plsweb/item。

③澳大利亚站：https://pls.eBay.com.au/plsweb/item。

（2）选择产品：选择符合市场的产品。例如，如果卖家想推一个新品或现在店铺的热销产品，但这个产品本身过时了或价格过高，那么即使搜索排名第一也未必会产生点击。

（3）设置费用比例：1%~20%。每个星期 eBay 会更新每个大类的当前费用比例，见链接（注意每个站点的后缀不同）：http://pages.eBay.com/sellerinformation/stores/promoted-listings/adratetrends.html。

（4）查看 Dashboard，了解广告的表现情况并不断优化：https://pls.eBay.com/plsweb/plwelcome。这一步至关重要，要不停地调整费用比例来了解 eBay 广告系统的工作原理，从而获得最佳的推广效果。

案例解析

义乌市派对服饰有限公司是中国派对文化控股有限公司旗下的子公司，是一家集设计、生产、销售为一体的专业服装企业。目前，公司设计、开发、生产、销售及营销角色扮演产品（包括角色扮演服饰及角色扮演假发）及非角色扮演服饰（包括性感内衣），销售遍布全球 30 多个国家及地区，主要包括美国、德国、英国及澳大利亚。该公司有家新开的 eBay 店铺已经运营 3 个多月，但鉴于产品特点，拍卖不是特别适合，目前订单大都来自一口价模式。请结合本子情景所学，说明在一口价模式下，产品有哪些促销活动可以做。

分析：可以结合 eBay 的促销管理工具展开。例如，对订单促销、优惠通道、运费折扣、降价活动、捆绑销售等进行详细说明。

习题演练

一、单选题

1．eBay 平台属于（　　）电子商务模式。

A．B2C　　B．B2B　　C．C2C　　D．C2O

2．下列不属于 eBay 促销管理工具优势的是（　　）。

A．扩大订单和增加收入　　B．获得更多曝光机会
C．有效降低运费并提高利润　　D．整合捆绑订单，降低店铺客单价

3．通过提供促销运费规则以扩大订单的促销工具为（　　）。

A．降价活动　　B．运费折扣　　C．扩大订单　　D．捆绑销售

4．下列关于促销刊登的说法，错误的是（　　）。

A．eBay 美国站卖家可以使用促销刊登　　B．产品售出后才需付费
C．设置大的折扣力度和促销产品数量　　D．产品曝光率提升 80%

5．eBay 平台将卖家需要支付的费用分成两部分，包括基本费用和可选费用。基本费用包含（　　）、成交费及 PayPal 费用。

A．刊登费用　　B．订阅店铺费用
C．广告费用　　D．功能升级费用

二、填空题

1．订单促销用于促销整个店铺的产品、（　　）和（　　）。

2．注册 eBay 是（　　），并且 eBay 不设任何月租费或（　　）。

3．eBay 联盟营销的广告费比例为（　　）。注意：只针对售价收取一定比例的广告费，运费部分不收。

4．在设置降价活动前，我们首先要明确一点，这个降价活动并不是针对产品具体的折扣设置，而是（　　）来扩大打折的效果。每件产品都需要用（　　）先单独做好打折，然后放在一起做一个降价活动。

5．优惠通道的促销方式同样可以设置以（　　）为规则，但是不同于其他促销方式的是优惠通道是卖家自己设置一条链接发送给特定的买家来享受这个折扣。

三、简答题

1．eBay 和阿里巴巴国际站平台有哪些异同？

2．eBay 有哪些店铺促销方式？

实践操作

2019 年 eBay 店铺运营建议：加强站内引流并在欧洲多开站点

1．Promoted Listings

目前 eBay 的 Promoted Listings 广告占比已经达到总 Listing 量的 18%。以客户的购买视图 gallery（画廊展示）模式为例，搜索结果页默认一页 Listing 的自然数量是 48 个，外加 11 个 Promoted Listings 广告位置，也就是目前的默认数量是 59 个 Listing。

而且目标关键词首页排名第一名的位置都是由 Promoted Listings 广告位代替，所以只要能掌握 Promoted Listings，eBay 卖家都有机会做到首页排名第一，保证 Listing 的真正市

场占有率。

当然，Promoted Listings 除了在搜索结果页实现广告引流之外，还能在详情页做竞品分流，目前 2 页 12 个竞品 Promoted Listings 广告让卖家彼此实现了最强的竞争，彼此分流。按照 Promote Listings 详情页竞品的目前架构，我们可以相信后期数量会逐渐增多，至少几十个上百个是可以做到的，所以也要重视详情页的竞品分流。

2. 重视站内促销转化

eBay 目前在不同站点的促销活动很丰富，5 个大类型加每个类型中的小类型，针对高/低频产品或高/低单价产品都有不同的适用性，所以，从站内促销入手，着力打造详情页，也能提升转化率！

3. 多站点布局

eBay 从 2018 年开始重点为卖家建议的站点是欧洲，2019 年的官方风向导向德国站点，必然会对德国站点有更多的扶持，流量、交易费折扣、活动名额等应该都会重点照顾德国，所以建议多站点布局引流。

思考并回答：

1. 请问什么是佣金广告 Promoted Listings ？
2. 重视 eBay 站内促销转化，该从哪些方面优化设置？
3. 开设 eBay 欧洲站需要实施电商纳税，请问如何办理德国 VAT 登记？

情景四

跨境网络站外推广分析

子情景一 搜索引擎付费推广

学习目标

知识目标

- 掌握搜索引擎营销的相关概念和 Google Ads 的基本概念。

能力目标

- 学会 Google Ads 账户搭建与优化方法。

素质目标：

- 熟悉搜索广告的投放步骤与优化点。

项目背景

一家民营地毯厂如何将手工地毯卖到外国总统府

对于益隆地毯的创始人韩建立来说，步入手工真丝地毯行业始于一个“偶然”。

在 20 世纪 80 年代末，大学刚毕业的韩建立被分配到位于南阳大山里的军工厂工作。而那时的军工企业不景气，工友们也纷纷开始另觅出路。有一个工友的妻子来自新疆，善于编织羊毛地毯。河南虽不盛产羊毛却有着养蚕的传统，丝绸出口量全国领先。于是，这个工友的妻子便开始尝试用丝编织地毯，以供为家用。

作为当时稀缺的会讲英语的大学毕业生，韩建立每年都会被工厂派到广交会参展。有一年，他带着一小块丝毯来到了广交会，并随手把它放在了洽谈桌的角落。没想到的是，在展会的第一天，一个大胡子的科威特商人一眼便相中了这块丝毯并花重金买下。展会结束，带着“巨款”回乡，在引起十里八乡轰动的同时，也让韩建立看到了商机，他和他的工友们随后加入了编织真丝地毯的行列。

一个偶然的起始，可能因为一份永不磨灭的信念，而收获喜悦和成长。创立之初，益隆地毯厂是一个只有 6 名员工和技术人员的小型丝绸地毯手工坊。现在，益隆地毯厂已拥有 20 人的专业设计团队和超过 9 000 名专业织工，成为国际领先的手工地毯生产商。益隆地毯厂每年手工编织地毯的产量已超过 6 万平方米（相当于 8 个足球场的大小）。

一个必然开启了互联网上的“丝绸之路”。凭借着对地毯事业的热情，韩建立和他的益隆地毯也一直致力于将中国的手工真丝地毯铺向世界。从南阳古城到世界舞台，美轮美奂的中国手工编织地毯在互联网时代也焕发了新的生命力。

传统的国内外展会曾是益隆地毯产品营销及销售的主要渠道，订单受到地域及时间差异的影响。参加一次展会花钱不少却收获有限。韩建立很早便开始接触互联网并不断摸索前行。互联网的发展也让益隆地毯率先改变策略，尝试进行线上营销。而从 2007 年起，益隆地毯携手谷歌在互联网上开启了海外“丝绸之路”。

一年 365 天，一天 24 小时，通过谷歌，益隆地毯的海外线上推广一直在进行。他们发现，在相同的投入下，线上营销的效果是传统营销的 100 倍。益隆地毯的年销售额已从合作前的 70 余万美元增长到如今的超过 500 万美元，客户数量也从仅有的 2 位大客户增加到 600 多位的大中小客户。

在移动互联趋势下，益隆地毯发现，利用手机端消费的人群正在急速增长。现在，有 80%的流量来自移动设备。益隆地毯也在不断地优化其网站以适应消费者的跨屏浏览需求。网站简捷的设计和实时更新的丰富的产品信息为海外用户提供了优质的购买体验。

前瞻的思维和敢于接受新事物的心态，让一次偶然成为必然，并最终成就精彩。谈到未来，韩建立也信心满满地表示，益隆地毯将在设计上不断创新，以将传统与现代、经典与时尚结合起来。

他相信，凭借其优质的产品，利用谷歌的营销平台，益隆地毯要将中国的手工地毯工艺展示给全世界，在国际舞台开拓出属于中国的一片天地。

请简要阐述 Google Ads 账户的开设过程。

任务实施

步骤一：开立 Google Ads 广告账户

创建账户，需要访问 https://Ads.google.cn/。进入该网址页面后，可以通过点击“立即开始”按钮来根据提示操作。在整个注册过程中，用户只需要根据提示按步骤进行操作，也可以拨打网页中提供的免费热线电话进行咨询。接着需要用户创建自己的谷歌账户，填写相关信息。根据页面上的内容，用户可以十分清楚地了解到应该做什么。

注册账号之后需要设置时区和币种，因为这一项内容后期是无法更改的，所以一定不能填错。设置时区和币种的主要目的是确定向谷歌支付广告费用的币种，以及相应的时区。设置完成后谷歌会发送一封邮件供用户确认验证，验证邮箱之后用户的谷歌账户就开立完成。

步骤二：制作关键词广告

当用户确认完电子邮件之后，就需要进行第二个步骤：制作广告。用户可以在这个网页中编写广告、确定广告位置以及预算，当然重要的是还需要拟定一些能触发自己广告的关键词。好的关键词能够有效地触发企业的广告，并且保证用户可以在显眼处看到广告。

制作广告的步骤并不复杂，但是需要注意很多细节。首先，需要用户选择好广告的位置，此外还要选择语言、设备类型等信息。当然，如果你没有决定好，可以选择默认信息。其次，决定预算金额。这里需要设置的是每一次产生点击时的费用以及能够接受的每日的最高限额。再次，要求用户编写一条广告语。最后，用户需要根据自己的广告选择一些合适的关键词，好的关键词能够有效地触发用户投放的广告。至于关键词的数量，用户可以先选择十几个，广告投放后再根据效果进行修改。

步骤三：投放 Google Ads 广告

下一步就是开始投放广告，这一步骤用户需要填写几项基本的账单信息，通常填写完这些信息后就可以展示广告了。当然，如果用户有 Google Ads 优惠券也可以通过输入信息进行使用。

步骤四：设置与优化 Google Ads 账户

在对账户进行设置与优化时，可进行绑定 Google Analytics、设置谷歌竞价广告的转化追踪、设置关键词匹配方式、设置广告语的优化、设置预算、设置广告轮播、分设备优化等操作。

知识铺垫

一、Google Ads 概述

Google Ads 是由谷歌公司研发推出的。谷歌创立于 1998 年，创始人是斯坦福大学的博士生 Larry Page 和 Sergey Brin。谷歌是全球排名第一的搜索引擎，其使命就是提供网上最好的查询服务，促进全球信息的交流。谷歌搜索引擎是世界上使用率和搜索精度最高的全文搜索引擎，覆盖 200 多个国家和地区，支持多达 132 种语言，包括简体中文和繁体中文，每天向超过 76%的搜索者提供 2 亿次查询服务，搜索时间不到半秒。谷歌全球众多联盟网站覆盖了超过 80%的美国在线受众和国内众多知名平台，是最具品牌商业价值的搜索引擎。

Google Ads 是可以在谷歌这样全球顶级的搜索引擎上发布广告的网络营销工具。与搜索引擎优化相比，搜索引擎广告实质上属于网络广告的范畴，是网络广告的一种特殊形式。投放任何媒体最关键的要素都是市场营销战略，通过战略制定过程，商家可以确定其目标客户和目标市场。同样，对于搜索引擎广告营销来说，这些基本元素也是很重要的。一旦这些问题都明确了，那么选择相应的关键词、编辑高效的广告内容、设计和产品销售紧密相连的着陆页就容易多了。

（一）Google Ads 关键词广告优势

1. 谷歌搜索覆盖广泛

谷歌占据了全球69%的搜索市场及86.7%的英语搜索份额，覆盖200多个国家和地区，有100多兆字节语言界面，能够通过互联网通道获取全球信息。企业通过谷歌关键词进行广告推广，可以在全球范围内进行，非常方便快捷，不需要通过不同的渠道进行不同目标市场国的推广，只需通过 Google Ads 就可以完成。

2. 成本及效果可控

Google Ads 的显示是完全免费的，点击后才需要付费。谷歌通过了解用户在网站的行为轨迹，发现高效的关键词，给客户以更精确的指导，从而使客户用更精准的关键词进行推广，达到事半功倍的效果。同时，Google Ads 还能够及时把握在浏览器网站的客户，进行精准推广，保证客户能够获取高质量的询盘。

3. Google Ads 定位精准

Google Ads 能够精准投放到任何一个国家。同时，它可以根据目标市场的不同在特定日期、时段进行广告展示。Google Ads 支持48种国际语言，通过不同语言能够更加方便快捷地同目标市场国的用户进行沟通，进行精准用户群体推广。

4. Google Ads 调控能力强

Google Ads 能够对不同目标市场进行广告投放，而且可以根据客户需求进行市场调整，对目标市场国进行预算设置，提高成本效率。Google Ads 可以只在工作日投放或上班时间投放，做到精准有效。Google Ads 还可以使用分析工具对用户的行为、花费进行分析，针对转化率、询盘等进行系统分析，从而调整广告设置，提升广告效果。

（二）Google Ads 排名和展示的原理

对于投放 Google Ads 来说，最应该知道的就是 Google Ads 的内部排名机制，只有搞懂了内部排名机制才能更好地控制广告成本，提升整体的投资回报率。

（1）通过 Google Ads 账户后台设置推广关键词，当用户的搜索词与关键词形成匹配时，由谷歌机制控制竞价广告在搜索结果页面上进行展示。

（2）广告具体的展示位置分为搜索首页和其他页面，其中搜索首页共有7个广告位，分为上四下三。

Google Ads 通过广告评级来确定关键词在搜索结果页的排名，广告评级是通过出价金额和质量得分计算出来的。Google Ads 的广告评级=最高竞价（Maximum Bid Price）×质量得分（Quality Score）。

广告评级决定广告排名，即在同一页面上显示的广告顺序和位置由广告评级决定。广告评级由出价和质量得分共同决定，其中质量得分又受到关键词点击率、广告相关性和着陆页体验的制约。因此，即使竞争对手的出价较高，但只要关键词和广告的相关性更强，仍然可能赢得较高的排名。

当企业广告有资格进行展示时，系统都会重新计算广告评级，因此，受当时竞争情况的影响，企业广告排名可能发生变动。

（三）Google Ads 的三重匹配原则

当用户利用某一关键词进行搜索时，在谷歌搜索结果页面上会出现与该关键词相关的广告内容。

关键词有三种匹配方式：精准匹配、词组匹配和广泛匹配。其中关键词的精准匹配最为重要，它在进行匹配的过程中也有三个原则：账户关键词和用户搜索词的匹配、用户搜索词与搜索广告素材的匹配以及搜索广告素材与网页着陆页信息的匹配。

（四）Google Ads 的广告平台

1. 搜索广告平台（Search Ads）

它是 Google Ads 的最基本形式之一。搜索广告可以展示在整个谷歌搜索结果旁边。搜索广告有几个重要的指标，分别是点击率、总费用、质量得分以及广告排名等。

Google Ads 为参与竞价的每个广告计算广告评级，广告评级决定了广告排名以及广告是否有资格展示。“平均排名”指标非常适合用于检查客户在搜索广告网络中取得的进展，即可显示出自己的广告与其他广告相比的排名。

质量得分是影响广告评级一个重要的因素，是对广告、关键词和着陆页质量的估算分数，是对竞价广告的综合评估。质量得分由预计点击率、广告相关性和着陆页体验三个因素决定。

点击率是由点击次数除以展示次数得出的。当用户点击客户的广告（如文字广告的蓝色标题）时，Google Ads 就会记录一次点击。只要客户的广告在谷歌或谷歌广告网络上显示，就记为一次展示。

总费用是由平均每次点击费用与点击次数的乘积决定的，需要注意的是广告主为每次点击所要支付的平均费用是指实际产生的点击费用。

搜索广告还有谷歌搜索、谷歌购物、谷歌地图、谷歌网上论坛，以及与谷歌合作展示搜索广告的非谷歌搜索网站（称为搜索网络合作伙伴，如 AOL）等形式。

2. 展示广告网络平台（Google Display Network，GDN）

展示广告网络平台也称内容网络平台，它也是 Google Ads 最基本的形式之一。展示广告可以在整个谷歌展示广告网络上展示广告内容，该网络广告由超过一百万个不同的展示位置组成，可以为众多客户提供广告展示服务。GDN 内容网络平台内容广泛，包含：①行业网站，全球高流量的知名、权威、整合相关行业企业资源的网站；②B2B 网站，提供企业与企业之间的供给和需求的电子商务网络交易平台的网站；③门户网站，某类综合性互联网信息资源并提供有关信息服务的网站。

3. 购物广告平台（Shopping Ads）

该平台发布包含产品特色和定价信息的文字广告，可以转到企业网站的产品购买页，引导客户在点击到达目标网站之前了解所销售的产品的详情，起到广告推广作用。

4. 视频广告平台（YouTube）

视频广告可以在 YouTube 和谷歌视频广告网络上展示。投放独立视频广告或将它们插入流式视频内容，将带给客户内容丰富、极具吸引力的体验。

5. 移动广告平台（AdMob）

谷歌移动广告是覆盖最广的手机广告，是整合谷歌移动端搜索广告（Adword）与移动手机应用广告（Admob）的手机广告模式。

（五）Google Ads 的基本概念

Google Ads 是一种通过使用谷歌关键词广告或谷歌遍布全球的内容联盟网络来推广网站的付费网络推广方式。Google Ads 可以选择包括文字、图片及视频广告在内的多种广告形式。

（1）每次点击费用模式：一种广告费用定价模式。当用户点击广告时，根据广告被点击的次数，向广告主的广告账户收取费用；如果广告针对某个搜索查询显示但用户并未点击它，则不会产生任何费用。

（2）最高每次点击费用：当广告展示在谷歌或谷歌联盟时，广告主愿意为其得到的每次点击而支付的最高费用。

（3）最低出价：确保关键词的广告能够发布展示，广告主为每次点击所必须支付的最低金额。同一个关键词，在不同的广告账户中最低出价有可能不尽相同。最低出价不仅与关键词本身有关，而且与所在广告账户的“质量得分”有关。

（4）质量得分：对广告主的关键词质量进行评估，以此决定最低出价并影响实际每次点击费用。广告主的质量得分越高，相应的最低出价和为每次点击支付的实际费用就越低。

（5）点击率：由广告的点击次数除以展示次数得到，是用于表明广告效果的一个指标。广告与所在页面内容的相关性越强，用户点击广告的频率就越高，点击率也会随之增长。

（6）实际每次点击费用：Google Ads 综合考量广告主的最高每次点击费用和质量得分等因素，对每次点击向广告主的广告账户实际收取的费用。在“质量得分”比较理想的情况下，实际每次点击费用要低于“最高每次点击费用”。

（六）Google Ads 的影响因素

1. 广告质量得分

影响质量得分的因素很多，主要有关键词的过往点击率、显示网址的过往点击率、账户历史记录、目标网页质量、关键词及广告相关程度、关键词及搜索相关程度、地理位置效果、广告在某个网站上的效果、目标设备等。

2. 广告表现

广告表现是影响 Google Ads 的最主要因素，主要包括如下几项。

（1）广告竞价资格。具有较好的质量组件通常会降低企业广告参与竞价的门槛，不仅更容易，而且花费更低。广告质量的衡量还会帮助确定企业广告究竟是否有资格展示。

（2）实际每次点击费用。更优质的广告通常能够带来更低的每次点击费用。

（3）关键词首页出价估算值。更优质的广告一般都能获得更低的首页出价估算值。当广告拥有较好的质量组件（预计点击率、广告相关性和着陆页体验）时，广告更容易登上搜索结果的首页，更容易获得页首展示位置。

（4）广告排名。优质的广告可以获得更高的广告排名，这意味着广告可以在页面上更靠前的位置展示。

3. 实际支付的广告费用

Google Ads 每次点击费用出价可以按点击次数付费，当用户点击广告时才需付费。如果有 100 个人查看了广告并且有 3 个人点击了广告，那么只需为这 3 次点击付费，而无须为其余 97 次查看付费。一般情况下广告费用越低，相对来说成本越低。

实际每次点击费用通常低于企业设置的最高每次点击费用，因为当企业参与 Google Ads 竞价时，只需支付击败其他广告客户出价所需的最低金额。假如第二高的出价为 2.00 元，那么无论之前出价是 3.00 元、5.00 元还是更多，企业只需为每次点击支付 2.01 元。

二、Google Ads 的关键词和关键词定位

（一）寻找核心关键词

对于关键词选择的分析，是为了通过用户的搜索行为发现用户的搜索动机，并通过关键词锁定受众。可以采用多种方式来寻找业务核心关键词，主要有询问外贸业务员、利用谷歌全球商机洞察（Google Global Market Finder）洞察客户习惯、头脑风暴、运用谷歌关键字规划师（Google Ads Keyword Planner）等。

（二）拓展关键词

拓展关键词常用的方法有两种：

（1）运用谷歌关键字规划师。

（2）运用词根扩展法拓展关键词。

词根（Root）：产品/服务最基本的名词，如图 4-1 中的“air tickets”。

词干（Stem）：形容词根的词（形容词、品牌、区域等），如图 4-1 中的“discount”。

图 4-1　词根与词干示例

示例图 4-1 中的核心关键词（词根）可以扩展为 air ticket、plane ticket、plane tickets 等。加上非核心关键词（词干）后扩展为 cheap air ticket、discount plane tickets、online airfare、buy air tickets 等。更进一步的扩展可以如表 4-1 所示。

表 4-1　词根扩展法示例

词　干				词　根
buy	cheap	online	Air China	air ticket
book	discounted	international	Ctrip	plane ticket
reserve	bargain	domestic	United Airlines	plane tickets
				airplane ticket
				airplane tickets

（三）分类关键词

对关键词进行分类，示例如表 4-2 所示。

表 4-2　关键词分类示例

广告组 1	玫瑰花 全球递送鲜花，提供在线订花。安全、快速、服务佳。 Flowers.com	关键词： 玫瑰 红玫瑰 黄玫瑰
广告组 2	郁金香 全球递送鲜花，提供在线订花。安全、快速、服务佳。 Flowers.com	关键词： 郁金香 荷兰郁金香 白郁金香
广告组 3	康乃馨 全球递送鲜花，提供在线订花。安全、快速、服务佳。 Flowers.com	关键词： 康乃馨 月影康乃馨 八月盛开康乃馨

三、Google Ads 的关键词匹配方式

目标客户搜索时，系统会自动挑选对应关键词，将推广结果展现给用户，企业可以通过设置匹配模式，来决定用户搜索词与关键词的对应关系。

表 4-3 所示为关键词的几种匹配方式。

表 4-3 关键词匹配方式

匹配方式	特殊符号	关键词示例	可能带出广告的搜索	搜索示例
广泛匹配	无	women’s hats	包括错别字、同义词、相关搜索和其他相关变体	buy ladies hats
广泛匹配+修饰符	+关键词	+women’s hats	包含修饰符字词（或近似变体，但不是同义词）的搜索，但是顺序不限	hats for women
词组匹配	“关键词”	“women’s hats”	指定词组本身，以及该词组的近似变体	buy women’s hats
精确匹配	[关键词]	[women’s hats]	完全匹配字词本身，以及该字词的近似变体	women’s hats
排除匹配	-关键词	-women	不包含指定字词的搜索	baseball hats

四、Google Ads 的账户结构

Google Ads 的账户结构由账户、广告系列、广告组、广告四个层级组成（见表 4-4），如果把账户比作一间房子的话，建立起良好的账户结构就相当于造了一间毛坯房，而后续的优化就相当于装修。前者是后者的基础，后者是前者的延续，两者相辅相成，都服务于提高广告主的投资回报率。

表 4-4 Google Ads 的账户结构

<table>
<tr><th colspan="2">账　户</th></tr>
<tr><td colspan="2">唯一电子邮件地址</td></tr>
<tr><td colspan="2">密码</td></tr>
<tr><td colspan="2">结算信息</td></tr>
<tr><th>广告系列</th><th>广告系列</th></tr>
<tr><td>每日预算</td><td>每日预算</td></tr>
<tr><td>目标地理位置</td><td>目标地理位置</td></tr>
<tr><td>合作伙伴网站首选项</td><td>合作伙伴网站首选项</td></tr>
<tr><td>结束日期</td><td>结束日期</td></tr>
</table>

续表

广告组	广告组	广告组	广告组
一组关键词	一组关键词	一组关键词	一组关键词
若干广告	若干广告	若干广告	若干广告

五、Google Ads 的账户设置

（一）Google Ads 的账户限制

Google Ads 对于每个账户的广告是有限制的。其中，每个账户最多有 1 万个广告系列，包括 active 和 paused；每个广告系列最多有 2 万个广告组；每个广告组最多有 2 万个关键词或 placements/list/product target；每个广告组最多有 300 个展示广告，且含图片广告。

（二）广告系列基础设置

1．更改每日预算

当达到每日平均预算时，广告可能停止展示。由于流量会不断波动，因此在某一天内实际支出的费用最多可能比每日预算高出 20%。因此，如果需要在某个时间段加大对预算的控制，需要时时关注每日预算，必要的时候可以更改预算。

2．更改投放区域

Google Ads 可以把广告投放到全球 200 多个国家和地区，针对企业不同的需求，可以通过过滤选择投放的目标位置，让广告投放更加精准。而当需求发生变化时，可以对投放区域进行更改，以保证广告投放效果最佳。

3．设置语言

Google Ads 会检测用户的谷歌语言设置或检测广告内容或企业搜索所使用的语言，如用户的搜索查询、当前浏览的网页或近期在谷歌展示广告网络中浏览过的网页。Google Ads 会根据客户情况，优先推送给客户设置的语言页面，方便客户使用 Google Ads 进行推广和查询。

4．更改投放时间

由于 Google Ads 可以辐射全球 200 多个国家和地区，鉴于时差的问题，不同的地区广告效果时段差别比较大，因此企业可以根据广告投放的国家和地区设置不同的广告投放时间，以保证广告投放效果最佳。

5．给广告添加附加链接功能

广告附加链接是针对搜索广告所提供的功能，此功能可加入多达 10 个附加链接，以供用户进一步浏览企业网站上除主要目标网页内容之外的其他内容。当用户的搜索查询触

发广告显示时，附加链接功能可使广告同时显示有针对性的附加相关链接，从而进一步提高 Google Ads 广告的价值。此外，通过附加链接功能，可以轻松更新季节性和有限制的促销活动，随时可以根据需要更改广告的附加链接，以使所有广告都能更及时地配合当前的销售和营销行动。

案例解析

假如你已经入职一家出口办公家具的外贸企业，每个月市场推广的网络预算是 3 万元，你的任务是每月获得 300 个有效询盘，询盘成本控制在 80 元每条，现在请大致分配下你的广告预算，即具体怎么花这 3 万元。请按你的思路写出 Google Ads 广告投放计划。该外贸企业的官方网站为 http://www.lightgs.com.cn。

分析：

（1）进行关键词调研及分类（按照广告组进行分类）。

（2）搭建账户（列出账户结构：账户中至少包含一个广告系列，每个广告系列至少包含两个广告组，每个广告组编写三条广告语）。

（3）账户设置（地区、语言、预算、关键词匹配方式、出价）。

习题演练

一、判断题

1．Google Ads 广告运行中有可能突破广告系列中设置的预算。（　　）

2．目前 Google Ads 搜索网络广告有 10 个广告位置。（　　）

3．假设你在挪威有一项业务，你把广告定位到挪威，设置你的目标语言是挪威语，这意味着你的广告可以出现在那些把界面语言设置为挪威语的谷歌搜索用户面前。（　　）

4．Google Ads 的搜索网络广告中广告组中的关键词越多越好。（　　）

5．我们在查询自己的搜索广告时，最好在谷歌搜索中查看一下广告是否展示。（　　）

二、填空题

1．Google Ads 系列广告平台主要有（　　）、（　　）、购物广告平台、（　　）和（　　）。

2．谷歌搜索广告关键词的匹配方式主要有（　　）、（　　）和（　　）。

3．Google Ads 搜索网络广告的四层账户结构分别是（　　）、（　　）、（　　）、（　　）。

4．谷歌搜索广告中，广告标题长度最多可输入（　　）个字符，描述最多可以输入（　　）个字符。

三、简答题

1．Google Ads 搜索广告中影响关键词质量得分的主要因素有哪些？

2．谷歌决定投放给用户什么类型广告的决定因素是什么？

实践操作

服饰品牌佐丹奴推出了自己的网上商城。假设现在公司的重点推广产品是“情侣法兰绒格子衬衫”，负责这条产品线的市场经理希望尝试搜索引擎营销。由于之前没有尝试过，他需要得到你的帮助，且他希望看到前期效果再决定是否要进行预算控制，你可以理解为本次推广不受整体预算限制。请根据你所学的知识帮助客户制订此次的推广方案。

1. 制定本次搜索推广的营销目标。请综合市场、消费者、产品以及品牌等几个维度分析制定（要求：请留下你的分析过程，而不仅仅是一个答案）。

2. 根据你制定的营销目标，你认为应该考核哪些指标可以有效地评估营销效果，为什么？

3. 根据你的营销目标和KPI来制定投放策略，包括但不限于以下维度：关键词策略、出价策略、匹配方式选择的策略和创意策略（要求：关键词策略中除了给出关键词方向，每个方向要给出两个关键词示例）。

4. 对此账户进行规划，包括但不限于账户结构、预算分配、投放地域、投放时段。

子情景二 搜索引擎优化推广

学习目标

知识目标

- 掌握搜索引擎工作的基本步骤。
- 掌握搜索引擎的关键词策略。
- 了解页面级优化和站外优化。

能力目标

- 掌握搜索引擎优化的基础知识和步骤。
- 掌握搜索引擎优化常用工具的使用。
- 能够根据搜索引擎优化结果提供分析报告。

素质目标

- 具有分析不同搜索引擎优劣的能力。
- 掌握跨搜索引擎营销的方法和技巧。
- 能够对搜索引擎优化方案进行分析。

项目背景

北美某租车公司，为客户提供短租、长租及融资租赁等专业化的汽车租赁服务，以及救援、异地还车等完善的配套服务。该租车公司的网站定位为汽车行业租赁电商平台，用户人群覆盖北美主要城市的消费用户。该行业竞争激烈，租车平台众多，用户需求精准，用户量众多。该租车公司希望借助系统的搜索引擎优化来达成如下诉求：一是利用搜索引擎让网站覆盖整个行业相关的关键词；二是所关联的关键词获取搜索引擎最优的排名位置；三是获取整个行业的相关用户，并提升相应业务的转化；四是根据用户需求，以及业务需要，建设新的内容页面。最终，使该租车公司成为北美知名的汽车租赁服务商。

任务实施

一个完整的网站优化步骤大致应包括以下几个方面。

步骤一：挖掘关键词

关键词挖掘工作是网站优化非常关键的一点。关键词决定着网站的定位，这是前期必须做好的工作。在网站壮大的过程中，需要不断扩充内容、增加网站流量来扩展潜在客户，这个时候长尾关键词的挖掘工作就显得越来越重要。想要做好关键词挖掘工作，应先定位好目标关键词，然后再使用关键词挖掘工具进行长尾词扩展工作。该租车公司可以增加夜间短租、周租等词进行关键词挖掘。

步骤二：优化结构

如果说关键词是网站的灵魂，那么结构就是网站的骨骼。优化结构需要做好如下三方面工作。

（1）开头三要素，即 Title、Keywords 和 Description。如果在描述标签里出现 1~2 次关键词，将对排名非常有帮助。

（2）H 标签。一个常规的网站结构必须是 H1 标签出现在标题位置，告诉搜索引擎这个是最重要的；在正文里可以出现 H2 标签、H3 标签等。H 标签可以起到画龙点睛的效果。

（3）内链。内链相当于网站的内部通道，它对网站的排名和收录有非常大的影响。丰富的相关内链不仅能让用户体验更好，同时对搜索引擎来说也是非常好的体验。该租车公司可以将一些国家租车政策等的链接放在网页上，给客户以更正规的感觉。

步骤三：分析数据

此处并非只是分析网站的内部数据，还应该更多地去分析行业大数据或竞争对手的数据，这是一项非常重要的工作。该租车公司需要分析整个北美租车行业的整体情况，以及大的租车公司的情况，这样方便进行后期策略的改进。

步骤四：制作原创内容

原创内容对排名影响不是很大，但是对于收录的帮助就非常大。原创内容都是其他网络上找不到的，搜索引擎为了补充数据库，就会优先收录。当有相关搜索出现的时候，会优先给予展示，对于老站来说原创内容的优势会更大。因此，原创内容对于网站搜索来说具有非常重要的作用。

步骤五：增加外链

增加外链会对网站排名有明显的影响，但是外链的增加需要循序渐进。虽然外链在众多因素中所占的权重有所下降，但比例还是很大的。假设原来外链的权重在所有因素中占20%，现在削弱到了8%，那么在众多排名因素里它也许还是最高的，是非常关键的影响因素。

知识铺垫

一、搜索引擎优化概述

搜索引擎优化，英文全称为 Search Engine Optimization，简称 SEO，简单来说是指在符合网站用户友好性及搜索引擎算法的基础上，使用网站内容及网站外的优化手段，使网站在搜索引擎的关键词排名提高，从而获得目标搜索流量，进而产生直接销售或建立网络品牌的一种网络营销手段。

（一）搜索引擎工作的基本步骤

1. 网络爬虫

网络爬虫是搜索引擎的下载系统，它的作用是内容的获取，手段就是在万维网中通过链接不断爬取收集各类网页。但是互联网的页面浩如烟海，而且每天不断有新的内容产生，根据爬取目标和范围，可以将爬虫简单分为以下几类。

（1）批量性爬虫：有明确的抓取目标和范围，达到即停止。

（2）增量型爬虫：应对网页不断更新的状态，需要及时反应。一般的商业搜索引擎就属于这一类。

（3）垂直型爬虫：只针对某个特定领域的爬虫，根据主题过滤。

爬虫在爬取网页的时候，主要通过以下策略进行抓取。

（1）宽度优先：最简单的方式，即将某个页面中的链接依次加入待爬取队列。

（2）局部 PageRank：PageRank 是一种网页重要性指标，这种方式根据一定时期内的局部 PageRank 值决定下一步爬取目标。

（3）OPIC（Online Page Importance Computation）策略：当下载当前网页后，将其重要性平均分给包含的链接，每次选取最重要的页面，不用迭代计算，速度较快。

（4）大站优先：思路很简单，以网站为单位衡量页面重要性。

此外，搜索引擎中还有一个重要问题：暗网抓取。暗网是指常规方式很难爬到的网页，而在网络中这样的网页是大量存在的。有的网页没有外链，有的主要内容存储于数据库中（如环球资源网），没有链接指向这些记录。暗网挖掘是商业搜索引擎的一大研究重点。

2. 建立索引

对于搜索引擎来说，索引是其最重要的核心技术之一。面对海量的网页内容，如何快速找到包含用户查询词的所有网页呢？倒排索引在其中扮演了关键的角色。对于一个网页，如果把它看作一个文档，其中的内容由一个个单词组成。为了针对用户的搜索词快速给出文档结果，需要建立一个单词—文档的存储结构。倒排索引是实现单词—文档矩阵的一种具体存储形式。通过倒排索引，可以根据单词快速获取包含这个单词的文档列表。

3. 内容检索

内容检索模型是搜索引擎排序的理论基础，用来计算网页与查询的相关性。通过内容将相关的需求进行检索，常用的检索模型有布尔模型、向量空间模型、概率模型、语言模型、机器学习排序等。

4. 链接分析

搜索引擎在查找能够满足用户请求的网页时，主要考虑两方面的因素：一方面是用户发出的查询与网页内容的内容相似性得分，即网页和查询的相关性；另一方面就是通过链接分析方法计算获得的得分，即网页的重要性。链接分析就是通过网络的链接结构去获取网页重要性的一类方法。链接分析算法很多，从模型上看，主要分为两类：①随机游走，从某个网页以一定的概率跳转到它所包含的链接；②子集传播，给予某个子集一定的传播，按照特定的条件，将权值传给其他网页。

（二）搜索引擎的分类

搜索引擎按其工作方式主要可分为三种，分别是目录索引类搜索引擎（Search Index/Directory）、全文搜索引擎（Full Text Search Engine）和元搜索引擎（Meta Search Engine）。全文搜索引擎是运用最广泛也是最多的一种，一般所说的搜索引擎都指的是全文搜索引擎。

1. 目录索引类搜索引擎

目录索引类搜索引擎虽然有搜索功能，但在严格意义上算不上真正的搜索引擎，仅仅是按目录分类的网站链接列表而已。用户完全可以不用进行关键词查询，仅靠分类目录也可找到需要的信息。目录索引类搜索引擎中最具代表性的莫过于大名鼎鼎的雅虎。其他著名的还有 Open Directory Project（DMOZ）、LookSmart、About 等，国内的搜狐、新浪、网易搜索也属于这一类。

2. 全文搜索引擎

全文搜索引擎是名副其实的搜索引擎，国外具有代表性的有谷歌、Fast/AllTheWeb、AltaVista、Inktomi、Teoma、WiseNut 等，国内著名的有百度。它们都是通过从互联网上提取的各个网站的信息（以网页文字为主）而建立的数据库中，检索与用户查询条件匹配的相关记录，然后按一定的排列顺序将结果返回给用户，因此它们是真正的搜索引擎。

从搜索结果来源的角度，全文搜索引擎又可细分为两种：①拥有自己的检索程序（Indexer），俗称“蜘蛛”（Spider）程序或“机器人”（Robot）程序，并自建网页数据库，搜索结果直接从自身的数据库中调用，如上面提到的 7 家引擎；②租用其他引擎的数据库，并按自定的格式排列搜索结果，如 Lycos 引擎。

3. 元搜索引擎

元搜索引擎在接受用户查询请求时，同时在其他多个引擎上进行搜索，并将结果返回给用户。著名的元搜索引擎有 InfoSpace、Dogpile、Vivisimo 等，中文元搜索引擎中具有代表性的为搜星。

在搜索结果排列方面，有的直接按来源引擎排列搜索结果，如 Dogpile；有的则按自定的规则将结果重新排列组合，如 Vivisimo；有的通过网页搜索，如谷歌、雅虎、MSN 等。

二、搜索引擎的关键词策略

关键词源于英文“keyword”，特指单个媒体在制作搜索索引时，所用到的词汇。它是图书馆学中的词汇。关键词搜索是网络搜索索引主要方法之一，就是访问者希望了解的产品、服务和公司等的具体名称用语。

（一）关键词的选词原则

1. 确保目标关键词搜索量

网站核心关键词的选择不能过度随意，必须经过关键词研究才能确保这个关键词确实有用户在搜索，没人搜索的词没有任何价值。

对 SEO 不熟悉的人确定目标关键词时常常会首先想到公司名称或自己产品的名称。但是当企业或网站没有品牌知名度时，没有用户会搜索公司名或网站名；产品名称如果不包含产品的通用名称，被搜索到的概率也很低。

但即使行业最通用的名字，也不一定有足够的真实搜索次数。最典型的就是“SEO”这个词本身。百度指数显示“SEO”每天被搜索五六千次以上，但搜索“SEO”的很多是站长在研究记录“SEO”这个词排名的新动向，而不是对 SEO 服务感兴趣。

因此选择关键词，首先要做的是，确认用户搜索次数达到一定数量级。如果不考虑目标关键词的搜索量，那么搜索的效果可能非常差。

2. 降低优化难度

要找到有搜索量的关键词，并不意味着要把目标定在最热门、搜索次数最多的词上，还需要考虑该词的效果以及后期的优化情况。如搜索“新闻”“律师”“租房”“机票”“减肥”“旅游”“化妆品”等词的用户很多，但是对于企业来说优化这些词以及使这些词产生效果非常难。做关键词研究就是要找到被搜索次数比较多，同时优化难度不太大的关键词，且具有一定的定位，这样关键词优化才有可能在一定的预算、周期下取得较好的搜索效果。

3. 寻找有效流量

排名和流量都不是目的，有效流量带来的转化才是目的。就算公司有足够的实力将一些非常热门的通用关键词排到前面，也不一定是投入产出比最好的选择。

假设网站发布的内容信息是“安克耳机”，然后将网站核心关键词选为“耳机”，这样的情况一般来说并不会是最好的选择，因为用户搜索“耳机”这个词的动机和目的很难判定。用户有可能是在寻找车载耳机，但也可能是蓝牙耳机，也可能是护耳耳机，这样的用户仅搜索耳机这个词就说明他不是有很明确的定位。如果把核心关键词定为“蓝牙手机耳机”，那么针对性就强得多，这说明搜索的用户已经透露出一定的意向。如果目标关键词定为“安克蓝牙车载耳机”，则用户意向就非常明确，几乎可以肯定这个用户是在寻找特定的耳机，这样的搜索用户来到你的网站，转化率将大大提高。

4. 发现新机会

每个人的思维都会有局限。研发和销售某些特定产品的人，思路很容易被局限在自己和同事最常用的词汇上。而用户需求千变万化，上网经验也不同，他们会搜索各种各样的词来表达该含义。

利用关键词工具的推荐，挖掘相关关键词，能看到很多平时完全没有人去搜索的查询词，但实实在在有用户在搜索。把这些词拆分、组合、融入网站内容，甚至添加新栏目，是发现新机会、拓展内容来源的最好方式之一。

（二）关键词的选择技巧

选择恰当的关键词是 SEO 最具技巧性的环节之一。只有选择正确的关键词，才能保证企业的搜索效果。选择关键词需要遵循以下原则。

1. 与内容相关

目标关键词必须与网站内容有关联。SEO 早期曾经在页面上堆积搜索次数，但都是与本网站没有实际关联的关键词，也曾经起到很好的作用，能带来不少流量。不过，现在这样的做法早已过时，网站需要的不仅仅是流量，更是有效流量，靠欺骗性的关键词带来的访客不能完全转化，对网站毫无意义。这样的排名和流量不是资产，而是负担，除了消耗宽带，没有其他作用。

如果你的网站想要卖“化妆品”或“减肥产品”，就不要想着靠“汽车”或“房子”这种关键词带来流量。抛开关键词的优化难度和可能性不谈，就算搜索这种不相关关键词的访客来到网站也不会购买产品或服务。

当然，这不一定适用于所有网站，如新闻门户网站或纯粹依靠广告营利的信息类网站。很多门户类网站包罗万象，内容相关性判断也比较模糊。对这些网站来说，只要有流量，就有一定的价值。

2. 搜索次数多、竞争小

在做关键词优化时，最好的关键词是那些搜索次数最多且竞争程度最小的词，这样既保证 SEO 代价最低，又保证流量最大。但现实不会这么理想，大部分搜索次数多的关键词，也是竞争比较激烈的关键词。不过，通过大量细致的关键词挖掘、扩展，列出搜索次数及竞争程度数据，还是可以找到搜索次数相对多、竞争相对小的关键词的。

研究搜索次数比较直接、简单的方法是使用谷歌关键词工具。虽然确定一个词的竞争强度比较复杂，需要参考查询的数据很多，而且大多带有不确定性，但根据搜索次数和竞争程度可以大致判断出该关键词的效能。在投入相同的情况下，效能高的关键词获得排名的可能性比较高，可以带来更多流量。

3. 具有商业价值

要选择具有商业价值的关键词，因为不同的关键词其具有的商业价值也不同，就算长度等同，也同样会导致不同的转化率。

站长在做关键词研究的时候，是可以通过各种方式、手段查询到大量搜索词的，通过常识就能判断出不同的词的购买可能性。购买意图比较强烈、商业价值较高的关键词应该是优化时最先考虑的，无论内容规划，还是内部链接安排，都要予以侧重。

搜索结果中右侧、最上和最下面有多少个广告的显示结果，也是衡量竞争程度的指标之一。一般来说广告商内部有专业人员做关键词研究和广告投放，他们必然已经做了详细的竞争程度分析及营利分析，只有能产生效果和营利的关键词，才会去投放广告。如果说搜索结果数还只是网上内容数量带来的竞争，竞价数则是拿着真金白银与你竞争的真实存在的竞争对手数目。

（三）关键词扩展及分布

确定了核心关键词后，接下来就是进行关键词扩展。对一个稍微有规模的网站来说，研究几十个关键词并不足够，还需要找出比核心关键词搜索次数少一些的更多关键词，安排到分类页或频道页，甚至挖掘扩展出几百个、几千个关键词都很常见。扩展关键词可以通过以下几种方式。

1. 使用关键词工具扩展

最常见的工具就是谷歌关键字规划师，如图 4-2 所示。在关键字规划师查询任何一个关键词，谷歌都会列出至少几十个相关关键词。再取其中任何一个重新查询，又可以带出另外几十个关键词。通过这种联想式的不断挖掘，扩展几百个、几千个关键词轻而易举。

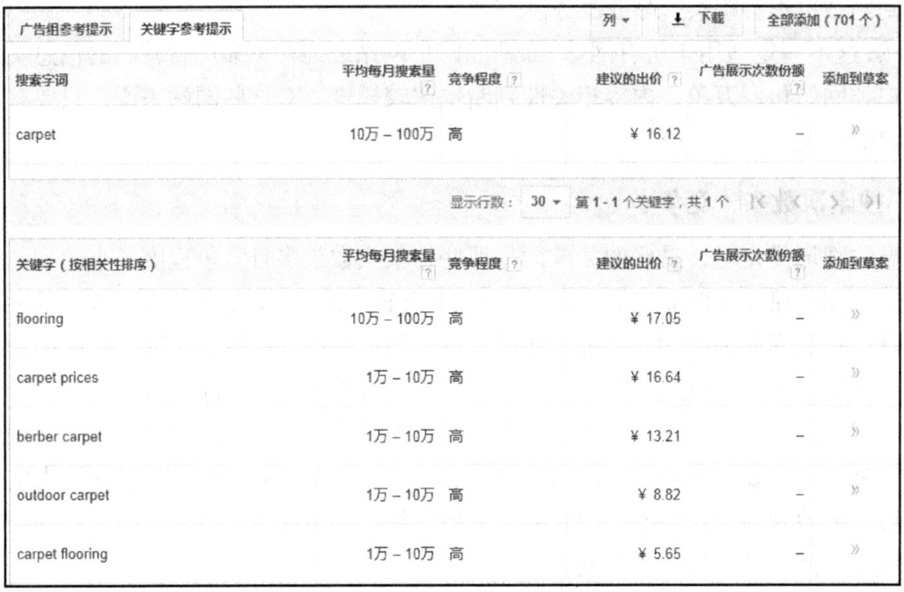

搜索字词	平均每月搜索量	竞争程度	建议的出价	广告展示次数份额	添加到草案
carpet	10万 – 100万	高	¥ 16.12	–	»

关键字（按相关性排序）	平均每月搜索量	竞争程度	建议的出价	广告展示次数份额	添加到草案
flooring	10万 – 100万	高	¥ 17.05	–	»
carpet prices	1万 – 10万	高	¥ 16.64	–	»
berber carpet	1万 – 10万	高	¥ 13.21	–	»
outdoor carpet	1万 – 10万	高	¥ 8.82	–	»
carpet flooring	1万 – 10万	高	¥ 5.65	–	»

图 4-2　谷歌关键字规划师示例

SEO 可以把谷歌给出的关键词下载为 Excel 文件，在 Excel 中合并得到所有相关词，删除重复及搜索量低的词，按搜索次数排序，就可以得到有一定搜索量的大量相关词。

2. 通过搜索建议扩展

在谷歌搜索框中输入核心关键词，搜索框会自动显示与此相关的建议关键词，如图 4-3 所示。

图 4-3　谷歌搜索建议示例

3. 通过相关搜索扩展

谷歌搜索结果页面底部可以看到搜索引擎给出的相关搜索，如图 4-4 所示。

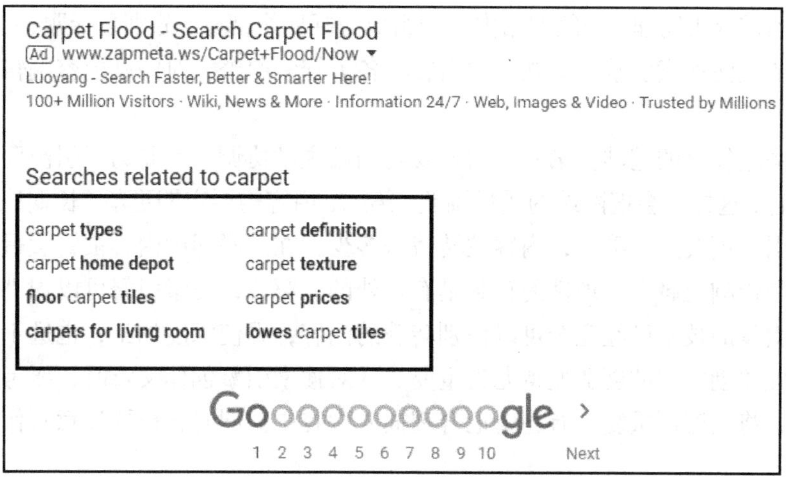

图 4-4　谷歌相关搜索示例

一般来说，搜索建议和相关搜索中的扩展词在谷歌关键词工具中都会出现，但搜索建议和相关搜索使用最简单，是快速拓展思路的好方法。

4．使用其他关键词扩展工具

很多第三方工具也有关键词挖掘功能，如 Keyword Tool（见图 4-5）。

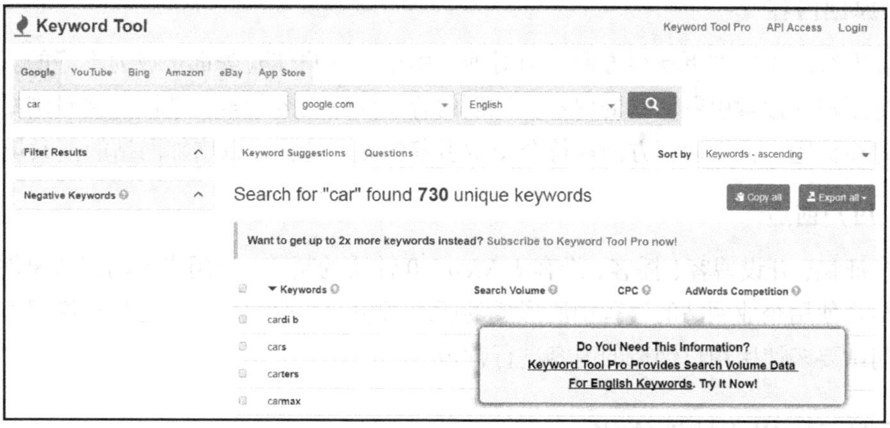

图 4-5　Keyword Tool 界面示例

经过核心关键词确定和关键词扩展，可以得到一个至少包含几百个相关关键词的大列表，这些关键词需要合理地分布在整个网站上。

三、内容建设及其策略

网站的内容是网站发展的基础，一个好的网站前提一定是能够持续地给用户提供丰富的有价值的内容。同时这也是搜索引擎对网站的要求，一个网站成功与否，内容是关键所在。要想做好网站的内容首先要站在用户的角度去思考，先思考用户会搜索什么，然后根据用户的搜索需求去写作。一般网站内容的组成包括四个部分，分别是标题、引入、主体、结尾。同时要关注搜索引擎“喜欢”的内容，各大搜索引擎针对网站内容编辑都有相应的要求和说明。

内容是网站优化的基础。第一，内容要与网站主题协调。不要为了引流而加一些与网站无关的内容，这样只会把网站的质量搞差。第二，内容需要定期更新。长期稳定的更新，才能对搜索引擎更友好。第三，内容被转载得多少：在互联网中内容被转载得越多，证明网站的价值与影响也越大，理性的转载是有好处的。第四，搜索引擎可以识别转载内容。目前，搜索引擎的技术已经完全可以识别转载的内容，即使深度加工，也逃不出搜索引擎的眼睛。因此原创内容的创造变得尤为重要。针对搜索引擎创作文章时，要考虑搜索引擎的工作原理，将关键词重复、有逻辑地合理插入内容中。同时，也要注意写作面对的人群等。

1. 转载内容

网站应该尽量少转载其他网站的文章。一个好的网站一定要拥有自己的高质量原创文章。需要转载时，要注意保留原创网站或创作人员的版权。尤其对于国外的网站，如果作者本人或网站本身没有授权转载，一定不要转载到自己的网站上。此外，如果文章没有版权说明，也要在征求作者同意后才能转载。

2. 原创内容

转载内容对于网站更新很方便，但对搜索引擎、用户体验等都是极为不好的。原创内容是最受用户和搜索引擎喜欢的内容。原创内容要注意内容的素材选取，要对网站宣传有利，同时在标题、关键词等方面都符合搜索引擎的搜索特征，以增加网站的搜索量。

3. 用户创造

通过征稿，开设博客、播客、维客等 Web 2.0 性质的频道，让用户主动创造原创内容。用户在结合使用企业网站的过程中所形成的所思所想而形成的文章，是最有说服力的，因此企业网站要多使用用户创造的内容进行营销。

四、页面级优化和站外优化

（一）页面级优化

页面级优化也称 On Page 优化，是指网站任意的单一页面优化。其中，优化的元素主要包括标题、内容和页面链接，但同时需要注意页面上的其他内容，如标签，关键词修饰语等。一般我们可以通过以下几个方面进行优化。

1. 站内结构优化

站内结构优化是页面级优化的基础。网站的结构要清晰，布局要合理。拒绝冗杂的代码，拒绝大量的 JS 脚本和 Flash 动画，它们会影响网站的打开速度。各栏目设置要清晰易见，让访客浏览起来清晰明了。可以通过如下几方面进行站内结构优化。

（1）使用 SEO 友好的 URL。一般情况下，URL 中的前 3~5 个字被赋予更多的权重，所以使用 URL 要简短、用户友好，并且包含目标关键词。

（2）使用关键词作为标题的开头。标题标签是最重要的页面搜索因子。一般来说，关键词越靠近标题标签的开始，它占搜索引擎的权重就越大。并且关键词最好放在文章前面，从而能够使搜索引擎很容易地了解你的主要意图。

（3）添加修饰语。结合具体的搜索时间和搜索情况，添加相应的修饰语，如使用“2019”、“best”（最佳）、“fashion”（流行）、“guide”（指南）和“review”（评论）等修饰语，它们可以帮助目标关键词的长尾词获得好的排名。

（4）在 H 标签中包含帖子标题。H1 标签是“标题标签”，H2 标签可以包含相关副标题。大多数内容管理系统会自动将 H1 标签添加到相关网站的子标题中。但要注意的是：有些主题会覆盖 H1 标签，这就需要亲自检查网站的代码，以确保每个页面只有一个 H1 标签，且 H1 标签包含目标关键词。

（5）炫目的多媒体。文字的作用是有限的，只有文字的页面会显得单调乏味，浏览者容易产生审美疲劳和厌倦心理。用户缺乏阅读兴趣，则最终致使网站跳出率高，影响 SEO 排名。而吸引人的图像、视频和图表则可以降低访客跳出率和增加访问时间。合理使用多媒体可以增强用户的交互性，同时可以增加页面内容的感知价值，从而更容易获得优质外链。

2. 站内链接优化

内部链接是搜索引擎蜘蛛抓取的重要通道，以及站内权重传递的通道。所以，内部链接对网站的优化有着非常重要的作用。对于网站的链接及内链方面，需要做到的是：动态站修改成静态或伪静态，控制文章内部链接数量，链接对象的相关性要高，给重要的网页相对多的链接，URL 统一，使用绝对路径。这样做的好处是：方便页面间的浏览，提高搜索引擎爬行效率，主题集中从而使该主题中的关键词具有排名优势。

3. 细节优化

对于一个专业的 SEO 人员来说，建议多注意一些优化细节，如标题的写法、图片的 ALT 标签。要合理布局关键词和关键词密度（标题、标签、描述文本中），进行描述设置；对长尾关键词进行记录；次导航，定向锚文本，内页第一次出现的锚文本加黑；做好页面内容的相关性，坚持原创文章内容更新。

4. 对竞争对手进行分析

对竞争对手的分析也是进行网站优化非常重要的一个方面。

（1）分析竞争对手的网站内链和外链：外链是否强大，内链文章是否做好锚文本。

（2）分析竞争对手关键词在标题的位置：是否在首页并重复出现，该网站是否在围绕这个词做内容。

（3）分析竞争对手关键词分布的位置，URL 的链接（是主域名还是内页在做）。

（4）分析竞争对手的网站规模、域名的年龄、收录量、更新机制。

通过分析竞争对手的网站优化情况，进行自己网站的优化，从而提升自己的竞争优势。

5. 增加网站地图

当蜘蛛进入网站后，网站地图就是一个好的向导，蜘蛛很容易进入网站的各个角落，所以企业要根据优化的需求建立一个合理的网站地图。

6. 使用导出链接

导出链接是从一个网站连到另一个网站的链接。导出链接可以在不增加网站额外内容的情况下，给访问者提供更多的信息源，它是访问者跳向另一个网站的关键。与页面相关的导出链接对网站有很大的益处。它不仅有利于丰富网站的内容，还可以帮助搜索引擎理解和判断企业的页面主题，以显示企业网站是一个高质量信息的集成中心。这样有利于提升搜索引擎对网站的友好印象，进而提升网站的权重，从而对提升网站排名产生积极的影响。

（二）站外优化

站外优化也称 Off Page 优化。Off Page 是指所有链接到你页面的链接（包括你本站的链接和其他网站的链接），主要是为了在站外做一些外链的推广和宣传，或者与其他高权重网站交换友情链接等。这些优化方法都是在网站站点外部完成的，所以称为站外优化。站外优化的具体方式主要有以下几种。

1. 交换友情链接

友情链接是站外优化效果最好的一种方式，因此，网站适当地交换一些友情链接是非常重要的。但在交换友情链接的时候也要注意友情链接的质量。友情链接要找一个安全可靠有保障的平台，避免出现问题网站被牵连。

2. 在高权重论坛、行业相关论坛发布外链

在对网站进行外链建设的时候，还可以去一些高权重的论坛上发布外链，但要注意外链的质量和相关性。例如，做 SEO 相关的网站，可以去一些如 A5 站长网、落伍者、搜外论坛等高权重的论坛、网站进行外链建设。

3. 制作视频到视频网站推广

制作视频然后到相关视频网站推广是当下流行的站外推广方式。在视频中制作一些二维码图片，或者在视频里留网址，然后到各大视频网站上去发布视频。视频用户会根据相关信息链接到网站上去增加流量，如现在比较流行的 YouTube 等视频网站。

4. 去一些名人博客里留言或投稿

通过访问一些同行业的知名博客，给一些热点文章评论留言，也可以起到站外推广的作用，但要记得留下自己的网址或联系方式。此外还有一种外链建设的方式，就是给这类型的知名博客进行投稿。

5. 完善各大搜索引擎的百科

在做网站外链建设的时候，还可以去各大搜索引擎的百科上做推广，这是效果最好的，但也是最难操作的。例如，目前效果比较好的百科类推广维基百科等。

6. 在各种高权重的问答平台发布外链

高权重的问答平台也是网站外链建设的好地方，因为这类的问答平台不但权重高，而且人流量也大，可以起到很好的引流效果。结合目标市场，寻找目标市场当前效果比较不错的问答进行推广，如 Answers、雅虎答案、ChaCha、Quora、Stack Overflow 等。

案例解析

某电商平台刚刚上线自己的电商网站，网站上线之后他们完全没有优化思路，需要找专业的公司来帮助进行分析和诊断，进一步厘清接下来的 SEO 工作思路。请你从所学的 SEO 知识和 SEO 工具着手，给这个电商平台客户提供一些优化网站的建议（10 点以上）。

分析：优化网站可以从多个方面进行，如可以从 URL 规则、网站代码规则、网站内部链接规则、description 规则、keywords 规则、外部链接策略、内容更新规则、页面的 meta 标签修改、导航静态化、page title 规则调取、链接方式、关键词策略及市场分析、HTML 代码、面包屑优化等方面进行网站优化，以更符合搜索引擎的要求，从而获得更好的推广效果。

习题演练

一、选择题

1. SEO 的最终目标是（　　）。

A. 关键词排名　　B. 流量　　C. 目标搜索流量　　D. 以上都不是

2. 搜索引擎用得最多的类别是（　　）。

A. 垂直搜索引擎　　B. 目录索引类搜索引擎

C. 全文搜索引擎　　D. 元搜索引擎

3. 页面级优化的基础是（　　）。

A. 站内结构优化　　B. 细节优化

C. 对竞争对手进行分析　　D. 增加网站地图

4. 对于 SEO 的搜索有促进作用的是（　　）。

A. strong　　B. em　　C. H1　　D. p

5. 下列关于网站内容优化的描述，正确的是（　　）。

A. 不管内容与网站的相关性，只要是能吸引流量的内容就行

B. 根据网络用户搜索的热门关键词做内容

C．坚持结合网站的关键词原创对用户有价值、高质量的内容

D．大量转载其他网站上的内容

二、填空题

1．网络爬虫的分类有（　　）、（　　）、（　　）。

2．搜索引擎的分类有（　　）、（　　）、（　　）。

3．营销内容的来源有（　　）、（　　）、（　　）、（　　）。

4．站内结构优化可以（　　）、（　　）、（　　）、（　　）、（　　）。

5．站外优化的方法有（　　）、（　　）、（　　）、（　　）、（　　）、（　　）。

三、简答题

1．标题对于SEO有哪些影响？如何设置搜索引擎喜欢的标题？

2．分析搜索引擎的工作步骤。

3．进行页面级优化时，SEO需注意的细节有哪些？

实践操作

实践任务一

自贡龙晨时代文化艺术有限公司（英文官网：https://mydinosaurs.com/）是从事新兴科技产品研发、制作和对外展出的一家文化艺术企业。自公司成立以来，着重研发电动仿真恐龙、仿真生物、恐龙化石、仿真远古植物等现代化产品。产品已出口到加拿大、美国、爱尔兰、波兰、俄罗斯、克罗地亚等国家，分别在多伦多、温哥华、韩国、日本等国家和地区进行多次大型的展出并服务于全国各大博物馆。多次受到BBC、CCTV以及美国*Discovery*等杂志和媒体的专题采访。请用学到的SEO知识和掌握的SEO工具对该企业的英文官网做一个全方位的诊断。

提示：可以借助前面学到的SEO工具展开工作，从网站基本信息（域名、服务器IP、网站语言、网站反应速度等）、网站关键词选取与部署、主要关键词排名、流量来源、网站结构、网站内容、网站外链、网站社交元素等方面来对网站进行诊断和剖析，利用图文形式展现网站的基本表现，形成最终网站诊断报告。

实践任务二

雅鼎创意家居股份有限公司（http://www.yatin.com/en/）创办于2001年7月18日。历经10多年艰苦努力，公司已从创业时的50万元资金、11名员工发展成为总资产3.5亿元、员工1 300人的现代化股份制企业。雅鼎卫浴工业园位于杭州建德市美丽的新安江畔，总占地360亩，一期厂房10万平方米已于2009年3月正式投产。

雅鼎下辖雅鼎卫浴工业设计研究院，龙头五金生产中心、浴柜生产中心、淋浴房生产中心及建德市雅鼎镀业有限公司四大生产实体，以及国际营销中心、中国营销中心、电商

中心三大销售部门，专业从事高端水龙头、卫浴五金、浴柜、淋浴房的设计和制造。请用学到的 SEO 知识和掌握的 SEO 工具对该企业的英文官网做一个全面的优化方案。（可参考实践任务一的提示）

子情景三 社交媒体推广

学习目标

知识目标

- 了解海外主流社交媒体概况。
- 了解海外社交媒体发展趋势。

能力目标

- 掌握海外社交媒体营销的方法和技巧。
- 掌握海外社交媒体营销的步骤和流程。

素质目标

- 能够洞察社交媒体的发展趋势。
- 能够结合当下流行趋势进行社交媒体的选择。

项目背景

Pillsbury 的新菜谱

Pillsbury 是一个提供菜单和做饭灵感的网站。该网站于 1 月在 Facebook 上发布了一个帖子，得到了大量的关注和讨论。帖子内容就是他们新研发了一些菜谱，只要 5 种食材、20 分钟，就能给全家做一顿大餐！

短时间内该帖子获得了 20 多万的 Like（喜欢）、40 多万的 Share（分享）和 1.2 万的 Comment（评论）。可以说，不管是从营销活动本身还是粉丝的参与程度，对中国网络用户来说，应该都算是“小菜一碟”！但是在美国能有这么高的粉丝参与度，还是很不错的。那么，接下来我们就了解一下如何进行 Facebook 账户的创建。

任务实施

步骤一：创建 Facebook 公共主页

在个人账户右上栏，选择“创建主页”，然后选择 “公司、组织或机构”类型。例如，创建“地方性商家或地点”类型主页，可以根据自身的需要与提示填写好资料，然后点击

“开始创建”。然后，填写主页的简介信息。这里可以添加主页的类别、说明等，相当于给主页打上标签，有利于被精准搜索到。下面可以填写文字来结束主页信息填写，并且输入主页的网址。Facebook 主要是以主页的方式来运营的，通过主页，可以展示自己的品牌、产品。比起个人账户，商业页面更加专业化，有独立的地址，给用户更专业的形象。用户可以查看相关数据详情，及时了解页面的运行情况，同时可以投放广告，更快地推广页面和产品、事件。

步骤二：设计 Facebook 主页页面

上传主页照片并选择是否加入常用。建议主图 851×315 像素，使用产品图片；小图 600×600 像素，使用 logo 或产品图片。

步骤三：设置 Facebook 主页

（1）首选主页受众：选定受众，让 Facebook 更准确地推荐主页给精准受众。

（2）主页用户身份：添加主页管理员，同时保证主页运营的安全，不要因为一个账户被封影响主页运营。

（3）编辑主页（主页左栏展示位，包括 shop）：选择主页左栏显示，突出对用户重要的栏目和信息。可以自定义其他工具，如 Instagram、YouTube、Pinterest 等。

（4）消息自动回复：设置消息自动回复和主动发送消息，提高页面的回复率。

（5）常规选项：包括显示语言、屏蔽国家/年纪等群体、合并主页、删除主页等。

步骤四：优化并开始建立联系

（1）添加说明和网址。

（2）通过电脑或移动设备添加头像。

（3）还可以将主页添加至 Facebook 账户的收藏夹，这样就可以在登录后快速访问该主页。

（4）选择“覆盖更多用户”，便可立即覆盖新的受众。

（5）点击“保存信息”，主页便创建并优化完成。

知识铺垫

一、海外社会化媒体的价值

移动互联网时代的到来，使社会化媒体与生活的联系更加紧密。从当初 1.0 时代门户广告的被动营销，到 2.0 时代搜索引擎的主动营销，再到 3.0 时代社会化媒体的互动营销，互联网营销的价值越来越得到凸显。门户网站与搜索引擎是以网站为中心的单向传播，而社会化媒体营销则是以用户为中心，双向传播。双向传播不仅给国内外企业带来更多的粉丝，也给用户很中肯的参考。海外社会化媒体的价值主要体现在以下几个方面。

第一，社会化媒体营销互动更精准。当今社会注重大数据，社交网络掌握着用户大量的信息。抛开用户的隐私不讲，单从用户自主公开的信息中，就能大概分析出用户的年龄、兴趣爱好、消费能力、地理位置等一系列有价值的信息。如果更深一层将这些用户与互动性比较强的用户关联在一起，必定能挖掘出更精准的信息。随着移动互联网的发展，社交用户在移动终端上使用的比例越来越高，通过对目标用户进行精准的人群以及地理位置定向，在社交网络中投放广告的精准度肯定比普通网络营销来得更高。

第二，社会化媒体可以进行低成本舆情监测。在社交网络出现之前，企业要想对品牌的负面信息进行统计，不但实施难度大、花费人力大、周期长，而且效果还不一定理想。现在，每当负面信息出现之后，只要企业在合适的时间进行监控，得当处理，都可以很好地化解品牌危机和减少负面信息扩散。

第三，社会化媒体可以进行市场调研和用户反馈。在产品没有被设计出来之前，可以以概念性的形式发布到网络上，让用户参与互动及调研并给予相应的奖励。反馈回来的信息不仅能让企业掌握产品在未来上市之前市场的反应，还能通过活动吸引用户提供更好的创意。

第四，社会化媒体能够拉近与用户之间的距离。做好产品的人永远卖不过懂用户的人，这个说法不无道理。不是所有用户看重的都是产品的质量，现在更多的是消费一种情怀和感觉。一款好的产品如果不能进行很好的包装和宣传的话，在市场上终究不会存活很久。而通过情怀可以拉近企业与用户的距离，提升客户的忠诚度。

第五，社会化媒体可以加快品牌建设。社会化媒体相比普通网络渠道费用低，入门快，覆盖面广，传播速度快。它对于想要快速建立口碑和扩大知名度的企业是一种不错的选择。

社会化媒体在营销方面的价值显而易见，但同时存在很多问题。例如，社会化媒体营销可控性差，投入产出比难以精确计算，等等。不过随着社交网络时代的到来，社交媒体营销的体系也必然会逐渐完善。

二、社交平台推广

SNS，全称 Social Networking Services，即社会性网络服务，专指旨在帮助人们建立社会性网络的互联网应用服务。SNS 的另一种常用解释：全称 Social Network Site，即“社交网站”或“社交网”。SNS 营销指的是利用这些社交网络进行建立产品和品牌的群组、举行活动、利用 SNS 分享的特点进行病毒营销之类的营销活动。

（一）社交平台推广的特点

1. 资源丰富

无论是综合的 SNS 还是垂直的 SNS，都没有特定的用户群体，其中的人员分布很广泛，全国各地的、各行各业的都有，所以，这就给了 SNS 网站以无限的资源，由广大用户在使用中慢慢地帮助 SNS 网站积累资源。其实，用户就是资源。

2. 用户依赖性高

因为 SNS 网站积累了较多的资源，所以 SNS 用户可以更容易地在网站上找到自己想要的。例如，有些人希望找老乡、有些人希望找些自己喜欢的东西，这些都可以通过其他用户提供的资源得到解决。又如，有些人在 SNS 上认识了一些志同道合的人，所以每天都想上去交流一番。这样 SNS 就逐渐地形成了一定的用户群体，并有较高的用户黏度。

3. 互动性极强

SNS 网站虽然不是即时通信工具，但是它的即时通信效果是很好的。用户可以写一些消息发给好友，这也是极其方便的工具。在 SNS 网站，人们可以就自己喜欢的、当下的热点话题进行讨论，也可以发起一些投票与问题，以调动所有人的智慧。

4. 推广价值高

丰富的资源就是 SNS 最大的价值。其实，用户可以分为好多种，有些人想通过 SNS 来多认识些朋友，有些人想通过在 SNS 上发布内容来推广自己的网站，有些人想写写日志来交到更多志同道合的朋友，有些人想利用 SNS 的丰富人脉找到工作，等等。这些都体现了 SNS 网站的价值所在。

（二）社交平台推广的优势

1. 可以满足企业不同的营销策略

作为一个不断创新和发展的营销模式，SNS 营销充分展示了人与人之间的互动，因此越来越多的企业尝试在 SNS 网站上施展拳脚。无论是开展各种各样的线上的活动、产品植入，还是市场调研、病毒营销等，所有这些都可以在这里实现，而这恰恰是一切营销的基础所在。

2. 可以有效降低企业的营销成本

SNS 的“多对多”信息传递模式具有更强的互动性，使其受到更多人的关注。随着网络用户行为的日益成熟，他们更乐意主动获取信息和分享信息，而社区用户更是显示出高度的参与性、分享性与互动性。SNS 营销传播的主要媒介是用户，主要方式是“众口相传”，因此与传统广告形式相比，无须大量的广告投入。相反，因为用户的参与性、分享性与互动性的特点使他们很容易加深对一个品牌和产品的认知，容易形成深刻的印象，可以形成良好的传播效果。

3. 可以实现目标用户的精准营销

SNS 的用户通常都是认识的朋友，用户注册的数据相对来说都是较真实的，企业在开展网络营销的时候可以很容易对目标受众按照地域、收入状况等进行用户的筛选，从而有针对性地对这些用户进行宣传和产生互动。如果企业营销的经费不多，但又希望获得一个比较好的效果，可以只针对部分区域开展营销，如只针对北上广的用户开展线上活动，从而实现目标用户的精准营销。

4. 是真正符合网络用户需求的营销方式

SNS 营销模式的迅速发展恰恰是因为它符合网络用户的真实需求:参与、分享和互动，它代表了网络用户的特点，也是符合网络营销发展的新趋势，没有任何一个媒体能够把人与人之间的关系拉得如此紧密。无论是朋友的一篇日记、推荐的一个视频、参与的一个活动，还是朋友新结识的朋友，都会让人们在第一时间及时地了解和关注到身边朋友们的动态，并与他们分享感受。只有符合网络用户需求的营销模式才能在网络营销中帮助企业发挥更大的作用。

（三）社交平台推广的形式

1. 分享

在社交平台上，我们可以分享各种信息。这些信息可以是日常生活内容，也可以是产品，还可以是店铺或与行业和商品相关的资讯。通过分享可以让其他人看到，以获取知名度和流量。

2. 转发

将相关的信息通过各种方式转发到其他相关联的平台，可以提高曝光量。

3. 评论

评论是针对某个产品或事件的看法，它会对其他相关的用户产生影响。例如，我们经营店铺的时候买家的评论是很重要的影响因素。

4. 私信

私信是针对某个具体的事件或问题，同平台中的具体人进行的交流或沟通。私信是有技巧的，要发给谁，以什么样的形式发，都会有所讲究。

5. 粉丝

不管在 SNS 哪个平台，如果想引来更多流量或想产生更大的影响力，粉丝及好友数是非常重要的。因为粉丝数量的基数不同，所展现的营销效果是不一样的。

三、跨境网络推广主要社交推广媒体

社交平台推广是一种延时的通信工具推广，在情感表达方面比其他的营销手段更加丰富多彩，是一种更加容易增加亲密度的推广方式。当前跨境网络推广运用得较多的是以下几种类型的社交推广工具。

（一）Facebook 推广

Facebook（脸书）是美国的一个社交网络服务网站，创立于 2004 年 2 月 4 日，总部位于美国加利福尼亚州帕拉阿图，于 2012 年 3 月 6 日发布 Windows 版桌面聊天软件 Facebook Messenger。其主要创始人为马克·扎克伯格。Facebook 是世界排名领先的照片分享站点。2017 年 2 月，英国品牌评估机构 Brand Finance 发布 2017 年度全球 500 强品牌榜单，Facebook 排名第 9 位。2017 年《财富》美国 500 强排名中，Facebook 排在第 98 位。2017 年 6 月，“2017 年 BrandZ 最具价值全球品牌 100 强”公布，Facebook 名列第 5。

据国外媒体 Nextgov 报道，根据“Hootsuite”和“We Are Social”的全球数字统计报告，世界上大约有 38 亿互联网用户，有 30 亿人使用社交媒体，这意味着全世界近一半的人使用社交媒体。据相关报告数据显示，Facebook 是最受欢迎的社交媒体平台，每月活跃用户超过 20.1 亿，大多数 Facebook 的全球用户通过手机访问这个平台，超过一半的网络用户每天至少访问一次该网站。Facebook 有很多功能，如墙、捅、状态、礼物、活动、视频、市场、标识语言、应用程序等方便用户的使用。

1. Facebook 的应用

Facebook 通过创建和积极使用 Facebook 页面作为通信渠道，以保持与用户的联系和吸引用户。Facebook 允许用户为公司、组织或任何试图开发产品、服务或品牌基础的集团创建个人资料或业务页面。通常，Facebook 营销被用于以下几个方面。

（1）品牌。食品、电子、家居用品、餐馆……几乎任何一种品牌都可以通过 Facebook 推广，将被动用户变成活跃的粉丝，跟随促销和发展的消息，以及与自己的朋友进行分享。

（2）本地企业。无论企业是家族拥有还是大型公司的特许经营，Facebook 页面都可用于将本地用户群转变为更多地访问你的店铺的粉丝团。

（3）个人。音乐家、名人、作家、联合专栏作家……任何通过知名度保持盈利的个人都希望能够在 Facebook 上让尽可能多的人关注。

（4）非营利组织。慈善、政治团体和公共服务活动都可以利用 Facebook 的自然分享功能。

2. Facebook 的基本设置

（1）设置资料页。在 Facebook 中，个人主页（Profile）是指个人账户的资料页，页面（Page）则是指企业账户的资料页。两者最主要的区别在于：企业页面允许设定多名管理员共同管理，也就是说即使其中一名管理员离开，页面的正常运作也不会受到任何影响。此外，企业页面创建之前，系统要求创建者划分企业的类型，这样能帮助企业在相关搜索中更容易被列举出来。Facebook 还为用户提供“成为好友”这一功能选项，成为个人用户的好友需要相互认可，而成为企业用户追随者（Fan）则不需要通过管理者的认可。其具体设置流程如下。

第一步：注册账号。登录 www.facebook.com 并申请一个免费账号（登录后可以选择中文页面）。

第二步：编辑个人主页。点击页面左上方的“个人简介”（Profile）链接，再点击“信息”（Info）标签下的“编辑”（Edit）。按自己的情况填写基本信息、联系方式、工作/教育经历等。所提供的资料越全面，好友将更容易检索到你，你也会越容易通过好友申请。

第三步：加入网络。点击页面右上方“设置”（Settings）链接，然后按顺序选择“账户设置”（Account Setting）和“网络”（Networks）。加入自己感兴趣的网络有可能让你认识到更多志同道合的朋友。你可以且只能加入一个区域网络和最多五个学校或公司的网络，且每一个都要求有相应的邮箱地址。此外，加入网络也能方便对用户的检索。

第四步：联系朋友。Facebook 成立之初就是为了更好地联系朋友、家人及同事，因此网站为用户与用户之间建立初步联系提供了不少途径。先点击页面左上方的“好友”（Friends）链接，再选择“寻找好友”（Find Friends）。接着，导入联系人列表，或者逐一添加。找到朋友之后，点击“添加为好友”（Add as a Friend），系统将给朋友发送确认信，对方一旦确认了申请，该用户就成为你 Facebook 上的好友并且可以开始信息共享了。

第五步：信息共享。Facebook 为用户进行信息共享提供了一个广阔的平台：打开 Facebook 个人主页或资料页，然后在页面上方的小方框里输入想与好友分享的内容。用户输入的内容会立即发布到个人页面的“墙”（Wall）标签当中，并且以“新鲜事”（News Feed）的形式显示在好友页面中。

第六步：使用应用程序。在完成了以上所有步骤之后，就可以使用 Facebook 中各种各样的程序了，其中包括“相册”“事件”“电影”等。点击个人页面底部栏左上方的“应用程序”（Applications），然后选择感兴趣的一项开始与好友进行互动。

（2）进行隐私设置。Facebook 为用户提供了不同程度的隐私设置，无论是个人账户还是企业账户，都能对每一部分内容进行设置。这样就能保障在管理企业账户时，个人资料得到保护。除了个人页面外，企业用户还能创建一个页面（Page）或一个群组（Group）进行 SNS 营销。

（3）设置企业页面。设置企业页面与个人页面类似，但需要管理员先登录个人账户。企业页面并不会显示出任何管理员的姓名和资料，管理员的一切管理行为都将在幕后进行。其设置步骤如下。

第一步：打开 www.facebook.com/pages/create.php，选择“为品牌或产品建立一个页面”，并填好公司名称。大部分公司会选择为品牌或产品创建页面，选择这一类别使企业容易出现在同类型搜索当中，也为企业提供更多相关的信息。

第二步：找到“信息”（Info）标签，点击“编辑”（Edit），并填写企业的相关信息，如网站、描述、产品等。

第三步：在完成所有准备工作之后，点击“发布”（Publish）来公开页面。

（4）宣传企业页面。成功建立页面后，企业可以通过宣传增加人气，主要方法如下。

①丰富页面：充分运用 Discussion Board 和 YouTube 等应用程序丰富页面。Facebook 用户喜欢浏览网页资源丰富的资料页，以及感兴趣的页面，内容丰富的页面无形地吸引着用户眼球。

②病毒营销：让“粉丝”们真正参与到页面活动中来。丰富的页面也让来到页面的粉丝“有事可做”。一旦粉丝们对页面中的趣事发表了评论，Facebook 的病毒营销特性就会将这一行为以“News Feed”的形式发布并进行转发。即用户登录后，会看到该用户最近在该页面对某件趣事发表了评论，吸引新的用户浏览企业页面。

③利用现有网络：利用企业的电子邮件用户及博客读者，通过 Facebook 粉丝来关注企业最新动态。把页面列入公开搜索中：再次确认已经把企业页面“公开”。

（5）进行广告推广。Facebook 允许企业通过宣传吸引更多粉丝以及为销售部门赢得潜在客户。制作广告的方法和管理工具与 Google Ads 的界面十分类似，主要步骤如下。

第一步：打开 http://www.facebook.com/advertising，登录后点击“创建广告”（Create an Ad），根据广告内容填入外部链接、标题、广告词，还可选择载入图片。如果要对 Facebook 上的内容做广告，可点击图片方框内的链接，然后选择广告内容并填上相应信息即可。

第二步：按需求填写目标用户和计费方式。目标用户可根据地点、年龄、性别及兴趣来划分，计费方式则可选择按点击率或浏览率来计算。通常情况下建议按点击率计费。虽然广告的浏览量很大，但真正的点击率并不高。因此，选择按点击率计费一方面可以达到做广告的初步效果，另一方面能有效降低广告成本。

第三步，点击页面最下方的“预览广告”（Review Ad），并把制成的广告合理排序。Facebook 有一个内置的系统对广告展示次数、点击率和点击通过率进行分析，这样可以帮助用户判断哪个广告投资回报率最高，最适合企业页面。

（6）创建群组与页。群组也是 Facebook 进行病毒营销最便捷的途径之一。企业除了建立页，也可以再建立一个群组。两者最大的区别在于群组是为一群志同道合的人建立一个讨论页，而页面则更像企业通过 Facebook 向外部展示成果的窗口。用户一旦成为组员，他们会使用群组所带的邀请功能邀请好友参加，如果好友也感兴趣，群组的人数将会迅速增加。此外，群组的管理员并不像页面管理员那样隐蔽，群组管理员发布的信息会以其个人名义显示，而页面则以企业名义发布。群组虽然看似比页面更容易发挥病毒营销的特性，但它并不能享受 Facebook 的所有应用程序，只能给组员提供基础的讨论和分享等服务。

3. Facebook 的推广策略

Facebook 有很多功能，企业在进行商务活动推广时，可以通过一系列的策略来进行营销，以提升社交平台网络的营销效果。Facebook 可以用的推广策略有如下几种。

（1）完善的资料页面。最开始进入 Facebook 时，首先看到的就是资料页面。每次登录都会最先出现这个页面，因此页面设置应尽量完美，符合企业的身份，这样才能更好地与粉丝互动。资料页面给了企业一个很好的展示机会，去打造一个真实可信的故事说明企业的产品和服务是有价值的。个人信息、产品信息、照片和一些与企业品牌相关的故事片段都值得企业好好利用。

（2）利用已有的社交渠道进行推广。在网站显眼的位置放置企业已有的社交渠道，通过该链接能够直接到达其他社交平台，促使用户更直接更方便地在社交平台上进行互动。

（3）Facebook 群组。围绕品牌或企业在 Facebook 上建立社区，群组是最古老也是最简单的方式。建立一个群组，企业和朋友、合作者及消费者的所有对话都可以围绕产品展开。群组的内容包括话题讨论，照片、视频和链接分享。企业也可以给小组成员发免费消息。群组也是在 Facebook 上进行病毒营销的最简单的途径之一。用户一旦成为组员，就能公用群组附加的邀请功能，邀请其他好友进入小组。如果其他好友也感兴趣的话，群组人数的增长会很迅猛。在群组成员离开之前，他的资料页面上会一直显示他所在的群组。

（4）Facebook 专页。作为在 Facebook 上创建品牌的一种相对简单的方式，这些页面和群组有很多相似之处，但也有很多不同之处。专业群组更容易建立，可以添加内容甚至 Facebook 应用程序以拓展其功能、增加其深度以便吸引一些 Facebook 的老用户。而专页可以吸引更多的人成为页面的粉丝，他们比群组成员更加忠诚。但和群组不同的是，给粉丝发消息是没有数量限制的，这就意味着要联系大量的 Facebook 用户，使他们成为专业的粉丝。

Facebook 还在专页上添加了照片和视频模块以便页面主人向粉丝们上传视频和照片。和群组一样，这也是开展病毒营销的途径之一。特别是在广大粉丝支持下的社交广告不断增长的情况下，个人专页在 Facebook 上营销的地位将会越来越高。

（5）Facebook 活动。Facebook 活动是由 Facebook 开发的一种免费应用程序。任何人都可以使用它来进行市场营销活动，如发起派对、发布产品、交易产品、发布和纪念公司的每一个里程碑。创建一个活动你就得到了一个全方位的网页，就像一个群组，包括涂鸦墙、讨论、照片、视频和链接。你可以邀请朋友来参加这些活动，受邀请的朋友将收到一个特别的通知要求他们答复，还可以让一些人做管理员，这样他们就可以邀请自己的朋友了。

（6）Facebook 说明和照片。说明和照片是 Facebook 便于和朋友分享博客和图片的两个插件。企业也可以围绕品牌使用这两个功能，但发布的内容一定要真实可信，以免降低信任度。

说明和照片的"标记"功能也很有用。在 Facebook 上发布一个说明或发布一张照片时，你可以加入照片中好友的名字，当你"标记"好友的名字的时候，他就会获得一个特别的通知。

（7）Facebook 短消息。作为 E-mail 的一种替代方式，Facebook 短消息可作为针对 Facebook 上特定人群的一种强大的营销工具。Facebook 短消息和 E-mail 有很多相似之处，只是少了查询、分类、过滤和标记星级等功能。由于 Facebook 设定的默认隐私设置，你是看不到绝大多数人的完整的资料页面的，但是它允许你给非好友用户发布消息，但是量大的话账号可能被停用!

（8）Facebook 分享/发布项目。Facebook 分享的作用是允许你推广你的群组、活动、照片、广告、链接或将你看到觉得不错的东西分享给你的朋友。主要可以通过两种方式进行：第一种是把这些信息固定放在你的资料页面的发布项目列表里；第二种是直接发到好友的收件箱里。发布到你的资料页面可以增加点击量，这是个有效的推广策略，但是不如直接发布到好友的邮箱里具有目的性。这些信息更能引发有效点击。

（9）Facebook 圈子。Facebook 圈子就是为校友、同事或同地域的人之间搭建的群组页面。在这里，你可以查找那些和你有关系的人，但这些页面不属于任何人。页面提供了发布活动、发布项目、市场列表的另一种方式，同时提供了一个类似论坛的地方，任何人都可以在这里发言。

（10）微动态和最新动态。

微动态：企业可以访问他人的资料页面，看对方最近都在干什么；同时，对方也可以关注企业的各种活动和动态，从而了解企业的状况；也可以通过微动态了解企业的营销策略和促销活动，从而获取更多的信息。

最新动态：每次登录 Facebook，在资料页面可以看到所有好友都干了什么，这个汇总就是最新动态。

当其他的用户加入群组，响应活动的邀请，成为页面的粉丝，分享你的照片，或者通过类似的渠道和企业品牌接触，Facebook 就会给他的微动态加一条新内容，这条动态谁都可以看到，是在资料页面非常显眼的位置，而资料页面是每个人登录后的首页。所有好友的动态就形成了最新动态，所以，一个好友的微动态会在他的好友最新动态里面大量地出现。

企业还可以通过线下宣传 Facebook，选择合适的时间发布帖子，预设帖子更新、使用 Facebook 插件，使用@标签等方式进行 Facebook 推广。利用 Facebook 进行推广是企业必不可少的推广方式。

（二）Twitter 推广

Twitter（推特）是一个社交网络和一项微博客服务，它可以让用户更新不超过 140 个字符的消息，这些消息也被称作“推文”（Tweet）。这项服务是由杰克·多西在 2006 年 3 月创办并在当年 7 月启动的。Twitter 风行于全世界多个国家，是互联网上访问量最大的十个网站之一。截至 2017 年 8 月，Twitter 2017 年前两个季度每月活跃用户的数量为 3.28 亿。Twitter 总部设立在美国旧金山，其部分办公室及服务器位于纽约。目前，Twitter 正在广告市场与 Facebook 和 Snapchat 等对手展开激烈竞争。Twitter 被形容为“互联网的短信服务”。网站的非注册用户可以阅读公开的推文，而注册用户则可以通过 Twitter 网站、短信或各种各样的应用软件来发布消息。

Twitter 是一项可播报短消息给用户“Followers”（关注人）的在线服务，它也允许指定某个用户想跟随的 Twitter 用户，这样就可以在一个页面上读取他们发布的信息。Twitter 是一个广受欢迎的社交网络及微博客服务网站，允许用户将自己的最新动态和想法以移动电话中的短信息形式（推文）发布（发推），可绑定即时通信软件。Twitter 作为一个即时信息关注社区，主要由以下两个部分组成。①Following：你关注的好友。通过关注其他 Twitter 用户来构建 Twitter 社区，用户可以看到所关注的好友所发布的每一条 Twitter 消息。②Followers：关注你的好友。一般的用户可以阅读你的 Twitter 消息以决定是否要 Follow

（关注）你，关注者可以跟踪用户所发布的每一条消息。

1. Twitter 的功能

在 Twitter 上，企业和用户可以使用以下几种功能。

（1）发布动态。这是 Twitter 最原始的用法，大概就是“what are you doing”，所有 Follow 的人都能看到用户更新信息（设定 Protect my updates 的话，你同意后才会被 Follow）。也就是说，用户可以 Follow 感兴趣的任何人。Twitter 的“单向广播”特点非常明显，这一点不同于即时通信的“点对点沟通”及“群沟通”。

（2）记录。它是动态的一个延伸，用户可以把 Twitter 当作一个日常的记录工具，或者将其视为一个开放的、功能强大的“记事本”。可以记录别人的好观点，以及用户自己突然闪现的感悟和想法，可查阅，可分享。

（3）定向阅读。这个需求在 Twitter 的早期发展中，尤为重要，甚至推动 Twitter 完成了规模用户的积累，并且将 Twitter 从一个报告“what are you doing”的工具，变成了一个获取信息的阅读平台。CNN、NYT 等知名媒体都开设了账号，以推送最新新闻。

（4）关注一个人。这其中包括两个含义，一个是关注认识的人，希望了解他的动态消息；另一个就是纯粹关注用户关注的人，如名人，以便随时能看到该用户在说什么、思考什么，这很有意思，也很有价值。

（5）获取及时新闻。除了订阅媒体 Twitter 账号来获取即时推送的新闻以外，来自用户自主发布的及时新闻是 Twitter 媒体化价值凸显的一个重要因素。Twitter 使用户之间有了更多公平的交流，同时可以分享价值颇高的及时新闻，提升用户对新闻获取的及时性。

（6）分享（推介）信息流。最基本的分享就是，记录下用户的观点和感受，Follow 的人都能很快看到，并决定是否转发或回复。系统化的分享就是用户的博客及 Google Reader Share 等都聚合到 Twitter 账号上，组成一个完整的信息流，方便用户进行分享或推介。

此外，我们还可以通过 Twitter 进行广播或沟通等，让信息传播的效果达到最大化，同时可以同想沟通的用户及时地进行沟通，提升沟通效率。

2. Twitter 的推广策略

在企业使用 Twitter 进行营销的过程中，高效的推广应从推广策略开始。Twitter 的主要推广策略有以下几种。

（1）使用 Twitter 的高级搜索。常规搜索可以缩小搜索范围，找到正在寻找的内容，但还有一些更高级的搜索方式，如使用通用术语或热门短语，这就可以帮助用户排除很多没有用的内容。此外，Twitter 还可以保存搜索，每个账户最多保存 25 个，就像自定义的标签一样。创建一些有用的搜索，并每周重新访问。

（2）使用监控工具。像建立高级搜索一样设置警报，接收关于社交媒体对话的每日报告，以及关键字趋势的实时提醒。对于社交媒体，最有用的工具包括 MEHI Social（镁好社交）、Hootsuite、Social Mention 和 Mention。同时要结合一些营销技巧，如 80/20 规则（你的内容的 20%可以是促销活动，但是你的内容的 80%应该是有趣的，并吸引观众）、5-3-2

比例（来自他人的五件相关作品，三件与宣传无关，两个是促销帖子）。但同时要确定自己的营销目标，专注于为追随者提供价值，才能够取得成功。

（3）使用相关的主题标签。Hashtags 是 Twitter 通过关键词将信息捆绑在一起的方式。跟随主题标签的人对该内容感兴趣。如果帖子内容适合，将会有大量的关注者对其进行跟随。但在使用相关主题标签时注意：每个帖子不要使用三个以上的标签；标签越准确越好；使用关注者容易记住和容易拼写的标签，广告系列标签请原创。在使用标签时还要注意不要试图搭载不相干的标签。

（4）掌握信息发布的最佳时间。Twitter 对时间很敏感。Twitter 的新算法表明，用户流是可选的，同时受时间影响很大，如玩具品牌更喜欢在放学后进行消息发布。企业可以使用 MEHI Social、Audiense、Followerwonk、Mention 和 Twitter 自己的分析工具，了解目标受众何时参与，并以此确定优先次序，以获得最大的影响。

（5）添加号召性用语。每次转发都是一个接触全新受众的机会，但转发是需要号召和引导的，如果想在 Twitter 中获得转发，可以根据具体情况考虑使用一些号召性用语，如“帮助”“转发”“请”“如何”“跟随”等，它们都是转化率较高的词。

（6）使用图像。调查发现，图片的转录率比普通文章高三倍。若图像占据了 Twitter 的主页面，会使企业信息变得更加突出。但是如果企业没有好的原始图像来分享，则可以创建“报价图片”。研究发现，在 Twitter 上图片转化率增长了 35%，相应的报价则增长了 19%。因此结合报价和图像是一种很好的营销方式。

（7）个性化互动。作为社交媒体，用户喜欢用熟悉的方式进行沟通、互动。将推文个性化，使用户感觉到你的与众不同。《哈佛商业评论》指出，“同情”是公司是否“赢得” Twitter 用户的关键指标。他们认为同情心包括“保证、真实性和情感联系”。因此 Twitter 上最好的品牌听起来不像品牌，它们“听”起来像“人”。

（三）VK 推广

VK（原 VKontakte）是欧洲最大的社交网站，Alexa 中全球排名第 20 位，是仅次于搜索引擎 Yandex 的俄罗斯第二大网站。主要用户分布在俄罗斯、乌克兰、白俄罗斯、阿塞拜疆、哈萨克斯坦、吉尔吉斯斯坦、摩尔多瓦等俄语区。与大多数社交网络相同，该网站的核心功能是基于个人信息和共享照片，提供状态更新以及与朋友的联系等服务。VK 也有用于管理网络社团和名人的网页工具。该网站允许其用户上传、搜索新闻媒体内容，如视频和音乐。VK 具有先进的搜索引擎，能有效搜索到较为复杂且久远的好友，以及进行实时性新闻搜索等。

1. VK 的主要功能

（1）公告板。与 Facebook 涂鸦墙相似，即用户文件页上的留言板。与留言板不同的是，公告板的内容会被同步到各个朋友的首页，因此可以在自己的公告板上发表一些最新动态，也可以设置为不同步给所有好友。很多用户可以在公告板上留短信息。

（2）我的信息。可以在 2~30 人的团体之间进行，并通过隐私信息发送到目标用户的信息匣，犹如电子邮件，只有收信人和发信人可以看到。每条信息最多可包含照片、视频、音乐、文件、地图和数据等 10 种附件。

（3）新闻。VK 用户可以将其张贴在个人数据的公告板上，每个公告板最多可包含 10 个附件；该网站设有新闻、推荐引擎、全球实时性搜索以及个人与公告板意见。

（4）社团。VK 有两种类型的社团。一种适用于较分散的社团（如讨论板、维基条目等）；另一种是新闻提要导向的广播工具、名人和企业的公共页面。这两种类型在一定程度上是可以互相转换的。

（5）赞。赞用来表示网友对发文者的表态，发文者可以是个人、社团、公司等接口。通过赞这一功能，VK 会让你的 VK 好友知道你曾经点过哪些赞。

（6）广播。可将自己的公告及发文，通过广播，来告知所有 VK 好友。

（7）隐私。用户可以在该网络和在互联网上调整其内容的公开或隐私性。

（8）我的音乐。用户可以把自己的音乐上传至 VK 的“我的音乐”。所有 VK 用户能同时享有此音乐信息。

（9）我的视频。用户可以把自己的视频上传至 VK 的“我的视频”，或者将 YouTube 视频上传于 VK 上。所有 VK 用户能同时享有此视频信息。

2. VK 的推广策略

VK 作为俄罗斯等跨境电商重要目标市场的主要社交网络平台，通过它进行网络营销推广对于俄罗斯市场来说是非常重要的，VK 的主要营销策略有以下几种。

（1）建立自己的粉丝群。VK 是俄文系的网站，建议设立俄文客服，并尝试建立自己的粉丝群。通过站内信或邮件的形式邀请自己现有的俄罗斯和周边国家的客户（乌克兰、白俄罗斯）加入店铺的 VK 账户，使其成为自己的粉丝。在自己的账户里发布新品及参加促销活动的产品、更新相册，并适当推出与粉丝互动的活动。

（2）在官方群中与买家互动。如果企业没有那么多资源去维护自己的 VK 群，那么通过平台官方群与客户互动也是一个不错的方案。例如，速卖通在官方群里设置有各个行业细到叶子类目的专用相册。买家不光在晒自己的单子而且还在寻找想要的产品。卖家可以在官方群相册找到符合自己行业的照片，给买家提供自己店铺或单品的链接。此外，官方群定期进行买家转发免费得卖家提供的单品的活动，可以为免费提供样品的卖家推广店铺。

（3）老客户运营。卖家可以采用一定的机制，如打折、送优惠券、送小礼品等，来激励自己的老客户拍视频，并将其分享到自己的 VK 账号或专业的博客中去。买家在得到优惠的同时，也是在为卖家店铺做口碑营销，可以带去可观的流量。

（四）LinkedIn 推广

LinkedIn（领英）是全球最大的职业社交网站，主要面向商业客户，成立于 2002 年 12

月并于2003年启动,于2011年5月20日在美国上市,总部位于美国加利福尼亚州山景城。LinkedIn 拥有多元化的经营模式，主要收入来自其提供的征才解决方案、营销解决方案及付费账户。网站的目的是让注册用户维护他们在商业交往中认识并信任的联系人,俗称“人脉”。用户可以邀请他认识的人成为“关系”（Connections）圈的人。目前，LinkedIn 用户数量已达 2 亿，平均每秒会有一个新会员的加入。2014 年 2 月 25 日，LinkedIn 简体中文版网站正式上线，并宣布中文名为“领英”。“2017 年 BrandZ 最具价值全球品牌 100 强”中，领英科技以 135.94 亿美元的市值排名第 79 位。

LinkedIn 主要体现用户的职业身份、知识洞察和商业机会。职业身份呈现为个人档案。LinkedIn 平台可以便捷地制作、管理、分享在线职业档案，全面展现职场中的用户。完善的个人档案是成功求职、开展职业社交的敲门砖。知识洞察关注行业信息、汲取人物观点、学习专业知识、提升职业技能、分享商业洞察。在飞速变化的互联网时代，把握市场脉动、获取知识见解是保持职业竞争力的基础。商业机会主要体现在在 LinkedIn 上可以寻找同学、同事、合作伙伴，搜索职位、公司信息，挖掘无限机遇，建立并拓展人脉网络，掌握行业资讯，让机会主动与用户相连，助力用户开发职业潜力。

1. LinkedIn 推广的优势

通过 LinkedIn 进行推广，其优势主要体现在以下几个方面。

（1）受众范围小而精。LinkedIn 主打职场社交，聚集的多是高端白领人群，甚至企业中高层管理人员。社交媒体的强关系性质又进一步细分了用户群体，推广内容很容易在社交网中传播，形成较大的影响力。尤其对于 B2B 企业来说，通过 LinkedIn 甚至有机会接触企业决策层人员，这是 LinkedIn 的核心竞争力。

（2）推广工具完善。LinkedIn 的推广功能完善，方便定位用户群体。可以通过毕业学校、企业名称、职业类别、职称、地理位置等多种条件的组合，实现最大化内容投放的精准程度，不需要使用第三方工具。

（3）效果度量指标可视化。LinkedIn 提供了营销度量工具（Metrics）来度量推广效果，提供的指标包括受众数量、印象、引起的活动、点击率、粉丝、订阅数、CTR、CPC、费用等。同时还可以将不推广的内容和推广的内容进行对比，多维度分析推广的效果。

LinkedIn 的高端特性决定了需要进行高质量内容的推广，推广的内容一定是所有内容里最好的、最有价值的。这样企业可以在所属行业中获得较好的印象和较高的威信，品牌更容易得到青睐。

2. LinkedIn 的主要产品

相比 Facebook、Twitter、YouTube 这些一线社交平台，LinkedIn 显然要低调得多。称它为二元社交平台，是因为它是最不具娱乐性的。但是，也正因为 LinkedIn 的职业社交特征，决定了它的独一专业性。它里面的每个人、每个公司都很真实，包括职位、联系人、职业经历、个人偏好甚至联系方式，而这些恰恰最贴合 B2B 商业模式的特点。所以可以系统地利用 LinkedIn 来开发和维护客户关系。其主要产品有以下几种。

（1）InMail：InMail 是对销售人员极其有用的工具。用户只需对收到回复的信息付费，便可获得该客户的信息。LinkedIn 通过限制每个月能发送的 InMail 数量，使广告客户只能向最有成交意向的目标客户发送营销信息。这一措施能有效减少用户收到的广告数量，保证用户体验不受或少受影响。

（2）Sponsored InMail：Sponsored InMail 出现在用户的邮件队列中，它的用户数量远超 InMails。通过 Sponsored InMail 广告客户可以根据地理位置、职业、群、性别、公司规模等指标对收件人进行分类，进而更加精准地获取目标客户。

（3）广告产品：与 Facebook 等同行相比，LinkedIn 上的广告相对并不引人注目。LinkedIn 广告具有较高的针对性，是用户体验的一个自然组成部分。由于与专业服务有关，展示广告与 LinkedIn 的融合显得“浑然天成”。广告客户可以通过 LinkedIn 的自助广告平台购买广告。LinkedIn 提供多种形式的广告供用户选择，其中包括按点击付费广告、付费招聘、付费公司网页等。所有这些广告形式都针对特定用户群，LinkedIn 可以根据职务、行业、公司规模、兴趣和资历对用户进行分类。

3. LinkedIn 的推广策略

作为全球最大的社交网站之一，LinkedIn 有 3.8 亿注册用户，是一个分享公司信息、行业新闻和市场活动的平台。通过该平台，企业可以接触行业人士及潜在客户。LinkedIn 的社交推广策略主要有以下几种。

（1）优化企业和个人资料。LinkedIn 上有很多种方式引导流量，优化资料就是其中之一。将个人资料与热词、媒体内容、演示文稿、文档、书籍挂钩（不是推销），可以让你更容易被发现。个人资料的内容应侧重于展现专业素养，表现出乐意交往的意愿。

个人资料强调个性化、专业性，与企业要有非常清晰的相关性，方便别人能了解到更多关于你的信息，展现真实的你，彰显气质，有亮点。同时，资料不必面面俱到，抓住目标客户的需求即可。

（2）提高在 LinkedIn 上的可见性。每天更新状态和博客，确保客户能看到公司页面。可以使用一些社交媒体管理工具，使其帮助你在几分钟内完成更新任务。例如，使用 DrumUp 可以搜索与企业相关的内容，并且它还可以安排每周发布在公司主页的内容。这样可以保证 LinkedIn 页面处于活跃状态，让客户能感受到公司的存在和活跃情况。

（3）获得更多的关注。优化 LinkedIn 页面，鼓励员工和同事积极参加 LinkedIn 页面上的讨论，让他们能参与到企业页面活动中来，发起对话。也可以让员工在电子邮件签名中添加公司的 LinkedIn 页面链接，这会给企业页面带来更多关注，吸引更多的访问者。

（4）创造和加入 LinkedIn 的群组。向客户展示公司的最好办法是创造一个群组。在群组里，可以发起讨论，为客户创造一个开放性论坛，分享意见和建议。公司必须积极参与这些讨论，处理客户的意见，消除客户的忧虑。除了创建群组，也可以考虑加入符合公司定位的其他群组和社区，这样可以了解目标客户在讨论什么，以及面临的问题，并为他们提供这些问题的解决方案。如果和群组里的潜在客户建立起了联系，可以用 LinkedIn InMail

发送信息，建立更紧密的联系。

（5）构建有价值的关系网。有价值的关系网，意味着要把一般的连接转化成实际的交往关系，同时在社交圈中得到别人的认可、受到重视。一般需要找出 LinkedIn 关系网中的 MVPs（最有价值不是指在财富和地位方面，而是指在对你的帮助方面），通过资料去了解客户的目标、需要、价值取向、喜好，在日常的接触中认识彼此，留下好的第一印象。然后，利用一些技巧在个人层面进行更深入的交流，如讨论相关问题、给予他们帮助、对收到的帮助致谢、祝贺他们的成就等多种互动。利用 LinkedIn 的站内私信功能、@功能、打招呼功能等，帮助 MVPs 传播一些优秀内容。方法各有不同，但追求的效果是统一的。

建立有价值的社交网络是一个微妙而漫长的过程，专注于将社交网络的连接转化为有价值的人际关系，将会有助于公司在行业中的发展。而对于个人而言，认真经营 LinkedIn，收获的不仅仅是商业合作、工作职位，更重要的还有个人品牌、个人网络影响力。

（6）玩转@功能。在 LinkedIn，如果想和陌生人建立起稳定的连接关系，那就要学会正确地使用@功能。除表示关心和在意以外，如果对方长期不登录，系统会发一封邮件告诉对方有人@他，从而保持连接。

如何用好@功能呢？自然是建立在了解对方的基础上，如对方喜欢什么内容、不想错过什么内容、浏览和发布内容有没有一定规律。当然，@功能是带有策略性的，要灵活根据对方的反应做出调整，不能过分使用。

（7）贡献有价值的小组讨论。内容营销的信条之一就是营销者要通过有质量的内容向潜在客户传递价值。这种营销方式更侧重于建立思维引导，让客户在平时感受到好处，在做购买决策时自然更倾向于该公司品牌。这个原则同样适用于 LinkedIn 的小组讨论。

对于营销者而言，通过讨论组可以了解信息、接触潜在客户。客户已经自发根据兴趣聚集，营销者只需花很少精力就能获得积极的回应，引发积极的话题讨论，这种潜在的资源非常有价值。

（8）建立更紧密的关系。关系主要体现在对客户的情感化管理上，如哪些人访问了公司主页、分享了什么内容、对内容有什么反馈，这些是公司和客户建立关系的基础（了解客户）。再者就是做问题的解决者，而不是产品的推销者，多提建议，少打广告，彰显价值。对于公司而言，建立关系至关重要，因为公司面对的不仅仅是一般的个人用户，可能还有一些潜在合作伙伴、供应商的管理人员。

（五）YouTube 推广

YouTube 是世界上最大的视频网站，成立之初就受到了广大网络用户的热烈追捧，截至 2017 年年底，已拥有超过 10 亿用户，而且 YouTube 的平均观看时间一直在呈增长的趋势。在 YouTube 上，不仅可以娱乐消遣，还可以寻找信息。YouTube 功能中的订阅、点赞、评论功能也更利于用户之间保持互动，使朋友之间保持紧密的联系。在社交媒体网络中，YouTube 在用户之间的互动方面排名第三，仅次于 Facebook 和 Twitter。YouTube 可以使用户跟自己的朋友或受众保持紧密的联系，通过 YouTube 建立起来的联系要比通过其他社交网络建立起来的深。因为其他的社交网络一般只是通过文字、图片的方式来传递信息，而YouTube 能通过声音、视频让受众真真切切地感受到。对于用户来说，这种方式产生的印象会更加深刻，也更能从心理上拉近关系。

1. YouTube 推广的优势

（1）引入外部流量，提升 SEO 排名。YouTube 的流量在全球排名第三位，仅次于Facebook 和谷歌，而且 YouTube 是全球第二大搜索引擎，因此利用好 YouTube 推广平台，对于卖家来说意义重大。

（2）直观展示产品，发挥买家推荐效应。YouTube 作为全球最大的视频网站，通过视频播放可以让买家更直观地感受产品的好坏。此外，视频下方的点赞和评论情况能够让买家对产品的使用有更清晰的了解，对于企业产品的推广有非常重要的作用。

（3）传播速度快，效果持续时间长。将企业产品视频放到 YouTube 上之后它会一直存在，因此只要客户能够看到或搜索到该视频就会产生一定的效果。如果该视频效果好，通过粉丝转发，很快会形成传播。

（4）成本低廉，操作简单易行。对于 YouTube 视频的制作，企业可以将自己产品的制作方法，特别是细节方面制作成视频，让用户真实地了解产品的整个制作流程，从而获得更高的忠诚度。同时，也可以将买家的展示视频放在 YouTube 上，这也是很好的宣传视频。因此，通过 YouTube 视频进行推广，操作方便，成本低廉。

2. YouTube 的推广步骤

YouTube 本身也是一个自主的商业化平台，很多达人会开通合作渠道，留下专业的合作方式，与合作伙伴实现共赢。因此，YouTube 又是一个很好的动态展示产品的平台。一般来说，YouTube 上美国、德国、英国的用户最多，也最好找。在不同国家进行 YouTube 推广的主要步骤如下。

（1）锁定国家关键词搜索。如果你的产品针对的是美国用户，那么最好将国家选为美国，并在美国用户中去搜寻达人。筛选完地区之后，进行关键词搜索。例如，你的产品是无人机，那么直接搜索关键词“drone”，在出现的视频的前三页中找到视频上传者的主页。视频的筛选应首先看视频更新频率。更新频率太低的视频上传者不建议联系，更新频率高的活跃用户更值得下功夫。然后，对比视频平均观看量。根据该视频上传者的所有视频的平均表现水平来判断是否适合与其合作。最后，查看视频上传者的信息简介，很多 YouTube 的视频上传者（达人）会公开表明自己是可以合作推广产品的，也很容易看到对方的邮箱，这样的合作概率会很大，而且会很专业。

（2）联系达人。联系方式有两种。可以直接通过对方显示的邮箱联系。如果对方未显示邮箱，可以通过站内信联系。YouTube 对站内信没有限制，可以大胆说明自己的意图并留下联系方式。YouTube 在某种程度上是支持商业合作的。

（3）制作视频。在制作之前，可以和达人好好沟通，如你想要什么样的效果，或者你可以为他的粉丝提供什么折扣来做促销等，方式灵活多样。有的达人会免费制作视频，但是顶级的一般是收费的，所以在合作之前一定要谈好合作费用。

（4）追踪并观察视频流量。YouTube 的达人会优先制作手上比较好的产品的视频。如果企业产品够好，不用担心周期，一般 1~2 周。但是如果产品并不是行业最优的，这时候就需要不断跟进，与达人协商出一个上线时间等。视频上线之后，最好对达人表示感谢和赞赏，这样有利于后期合作。达人们一旦形成合作关系，后期新产品就可以直接联系合作了。双方都希望视频有很高的观看量。如果流量大就不用考虑跟进；流量若是不够大，要与达人协商如何改进。

以上就是在 YouTube 上做视频推广的基本步骤。需要提醒的是，YouTube 的性质是长期战略，视频制作周期少则一周，多则一个月，后期流量也是随着时间会不定时地增长，所以需要做好长期收益的准备，短期难以见效。

3. YouTube 视频排名的影响因素

（1）完整观看数量。YouTube 视频的观看数量计算的是完整观看。如果打开视频但是没有看完就关闭是不计入或以比较小的比例计入排名的。所以，视频要有“达人效应+精彩内容”，才能吸引用户的完整观看。

（2）点赞和评论。点赞和评论直接决定了该视频的受欢迎程度。通过点赞和评论数量可以检验该视频的社会效果。如果没有获得任何社会效果，那么后期就需要继续改进。

（3）上榜时间。上榜时间是一个测算因素。如果搜索没有限定时间范围，排名会根据上榜时间的远近以及观看数量来衡量。但上榜时间也是一个很重要的累计因素。因此，企业应该及时更新自己的视频，提升该因素的权重。

4. YouTube 的推广形式

通过 YouTube 进行推广，主要考虑的是视频的制作形式。一般情况下，YouTube 有以下三种推广形式。

（1）拍客视频。在 YouTube 上可以寻找大的拍客与之合作。对于 YouTube 上一些大的拍客，可以为其提供免费产品，让他们拍视频，并带上企业产品链接或店铺链接。这种拍客视频的成本仅仅是企业给拍客发的少量免费产品及运费。

（2）买家视频。鼓励真实的买家帮助拍 YouTube 视频。鼓励买家拍视频成本会更低。买家拍视频用的产品是购买的，这样就省去了产品成本。买家拍完视频之后，卖家可以给他发优惠券作为奖励。买家如果使用这些优惠券，就又形成了新的订单。因此，优惠券一方面可以鼓励买家帮卖家拍视频，另一方面又可以刺激老买家下新单，一举两得。

（3）自拍视频。卖家自己（或找专业的人）拍视频上传至自己的 YouTube 频道。卖家可以建立自己的 YouTube 频道，将一些受欢迎的产品拍成视频。这样，当有买家想看产品细节的时候，就可以通过视频进行观看。此外，视频放在 YouTube 上后，用户可以通过某些关键词或 YouTube 的相关视频推荐功能找到该企业的视频，这样就可以把 YouTube 上的流量引到企业店铺。同样，也可以将自拍视频嵌入产品描述，从而加深买家对产品的印象。

通过以上方法获取的视频，不仅可以嵌入产品描述，让买家提交到产品评论里，还可以用自己的社交账号分享出去，如可以将视频贴到 Facebook、Twitter、Google+上。当有买家询问相关产品时，可以把视频链接通过站内信或其他途径发送给买家。

四、其他社会化媒体营销工具

通过一系列工具，我们可以跟踪竞争对手在互联网上的最新动向、媒体资讯，以及用户在社交媒体上关于竞争对手的讨论；分析竞争对手在社交媒体上的活跃度、粉丝地域分布等；收集行业相关意见领袖的相关信息，为自己的产品、服务做宣传推广。常用的社会化媒体营销工具有以下几个。

（一）Google Alert

Google Alert 可以用来跟踪网络上任何你感兴趣的主题，如竞争对手品牌词、产品名，或者其他想要关注的主题。你可以对语言、国家、推送频率等进行设置，Google Alert 会根据你的查询设置将最新相关谷歌搜索结果（新闻、博客、其他类型网页等）定期推送到你的订阅邮箱。

（二）Talkwalker

Talkwalker 有个 Alert 的功能，与 Google Alert 非常相似，可以作为 Google Alert 的替代、补充功能来使用。Alert 只是 Talkwalker 的一个免费产品，它的付费功能主要是监控社交媒体上的讨论，包括 Twitter、Facebook、YouTube、Google+、第三方博客、论坛和新闻网站等。

（三）Mention

Mention 的核心功能与 Talkwalker 接近，可以对指定的主题在网站、社交媒体、新闻、博客、论坛、视频网站等地方的讨论进行监控。

（四）Social Mention

Social Mention 是一个社交媒体搜索和分析平台，它可以实时搜索互联网上用户生产的内容，包括博客、评论、书签、新闻、视频、微博等。它支持监控的社交媒体超过一百个，包含主流的 Facebook、Twitter、Digg、Google+等。此外，Social Mention 支持将讨论里面的 Top 用户（红人）信息导出下载。

（五）Simply Measured

Simply Measured 是一个社交媒体统计分析工具，可以用来查看竞争对手的社交媒体账号帖子发布及传播情况、用户参与度等。查看对方哪些内容、哪些时段、哪些关键词的效果最好。支持的网站包括 Facebook、Twitter、Analytics、Instagram、LinkedIn、YouTube。

（六）Followerwonk

Followerwonk 是一款 Twitter 用户搜索及分类工具，可以跟踪分析竞争对手的 Twitter 账号发布时间、频率、内容、互动情况，把你的粉丝跟竞争对手的粉丝进行比较等。

（七）Brandwatch

Brandwatch 可以从多个渠道收集有关竞争对手在互联网上的讨论，包括 Facebook、Twitter、Instagram、博客、新闻和在线评论等渠道。

案例解析

Facebook：丝芙兰的推广活动

网络上有许多美容达人，而且他们已经把美容的激情带到社交网络上来了。丝芙兰曾经在 Facebook 上开展了一个名为“15 天的美丽刺激”的活动。活动的奖品包括一辆和 Gucci 合作的 Fiat 汽车、到巴黎 Make Up For Ever Academy 化妆学院的四人行旅行以及价值 5 000 美元的丝芙兰购物券。

这一活动驱使大量的 Facebook 粉丝开始关注指甲油、眼影和精华液，最后丝芙兰的 Facebook 账号的粉丝数上涨到 350 万。现在丝芙兰在同行里已经拥有最大的粉丝基础。其粉丝专页的基础操作，主要分为以下几个步骤。

一、创建粉丝专页账户

利用 Facebook 做营销前，首先需要建立一个企业的页面，也称为粉丝专页。粉丝专页相当于公众号。如果企业想宣传自己的品牌，吸引更多的潜在客户了解自己，建立自己的粉丝专页非常重要，并且平台的广告服务也只能通过粉丝专页来开展，因此丝芙兰通过 Facebook 创建了自己的粉丝专页账户。粉丝专页在 Facebook 和谷歌等搜索引擎上都能被搜索到，而且一个活跃的粉丝专页在搜索引擎中自带 SEO 功能，很容易被抓取到。

二、完善粉丝专页内容

（1）企业头像板块要第一时间换上企业 logo，这里是企业品牌最直观的展示位。

（2）主页名称非常重要。丝芙兰的主页名称可以为 http://www.facebook/Sephora。

（3）粉丝专页可以设置功能页签。当客户进入粉丝专页时，想要向其展示什么页签，就放什么。当然这里的页签是可以自定义的，丝芙兰就专门设置了一个页签，用来链接企业的独立站点。

（4）页面 Banner 展示位既可以选择静态的图片，也可以上传视频。很多商家都非常重视此处的内容设计，用户进入页面第一眼看到的就是这个 Banner 展示位。有些企业对自己的团队非常自信，可以把团队照片或视频放在这里；有些商家近期会做一个节日活动，也可做成活动的宣传页；也可以把最核心产品的影像或图片在这里进行展示。总之，企业需要非常重视该位置的设计。丝芙兰将此次的活动信息放在了 Banner 展示位，让粉丝很快地获取了这一活动信息。

（5）试着去发布一些内容。社交营销，其实就是内容的营销。可以多参考优秀的同行的粉丝专页。发布内容的形式有很多，好的内容自然能吸引更多的用户成为我们的粉丝。丝芙兰开展的这个“15 天的美丽刺激”活动，奖品极具吸引力。这些内容获得了粉丝的大量关注，形成了传播效应。

习题演练

一、单选题

1．下列海外社交媒体平台中，不能创建企业页面的是（　　）。

A．Facebook　　B．Twitter　　C．LinkedIn　　D．Google+

2．Twitter 的每条推文最多可以发送（　　）个字符。

A．100　　B．120　　C．140　　D．180

3．在 Facebook 中不能创建的是（　　）。

A．FanPage　　B．Groups　　C．Events　　D．Connect

4．下列有关在 LinkedIn 中创建公司页面的说法中，错误的是（　　）。

A．你必须是当前公司的员工

B．一个公司域名的邮箱只能创建一个公司页面

C．个人资料强度必须达到 Intermediate 或 All Star 等级

D．可以使用公共域名后缀的邮箱注册

5．在 Twitter 中，用来标记某个推文的主题的符号是（　　）。

A．#　　B．&　　C．@　　D．*

二、填空题

1．社交平台推广的特点有（　　）、（　　）、（　　）、（　　）。

2．Facebook 主要应用于（　　）、（　　）、（　　）、（　　）。

3．VK 的推广策略有（　　）、（　　）、（　　）。

4．LinkedIn 主要体现用户的（　　）、（　　）、（　　）。

5．LinkedIn 的主要产品有（　　）、（　　）、（　　）。

三、简答题

1．请分析 Facebook 的推广策略。

2．请分析 LinkedIn 的推广策略。

实践操作

实践任务一

创建一个 Facebook 主页，通过页面设置来管理 Facebook 主页。

实践任务二

通过 Facebook 企业页面策划一次推广活动，通过活动吸引目标客户浏览企业 Facebook 主页，以达到增加粉丝的目的。

子情景四　其他站外推广方式

学习目标

知识目标

- 掌握电子邮件营销的注意事项和内容营销的步骤。
- 掌握整合营销和网红营销的概念。
- 了解其他站外推广的方式。

能力目标

- 能够运用电子邮件进行营销推广。
- 能够进行内容营销的策划。
- 能够运用各种站外推广方式开展整合营销。

素质目标

- 能够洞察站外推广的主流趋势。
- 能够分析不同站外推广方式的优劣。
- 能够结合企业情况进行站外推广。

项目背景

Kukka 花艺公司是一家借助销售鲜花、以花为主题传播芬兰文化的公司。该公司在亚马逊芬兰平台开设店铺已经有了一段时间，销售业绩一直不错。该公司在 2019 年年初结合站外推广的电子邮件营销方式开展了整合营销，让代表时尚的花卉文化与老套的电子邮件营销产生关系，最终得到了满意的销售转化。那么该公司是如何进行电子邮件营销使其销售有了更大的改观的呢？

任务实施

步骤一：分析邮件网络环境现状

通过定期分析历史邮件，Kukka 发现经常阅读其邮件的消费者有将近 50%是在移动端打开的邮件。结合最终下单的情况进行分析，Kukka 发现对鲜花购买力较强的白领消费者会集中在移动端阅读邮件并完成下单。因此 Kukka 在后续邮件内容的设计上充分考虑了移动端的展现效果，让消费者在移动端打开邮件时一眼就能看见精美的鲜花的信息。为了抓住消费者阅读邮件的这几秒时间，不让消费者犹豫，Kukka 在商品图片上配置了一个较大的购买摁钮，从而提升了消费者的购买转化率。

步骤二：使用精心策划的邮件标题

Kukka 的邮件平均打开率接近 50%，这已经是极高的打开率了。营销人员通过不断地分析历史邮件，不断地优化邮件标题，借助商品和季节销售优势，将邮件打开率提升到了极高的水平，从而为进一步的销售下单做好了基础工作。

步骤三：提供多种优惠

一般的电商营销邮件，大部分都是以罗列商品、宣传商品为主。但 Kukka 采用了提供多种优惠的方式，无论是感恩节促销，还是包邮优惠，都让消费者实实在在感受到了优惠，这样成交下单的比例也就提高了。

步骤四：与消费者保持快捷沟通

Kukka 的策划人员很细心，通过使用“详情”“查看”等按钮，让响应更加快捷方便。并且它在邮件底端增加了一个与消费者实时对话一样的小小提示，让阅读邮件的消费者感觉充满了个性化和一对一服务感。

知识铺垫

一、电子邮件营销

（一）电子邮件营销的概念

电子邮件营销一般是在用户事先同意或许可的前提下，通过电子邮件的方式向目标用户传递企业信息的一种网络推广方法。电子邮件营销是基于电子邮件的方式与消费者进行商业交流的一种网络营销方式，也是历史最悠久的一种网络营销方式。

（二）电子邮件营销的优点

电子邮件营销作为历史最悠久的一种网络营销方式，充分证明了它是一种有效的网络推广形式。网络统计数据表明，60%的上网用户在邮件发送的首月内阅读了该邮件，其中超过 30%的用户点击了邮件里的链接到达目标页面。因此在正确应用的前提下，电子邮件的回应率远远高于其他所有类型的广告，这主要是由于电子邮件营销有以下几个优点。

1. 应用范围广

电子邮件的内容不受限制，适合各行各业，同时可以采用文本格式或 HTML 格式。文本格式就是把一段广告性的文字放置在新闻邮件或许可的邮件中，也可以设置一个链接到公司主页或提供产品与服务的特定页面。HTML 格式的电子邮件广告可以插入图片，将公司的信息用更加直观的方式进行展现，但 HTML 格式的电子邮件并不是每个人都能完整地看到，因此把包含广告的电子邮件做得越简单越好。

2. 精准传递信息，节约宣传成本

通过电子邮件营销服务商所建立的数据库，企业可以设定接收人的年龄、性别、学历、工作状况和月收入等，从而准确锁定目标消费群。企业可以只针对目标市场进行宣传，支付有效宣传费用，以节约成本。例如，苹果的 App 系统可以根据用户经常下载的内容向其推送相关新产品的链接，这在低成本的基础上进行了精准信息传递。

3. 制作、维护简单快捷，成本低

电子邮件广告只要确定了设计方案，即可马上交由技术人员制作和投放，整个过程可以在短短几天甚至一两天内完成。其制作和维护相对于传统媒体来说，简单，快捷。同时，操作方式也简单，可以为企业节省设计、制作和投放以外的大量推广成本。

4. 具有快速反应能力

现代市场竞争激烈，分秒必争，企业需要针对市场现状和竞争对手的情况做出快速反应。但传统媒体由于广告制作相对复杂，中间环节过多，在时间效应上往往具有滞后性。而电子邮件制作简单快捷，企业可以在短短几小时内把广告信息传递给数十万个目标消费者，防止竞争对手捷足先登。此外，有些季节性、时效性强的产品，企业也可以利用电子邮件在旺季进行大规模推广，以便获取先机。

5. 具有较高的目标市场覆盖率

电子邮件本身具有定向性，企业可以针对某一特定的人群发送特定的广告邮件，还可以根据需要按行业或地域等进行分类，然后针对目标客户进行广告邮件群发，覆盖所选目标市场的大部分人群，使宣传一步到位，目标明确。

（三）电子邮件营销的类型

1. 引起关注类的电子邮件营销

此类电子邮件的发送旨在引发消费者的想象，以期使其关注该企业产品或服务的一系列特征和优势。例如，企业研发新产品后，通过该类电子邮件将该信息推送给客户，希望客户能够尽早关注企业，体验新品。例如，That Ring Shop 在向客户发送新店开张通知邮件时就是这样做的：主题中直接说明发送邮件的目的，告知客户“我们的在线商店已经开业，欢迎来访问”，接着在邮件中介绍了店铺中产品的主要分类，并告知客户 That Ring Shop 提供专属订阅服务，并让客户了解成为他们的订阅用户是有益处的。

2. 引发思考类的电子邮件营销

此类电子邮件主要是通过向客户不断宣传产品对客户的直观好处，使其进入客户的考虑范围，以增强客户的购买欲望。一般情况下，企业向客户多次展示产品和服务后，客户就会留意该产品和服务，从而思考该产品和服务对自己的价值所在，在后期有需求时就会对该企业的产品和服务进行关注和购买。企业可以根据季节添置不同的新品，在每次添加新品时可以向客户发送一封通知邮件，并在创建这类邮件时，突出强调一下产品的季节性。例如，J.W. Anderson 在其广告邮件中大篇幅地强调了其新款玫瑰手提包 Dusty Rose bag 是客户的春季必备款，同时介绍了其他的一些新款，以促使客户思考是否需要该产品。

3. 督促客户意向转变类的电子邮件营销

通过此类电子邮件的持续跟踪，可以让客户进一步了解产品，形成思考，从而产生购买需求。该类邮件的目的主要是让犹豫不决的客户进一步转变意向，接近实质性的购买。例如，在该类广告邮件中加一个到产品服务中心的链接，告知客户现在的打折和促销信息，以督促客户快速购买。例如，Crocs 在其此类广告邮件中添加了一张漂亮干净的图片，并在图片上写明活动信息，然后添加了一个链接按钮，方便客户点击跳转到其网店中。此外，每个国家都有一些独特的节日，这些节日不仅让电商卖家非常期待，也很受买家欢迎。因为电商卖家会在这些节日为买家提供折扣，而卖家也将获得销售额方面的增长。例如，Sincera 店铺发送的关于母亲节活动的电子邮件中，以黑色字体强调了所有商品都将享受八折优惠等。

4. 用户反馈类的电子邮件营销

为了使品牌更加深入人心，加强企业宣传，使企业进入交叉销售和追加销售阶段，并让客户对企业周边产品和服务感兴趣，可在客户购买完产品后，向其发送购物确认信，然后在一周以后向其发送产品使用的满意度情况调查表，并顺便介绍其他产品。例如，在反馈类电子邮件中跟客户玩一些小游戏，如“刮刮乐”，即将信息以图片的形式发送，图片中的主要信息被遮住，设置成点击查看的形式。让用户点击图片，来挖掘企业发送的新消息并参加企业的抽奖活动。客户的好奇心将会大幅提高邮件的点击率，如 Bargain Bows 的一封新消息通知邮件，就采取了“刮刮乐”的形式，这封邮件的点击率是平常的 6 倍，转化率是平常的 4.5 倍。同时，邮件中还可以加入新的折扣码，促使老客户重复购买。

5. 品牌忠诚类的电子邮件营销

该类电子邮件中可以附加一些服务性信息，加深企业与客户之间的关系，以便进行下一次产品的销售工作。例如，为客户提供冬季保养汽车的小贴士，提醒客户注意事项，以体现企业的文化理念，增强客户的品牌忠诚度。再如，苹果公司会不定时给客户发送一些新品上线的邮件，让客户了解公司新品的概况。

（四）电子邮件营销的注意事项

通过电子邮件进行营销，看起来非常容易，但是想要达到成功进行企业推广的目的是非常困难的。在进行电子邮件营销时，应注意以下事项。

1. 精准进行电子邮件营销

企业在发送电子邮件之前，应该对邮件用户进行分析，找准对象，尽最大可能缩小客户范围，并了解他们的真正需求。电子邮件营销的目标对象越精准，效果越好。例如，向家庭主妇推送的产品主要是一些日常生活用品，最佳推送时间为上午 10：00—12：00，下午 4:00—5:00，这段时间的邮件打开率非常高。

2. 电子邮件内容要精心构思

内容经过精心构思的邮件，才能给客户留下深刻的印象。一封好的电子邮件要符合以下要求。第一，要主题明确，因为它是发件人撰写邮件的中心思想。第二，不要隐藏发件人，或者使用免费邮件地址或免费邮箱，这样会降低信件内容的可信性。第三，要注重礼貌。这样可以为企业树立良好的形象，加大客户的信任度。第四，邮件要短。电子邮件应力求内容简洁，用最简单的内容表达出你的诉求点。如果必要，可给出一个关于详细内容的链接，收件人如果有兴趣，会主动点击链接。最后，不要用附件形式发送电子邮件，因为附件内容未必会被收件人打开。

3. 电子邮件发送不要过于频繁

研究表明，同样内容的邮件，每个月发送 2~3 次为宜。不要错误地认为，发送频率越高，收件人的印象就会越深。企业过于频繁地发送邮件，只会让人厌烦。如果一周重复发送几封同样的邮件，企业肯定会被客户拉入“黑名单”，导致永远地失去这些潜在客户。

4. 电子邮件格式要规范

一般来说，电子邮件没有统一的格式。但在实际情况中，要根据不同的地方习俗、不同的国家及语言采用不同的邮件版本及规格，以便双方交流。同时，不要全用大写的字母写邮件，这样会让客户看起来不舒服；也不要用缩写，这说明发送方是个懒惰的企业，而客户不喜欢和懒人做生意。

5. 要及时回复电子邮件

电子邮件回复的及时程度，充分说明了你对客户的重视程度和做事效率。因此，若有客户回应，应当及时回复。一般 4 ~ 6 小时内收到回复邮件说明企业做事效率很高；8 ~ 12 小时内收到回复邮件说明企业业务繁忙，同时客户仍被列为受重视的客户；而一天内收到回复邮件说明客户未被遗忘；两天后收到回复邮件说明这个客户对于企业来说可有可无；而邮件得不到回复，说明这个客户对于企业来说根本就是无所谓的。

6. 做好电子邮件的后续服务与跟踪

通过电子邮件营销获取客户的访问和需求之后，企业需要细致认真地分析客户资料，有针对性地面对客户的需求提供信息，并在向客户提供好的产品和服务之后，通过电子邮件做好后续的服务，跟踪调查客户消费之后的感受，以期能够更好地改进自己的产品和服务，在将来更好地满足客户的需求。这才是最能体现电子邮件营销价值所在的地方。

二、内容营销

（一）内容营销的概念

内容营销是以图片、文字、动画等介质传达有关企业的相关内容来给客户提供信息，以促进销售，即企业通过特定的概念诉求，以摆事实、讲道理的方式使消费者走进企业设定的“思维圈”，通过强有力的心理攻击，提升消费者满意度和对企业的认同感的一种宣传推广方式。

（二）内容营销的特点

1. 性价比高

内容营销不像广告那样需要长期和大量的金钱投入，内容只要发布一次，就可以长久地运用。据统计，其成本一般是硬性广告的 5%。

2. 具有公信力

企业可以通过发布在门户网站中的内容链接到公司网站，这对企业品牌有很好的烘托作用。此外，企业还可以把门户网站的宣传信息通过内容形式推送给客户，以增强企业的公信力和感染力。内容也可以与新闻事件相结合，通过新闻的视角、新闻的表现形式，完整、清晰地将真实、可靠的新闻事件向公众阐述清楚，这更易被受众所接受和信赖。

3. 具有较高的时效性和连续性

内容营销过程中，可以根据市场情况或事件新闻进行内容撰写，体现时效性和企业创新性，并且可以根据新闻事件的发展不断跟踪推广，持续吸引客户关注企业情况。

（三）内容营销的类别

1. 门户型内容营销

门户型内容是指直接展示在门户网站上进行广告宣传的信息。通过门户网站发布的内容，转载率高，效果好，可以给企业带来巨大的流量，提升销售效果，同时可以对企业品牌有很好的烘托作用。此外，门户网站的内容更能优化企业网站的关键字权重、大幅度增加企业外链，从而增加企业网站权重并提高知名度。

2. 品牌型内容营销

品牌型内容是指企业通过深入挖掘企业文化理念和品牌价值所形成的文本信息。品牌内容如果撰写成功，会大大提升企业品牌知名度和营销效果，提升流量和转化率，达到硬性广告推广所达不到的效果。

3. 企业型内容营销

企业型内容一般是指在社会公众喜欢的信息的基础上再加上企业的内涵所形成的文本。它更多的是宣传企业的产品、文化和理念，并与社会大众审美相结合，形成有利于企业推广的信息资料。企业型内容营销最重要的问题就是标题要能吸引客户，同时内容具有原创性，这样才能被很多高权重的网站所收录和转载。

（四）内容营销的形式

1. 悬念式内容营销

其核心是提出一个问题，然后围绕这个问题自问自答，如“为什么她选择了它”等。通过设问引起话题和关注是这种形式的优势。但要注意掌握好火候，提出的问题要有吸引力，答案要符合常识，不能作茧自缚、漏洞百出。

2. 故事式内容营销

通过讲一个完整的故事带出产品，使产品的“光环效应”和“神秘性”给消费者心理造成强暗示，使销售成为必然，如“印第安人的秘密”等。讲故事不是目的，故事背后的产品线索才是文章的关键。听故事是人类最古老的知识接受方式，所以故事的知识性、趣味性、合理性是内容成功的关键。

3. 情感式内容营销

情感一直是广告的一个重要媒介，内容的情感表达由于信息传达量大、针对性强，当然更可以让人心灵相通，如“女人，你的名字叫天使”“你是美的化身”等。情感最大的特色就是容易打动人，容易走进消费者的内心，所以“情感营销”一直是屡试不爽的“灵丹妙药”。

4. 恐吓式内容营销

恐吓式属于反情感式诉求，情感诉说美好，恐吓直击软肋。实际上恐吓形成的效果要比赞美和爱更具备记忆力，但是也往往会遭人诟病，所以一定要把握度，不要过火。

5. 促销式内容营销

促销式内容营销常常同促销活动相结合，如“最令你满意的台灯”和“你的专属台灯”。这样的内容配合促销使用，可以形成影响力促使客户产生购买欲。

6. 新闻式内容营销

新闻式内容营销就是为宣传寻找新闻由头，以新闻事件的手法去写，让读者认为就仿佛是昨天刚刚发生的事件。这样的文案对企业和新闻的时效性有很高的要求。企业和新闻也要有很高的契合度，并在客户能够接受的程度上才能进行此类内容营销。

（五）内容营销的步骤

1. 市场分析

内容营销也是一种营销行为，做市场分析是非常重要的。分析用户的特点，才能更好地策划内容话题，然后选择正确的媒体策略。不同的企业有各自擅长的领域与目标群体，如体育用品商城面对的很多是爱好运动的人群、母婴系列的商城面对的大部分是妈妈级的人群，因此它们在营销需求方面的差异也会很大。营销者切记不要盲目地模仿别人，即使在同一个行业市场分析也会有所差别。

2. 内容话题策划

内容话题策划更要准确地把握用户群的特点，或者根据营销的导向性来策划话题。如果是电商企业运营，应该注重用户的信任度；如果是非常成熟的电子商务企业，应该更注重活动和特色产品的推广，从而直接带动商城的销售；如果是推广品牌，内容话题要注重企业的公关传播，突出企业的社会责任感。内容话题是非常广泛的，多思考多写就能策划出好的文章，其中的奥妙可意会而难以言传。推广的目标不同，则强调的重点也是不同的。

3. 内容媒体策划

内容媒体的策划，就是内容传播的媒体策略。如果市场策略和话题都已经明确了，那么下一步就是内容媒体的选择。不同的渠道和平台针对的客户群体不同，因此要根据自己内容的特点来选择媒体。选择的媒体之间最好能够相互促进，不能自相矛盾。

4. 内容写作质量把关

内容的写作质量，文采是一方面，但是作为企业营销的载体，更关键的是对行业的了解度以及对产品和服务卖点的精准把握。将产品的服务卖点融合在文章当中，吸引消费者的注意。

5. 内容发布

内容的发布是将撰好的文稿发布到选好的媒体上。现在，很多网站和公众号都可以发布内容，但是发布内容的效果好坏主要是跟所选择的平台和客户群有关。因此，发布不难，主要在于前期的准备工作是否充分。

6. 内容效果的评估

内容效果其实是企业最关心的问题。如何评价内容营销的效果？要综合品牌和销售情况、网站流量、电话咨询来评估。一般要从较长的时间段去考察，才能够凸显内容的影响力。

三、“网红”营销

（一）“网红”营销的概念

“网红”营销是指选择一位时尚达人为形象代表，以其品位和眼光为主导进行视觉推广，通过网络平台聚焦人气，依托该形象代表庞大的粉丝人群进行定向营销，获取粉丝消费的一种营销模式。“网红”营销是近几年来出现的一种新的网络营销模式，企业通过该种营销方式可以实现一系列价值。

（二）“网红”营销的特点

1. 自带流量，精准营销

每一个能够成为“网红”的人，他的网络平台本身就有庞大的粉丝群体，同时这些粉丝通常与“网红”具有相同或相似的爱好。因此，“网红”推广的产品一般也是“网红”的粉丝所喜爱的，这就使“网红”营销具有精准的营销对象。

2. 信息渗透力强

“网红”本身就是个天然的信息传播渠道，通过“网红”自身的粉丝和受众群体，将产品信息植入，让更多客户知道企业产品或服务的卖点所在。

3. 成本低

企业通过“网红”进行产品营销时，只需要与“网红”进行沟通、分析，形成合适的推广方案，然后通过平台进行推广。渠道和粉丝都是固定的，不需要付出其他推广成本。

4. 平民化

“网红”大部分都是从普通人中产生的，他们与消费者有相似的经历，消费偏好相似，容易与其产生共鸣。

5. 需求诱导性强

“网红”都是粉丝人群比较喜爱的人，“网红”喜欢的产品或服务对粉丝人群也会有较大的吸引力。粉丝会产生良性关联，从而对其产生较强的需求诱导。

（三）"网红"营销的盈利模式

盈利模式是"网红"实现经济价值的过程。从收入来源、定价方法等方面来分析，其主要的盈利模式有以下几种。

1. 广告代言模式

广告代言是"网红"最主要的盈利模式。通过广告代言，"网红"既向受众出售内容，又向广告主提供广告空间、广告时间或广告时空，这是一个双重过程。广告商选择"网红"投放广告，或者通过"网红"在信息发布中投放广告软文，借由广告盈利。这种有针对性地选择"网红"投放广告，与"网红"吸引的粉丝人群有关，在广告发布过程中更注重提供与自身风格相符的广告诉求，将信息内容与广告内容相匹配，从而实现广告的精准投放。

2. 会员制

会员制是指通过提供增值服务收取会员费来获得商业利润。收费的关键在于用户获取了额外的价值并感觉物有所值。这种模式是"网红"人格魅力直接变现的方式，它有着明确的客户价值主张，提供会员资格并满足会员独特的权益。该商业模式相对完整，客户价值主张清晰，盈利方式直接、简单。

3. 产品收费模式

利用"网红"的影响力，通过出售"网红"周边商品，进而实现盈利。这一商业模式以"网红"自身的内容吸引受众，再以衍生的产品、服务满足粉丝社群的多样化需求。

4. 赞赏模式

赞赏模式是现在比较流行的于长文后打赏的模式。"长尾理论"认为，由于成本和效率的因素，过去人们只能关注重要的人或事，如果用正态分布曲线来描绘这些人或事，人们只能关注曲线的"头部"，而会将处于曲线"尾部"、需要更多精力和成本才能关注到的大多数人或事忽略。个性化的"网红"在拥有细分受众的"尾部"方面具有天然优势，使得基于互联网平台的"网红"赞赏模式大获成功。赞赏模式是用户自主选择的行为，用户体验得以优化，从而实现用户价值的提升。这种方式不仅加强了"网红"与用户的互动，更强化了用户对产品乃至企业是否认可的直接反应，从而激励"网红"更努力地产出。

5. 平台型商业模式

平台型商业模式主要是指企业把交易中的各个利益相关方联系起来，搭建起一个平台进行商业运营活动。"网红"原创内容服务是平台上的核心业务，起到信息引流的作用，同时平台提供其他各类场景服务，使不同利益相关方紧密联系在一起。"网红"自身搭建的平台具有鲜明的个性化风格，实现了细分内容和细分用户，真正体现了互联网的个性化特征。

四、事件营销

（一）事情营销的概念

事件营销就是通过把握热点新闻的规律，根据企业的产品或服务与新闻热点的相关性，制造具有新闻价值的事件，并通过网络的操作，通过热点新闻事件的传播，从而实现企业宣传效果。事件营销需要依据新闻事件，而新闻事件需要与企业的产品或服务有一定的关联，然后企业通过巧妙的关联寻找营销突破点。

（二）事件营销的特点

1. 受众者的信息接收程度较高

在铺天盖地的广告中能够吸引大众眼球的经典之作越来越少，而事件营销的传播往往体现在新闻上，有效地避免了像广告般被人本能排斥、反感的情况发生，受众对于其中内容的信任程度远远高于广告。

2. 传播深度广、层次高

一个事件如果成了热点，会成为人们津津乐道、互相沟通的话题，传播层次不仅仅限于看到这条新闻的读者或观众，还可以形成二次传播，引发“蝴蝶效应”。

3. 投资回报率高

据有关人士统计并分析，企业运用事件营销手段取得的传播投资回报率约为一般传统广告的 3 倍，能有效帮助企业建立产品品牌的形象，直接或间接地影响和推动产品的销售。

（三）事件营销的模式

1. 借势模式

借势是指企业及时地抓住广受关注的社会新闻、事件以及人物的明星效应等，结合企业或产品在传播上想要达到的目的而展开的一系列相关活动。

2. 明星模式

明星是社会发展的需要与大众主观愿望相交合而产生的客观存在。通过明星的知名度增加产品的附加值，可以借此培养消费者对该产品的感情、联想，从而赢得消费者对产品的追捧。

3. 体育模式

体育模式是指企业通过为体育活动赞助、冠名等手段来推广自己的品牌。体育活动已被越来越多的人所关注和参与。体育赛事是品牌最好的广告载体，其背后蕴藏着无限商机，已被很多企业意识到并投入其间。体育营销作为一种软广告，具有沟通对象量大、传播面广和针对性强等特点。

4. 新闻模式

新闻模式是指企业利用社会上有价值、影响面广的新闻，不失时宜地将其与自己的品牌联系在一起，来达到借力发力的传播效果。

5. 造势模式

造势模式是指企业通过策划、组织和制造具有新闻价值的事件，吸引媒体、社会团体和消费者的兴趣与关注。

6. 舆论模式

舆论模式是指企业通过与相关媒体合作，发表大量介绍和宣传企业的产品或服务的软性文章，以理性的手段传播自己。例如，奥林匹克花园不断地在全国各大报刊媒体撰文来宣传其“运动就在家门口”的销售主张，从而吸引客户的需求。

7. 活动模式

活动模式是指企业为推广自己的产品而组织策划一系列宣传活动，以吸引消费者和媒体的眼球从而达到传播自己的目的。例如，百事可乐每年采用巡回音乐演唱会这种方式同目标消费群进行对话，用音乐而不是广告来传达百事的文化和营销理念。

8. 概念模式

概念是指企业为自己的产品或服务所创造的一种“新理念”“新潮流”。推出概念之后，企业在理论市场和产品市场同时启动，有了概念，市场就更容易打开。例如，农夫山泉宣布停止生产纯净水，只出品天然水，大玩“水营养”概念，从而引发了一场天然水与纯净水在全国范围之内的“口水战”，招致同行们的同仇敌忾，但农夫山泉正是借此树立了自己倡导健康的专业品牌形象。

五、活动营销

（一）活动营销的概念

活动营销是指企业通过介入重大的社会活动或整合有效的资源策划大型活动而迅速提高企业及其品牌知名度、美誉度和影响力，从而促进产品销售的一种营销方式。活动营销除运用常规媒体手段宣传以外，更侧重于与公关活动相结合。通过活动，让客户由被动接受转为主动沟通，以达到宣传效果。活动营销是针对某个活动或事件进行推广和宣传，它一般同其他营销方式相结合，活动营销具有计划性和可控性。

（二）活动营销的特征

1. 经过长期的活动策划

活动营销一般经过长期的酝酿，活动中的每一个细节、每一个流程都经过反复推敲，等时间成熟之后再进行执行，执行具有计划性和可控性。

2. 严格的成本控制

活动营销是企业自行精心策划的活动，一般运作资金根据活动规格、规模的不同而不同，资金预算严格。

3. 与客户有很强的互动性

活动营销可以建立比较系统和完整的互动机制和有效的反馈机制。通过活动的互动，提升企业、产品或服务的知名度，增强企业自身品牌形象，同时还可以提升客户对企业产品或服务的忠诚度和信任度。

4. 全媒体整合

活动营销强调有效整合全媒体以求最大限度地扩大影响力，树立品牌形象。例如，近段时间比较受欢迎的“中华好诗词”，不仅利用央视平台，同时还推出手机微信平台、微博平台，各种网络媒体大范围传播，全媒体的整合使活动效果达到了最佳。

六、整合营销

（一）整合营销的概念

整合营销是一种对各种营销工具和手段的系统化结合，根据环境进行即时性的动态修正，以使交换双方在交互中实现价值增值的营销理念与方法。整合营销就是为了建立、维护和传播品牌，以及加强客户关系，而对品牌进行计划、实施和监督的一系列营销工作。整合就是把各个独立的营销工作综合成一个整体，以产生协同效应。这些独立的营销工作包括广告、直接营销、销售促进、人员推销、包装、事件、赞助和客户服务等。

（二）整合营销的特点

1. 以消费者为核心

在整合营销传播中，消费者处于核心地位。企业应建立消费者资料库，全面了解消费者的需求，培养“消费者价值观”，与消费者保持长期的紧密联系。

2. 通过各种传播媒介进行信息传播

凡是能够将品牌、产品类别和任何与市场相关的信息传递给消费者或潜在消费者的过程与经验，均被视为可以利用的传播媒介。企业不管利用什么媒体，其产品或服务的信息必须清楚。

3. 紧跟移动互联网发展

互联网向移动互联网延伸、手机终端智能化以后，新技术对原有的 PC 端互联带来了前所未有的颠覆和冲击。在这个过程中，企业应当紧盯市场需求，整合现有的资源（包括横向和纵向的资源），成为一个移动营销价值的整合者和传播者。

（三）整合营销的实现途径

1．以整合为中心

整合营销着重以消费者为中心，并把企业的所有资源加以综合利用，从而实现企业的高度一体化营销。整合既包括企业营销过程、营销方式以及营销管理等方面的整合，也包括对企业内外的商流、物流及信息流的整合。

2．讲求系统化管理

整体配置企业所有资源，企业中各层次、各部门和各岗位，以及总公司、子公司、产品供应商，与经销商及相关合作伙伴协调行动，形成竞争优势。

3．强调协调与统一

企业营销活动的协调性，不仅是企业内部各环节、各部门的协调一致，而且强调企业与外部环境协调一致，共同努力以实现整合营销。

4．注重规模化与现代化

整合营销十分注重企业的规模化与现代化经营。规模化不但能使企业获得规模经济效益，而且为企业有效地实施整合营销提供了客观基础。整合营销同样也依赖于现代科学技术、现代化的管理手段，现代化可为企业实施整合营销提供效益保障。

整合营销以消费者为核心重组企业行为和市场行为，综合协调地使用各种形式的传播方式，以统一的目标和统一的传播形象，传递一致的产品信息，实现与消费者的双向沟通，迅速树立产品品牌在消费者心目中的地位，建立产品品牌与消费者长期密切的关系，更有效地达到广告传播和产品行销的目的。

案例解析

揭秘“网红”营销背后的商业逻辑

KOL 或“网红”目前已经成为很多企业或品牌拉动销量的催化剂。现阶段，“网红”已经有了一个喜欢听取他们意见的受众群体，他们在社区中受到尊重，关注类似话题的人也愿意追随他们。这也正是“网红”营销越来越流行的主要原因。企业可以直接吸引“网红”聚拢起来的消费群体，而不用在多个渠道撒网聚拢潜在消费者，建立自己的网络，这将大大缩短企业的营销时间投入，更快地获取营销成效。此外，消费者本身就具有社会性，这也是“网红”能够发挥作用的原因。那么该如何进行“网红”营销呢？

一、合作“网红”的选择标准

如果企业希望寻找“网红”来扩大自己的内容推广面，那么仅仅寻找粉丝多的“网红”

是不够的。为了确保“网红”营销的质量，“网红”需要符合以下标准。

（1）有内容分享激情，粉丝参与度高。粉丝的参与度也是营销人员在选择“网红”时的一个重要考量标准。在 BuzzSumo 服务公司的一项针对一万 Twitter 用户的调查中，研究人员发现，用户粉丝数与转发量并没有很强的关联性。有数百万粉丝的用户平均每条推文的转发量不到一次，而一些粉丝仅有一万的特别用户，他们每条推文的转发量均超过 20 次，而这些用户就有着非常忠实的受众，持续追随该用户发布的内容。

（2）对企业所在的利基领域有所了解，甚至很专业。“网红”的专业度也是需要企业考虑的。例如，口红企业需要选择那些对流行趋势、服饰搭配以及化妆很专业的“网红”进行合作，而不单单考虑其粉丝数量。通过专业的讲解或推荐，可以提升粉丝的忠诚度，从而形成更高的转化率。

（3）了解要传播的内容。在选择“网红”时，考察“网红”本身的条件比其拥有的粉丝数量重要得多。并且，在用“网红”营销来推广内容时，企业应该了解“网红”将在企业的营销活动中扮演什么样的角色，这样才能达到提高营销效果的目的。

二、寻找“网红”

有了选择标准，能够方便企业找到更符合要求的“网红”。然而，实际寻找与理论标准仍然是有差距的，企业极有可能找到的是那些有很多粉丝的“网红”，因为他们最有可能出现在各类名单的顶部。以下方法可以帮企业找到切切实实地具有影响力的人。

（1）寻找已经在分享相关内容的“网红”。要想找到愿意帮助企业进行营销的“网红”，最好的办法就是找到那些已经在从事相关工作，分享了与企业所在行业相关内容的“网红”。在寻找过程中，可以借助 BuzzSumo 这类工具，加快搜索进程。获得名单后，企业可以通过了解各个“网红”的平均内容转发量进行筛选。还可以查看各个“网红”分享过的其他链接，以了解他们是否关注企业所在的行业。

（2）寻找创造内容的“网红”。如果企业想要寻找那些对行业抱有极大热情且对行业了解较深的“网红”，那么自行创造内容的“网红”是企业的首选。企业可以参考“网红”的发布文章数量及文章的平均用户参与情况，来选择更具有专业性和热情的“网红”。

（3）根据企业预先定下的标准寻找。企业有了一定范围的“网红”目标之后，仍然需要全范围地了解他们的信息，包括他们的社交媒体简介、在领域的权威性、粉丝的分布群体、内容的转发率等。从而进一步缩小目标范围，选择更符合企业需求的“网红”。

（4）“挖掘”竞争对手合作的“网红”。另一个帮助企业寻找合适“网红”的方式就是寻找那些正在与竞争对手合作或分享了对方内容的“网红”，这些“网红”通常已经相当了解企业所在行业的流行趋势和消费者需求。

三、与“网红”建立关系

在寻找到合适的“网红”后，为了请他们分享企业内容，首先需要与他们建立良好的关系，以获得好感。与“网红”建立关系的具体步骤如下。

（1）创建“网红”名单列表。全球有非常多的“网红”，如果企业想与他们交流，首先需要通过某种方式来跟踪了解他们。企业可以将关注的“网红”添加到相关的项目文件中，企业将会及时获取他们发布的最新消息。

（2）与“网红”建立融洽的关系。为了与“网红”建立联系，需要及时地分享、点赞或评论他们发布的内容，来引起他们的关注。最好是订阅他们在其他渠道分享的内容。假设企业通过 Twitter 找到了中意的“网红”，那么可以留意他们是否有自己的博客、Facebook 账号等，然后在相关内容下进行评论，这比仅仅在 Twitter 点赞他们的分享更能引起注意。

（3）增加企业价值。“网红”在寻找合作伙伴的过程中，也会考虑与更具有价值的企业合作。因此，企业应首先提升自己的价值，然后再根据企业感兴趣的“网红”，挖掘他们的需要，并提供帮助。例如，在企业网站上为对方提供一个反向链接，或者给他们提供企业的产品折扣等，以增加“网红”对企业的认可度。

习题演练

一、单选题

1．下列关于电子邮件营销的说法中，正确的是（　　）。

A．只要能拿到一组电子邮件地址，就可以直接向这些地址发送广告信息

B．可以随时向客户发送广告电子邮件，一天多次发送可以更好地推送企业的广告信息，达到更好的营销效果

C．向客户发送电子邮件就一定能达到宣传企业品牌和影响力的效果

D．向愿意接收的客户发送电子邮件，以提供对客户有用的信息为主

2．在消费者进行购买之后，经过一段时间的使用，企业想向客户发送电子邮件进行咨询，这种属于（　　）电子邮件营销。

A．引起关注类　　B．引发思考类

C．用户反馈类　　D．督促客户意向转变类

3．华为公司针对企业文化进行内容创作，进行华为手机推广，这属于（　　）内容营销。

A．门户型　　B．品牌型　　C．企业型　　D．文化型

4．具有精准营销对象特征的是（　　）。

A．事件营销　　B．“网红”营销　　C．内容营销　　D．活动营销

5．企业及时地抓住广受关注的社会新闻、事件以及人物的明星效应等，结合企业或产品在传播上想要达到的目的而展开的一系列相关活动是（　　）营销。

A．新闻模式　　B．造势模式　　C．借势模式　　D．活动模式

二、填空题

1．电子邮件营销的类型有（　　）、（　　）、（　　）、（　　）、（　　）。

2．内容营销的形式有（　　）、（　　）、（　　）、（　　）、（　　）、（　　）。

3．“网红”营销的盈利模式有（　　）、（　　）、（　　）、（　　）、（　　）。

4．活动营销是指介入重大的社会活动或整合有效的资源策划大型活动而迅速提高企业及其品牌知名度、美誉度和影响力，促进产品销售，具有（　　）性和（　　）性。

5．整合营销是一种对各种营销工具和手段的系统化结合，可以相结合的营销工作包括（　　）、（　　）、（　　）、（　　）、（　　）、（　　）、（　　）、（　　）等。

三、简答题

1．试分析如何进行“网红”营销。

2．请简要分析整合营销的实现途径。

实践操作

母亲节临近，Angel Mother 鲜花礼品店铺准备搞一个节日促销活动，主要是针对百合、康乃馨等传统花束进行一系列的活动。该店铺准备使用第三方电子邮件营销服务平台，给客户发送一封母亲节祝福邮件。电子邮件的排版要符合节日的气氛和属性，同时结合促销活动的内容。请你为其拟一封电子邮件进行推广。

参考文献

[1] 周安宁. 跨境电子商务网络营销[M]. 北京：中国商务出版社，2015.

[2] 胡国敏. 跨境电商网络营销实务[M]. 北京：中国海关出版社，2018.

[3] 潘兴华. 轻松学：跨境开网店全图解（亿贝+亚马逊出口篇）[M]. 北京：中国铁道出版社，2016.

[4] 速卖通大学. 跨境电商营销[M]. 北京：电子工业出版社，2015.

[5] 阿里学院. 网络整合营销（外贸篇）[M]. 北京：电子工业出版社，2013.

[6] 林鸿熙. 跨境电商营销[M]. 厦门：厦门大学出版社，2018.

[7] 武亮. 一本书搞懂跨境电商[M]. 北京：化学工业出版社，2016.

[8] 邱如英. 大数据视角下的跨境电商——营销实战：从亚马逊运营到谷歌 SEM [M]. 广州：南方日报出版社，2018.

[9] 王艳. 商家利用亚马逊平台销售商品的几种选品方法[J]. 对外经贸实务，2018（3）：67-69.

[10] 胡治芳. 跨境电商卖家成功选品的几种策略技巧[J]. 对外经贸实务，2018（8）：67-70.

[11] 肖旭. 跨境电商实务（第 2 版）[M]. 北京：中国人民大学出版社，2018.

[12] 柯丽敏，方仁，郑锴. 跨境电商案例解析[M]. 北京：中国海关出版社，2016.

[13] 武亮，王跃进. 一本书搞懂跨境电商[M]. 北京：化学工业出版社，2015.

[14] 孙正君，袁野. 亚马逊运营手册[M]. 北京：中国财富出版社，2017.

[15] 陆金英，祝万青，王艳. 跨境电商操作实务[M]. 北京：中国人民大学出版社，2018.

[16] 昝辉. 网络营销实战密码——策略、技巧、案例[M]. 北京：电子工业出版社，2009.

反侵权盗版声明